本书获得湖北省社会科学基金一般项目
"管理者背景特征、晋升激励与非效率投资研究"(2015039)、
中央高校基本科研业务费专项资金项目(CSQ16006)和
湖北省会计学会第六批会计科研(重点)课题(HBKJ2016z07)资助

# 管理者背景特征、晋升激励与非效率投资研究

刘亚伟 ◎ 著

中国社会科学出版社

## 图书在版编目（CIP）数据

管理者背景特征、晋升激励与非效率投资研究／刘亚伟著．—北京：中国社会科学出版社，2017.12
ISBN 978–7–5203–1703–0

Ⅰ.①管… Ⅱ.①刘… Ⅲ.①企业—管理人员—研究 Ⅳ.①F272.92

中国版本图书馆 CIP 数据核字（2017）第 310956 号

| | |
|---|---|
| 出 版 人 | 赵剑英 |
| 责任编辑 | 卢小生 |
| 责任校对 | 周晓东 |
| 责任印制 | 王 超 |

| | |
|---|---|
| 出 版 | 中国社会科学出版社 |
| 社 址 | 北京鼓楼西大街甲 158 号 |
| 邮 编 | 100720 |
| 网 址 | http：//www.csspw.cn |
| 发 行 部 | 010–84083685 |
| 门 市 部 | 010–84029450 |
| 经 销 | 新华书店及其他书店 |
| 印 刷 | 北京明恒达印务有限公司 |
| 装 订 | 廊坊市广阳区广增装订厂 |
| 版 次 | 2017 年 12 月第 1 版 |
| 印 次 | 2017 年 12 月第 1 次印刷 |
| 开 本 | 710×1000 1/16 |
| 印 张 | 13.25 |
| 插 页 | 2 |
| 字 数 | 210 千字 |
| 定 价 | 58.00 元 |

凡购买中国社会科学出版社图书，如有质量问题请与本社营销中心联系调换
电话：010–84083683
**版权所有　侵权必究**

# 序

刘亚伟博士的新著《管理者背景特征、晋升激励与非效率投资研究》是他在博士学位论文基础上深入研究的成果。我作为他的博士导师，为他的这部著作即将问世而备感欣慰，同时也深感这部著作选题的研究难度和作者创作过程的艰辛。

在企业所有权与控制权相分离、管理者拥有企业控制权的情况下，管理者代理问题对企业财务决策的影响一直是现代财务理论研究的一个主题。就企业投资决策而言，管理者代理问题既可能导致投资不足，也可能导致投资过度。这两种投资均是无效的，都会给企业价值和股东财富造成损失。按照委托—代理理论，设计合理的激励机制是抑制管理者代理问题的重要治理机制。但是，就既有研究来看，一方面，有关激励机制影响投资行为的研究无论在激励方面还是在投资方面均是基于理性人假设，即把管理者视为同质的，这显然与现实不符；另一方面，有关激励机制的研究主要集中于薪酬激励和股权激励方面，而对晋升激励的研究却略显不足。刘亚伟博士的新著便是基于上述研究的不足而进行系统研究的一项理论成果。

该著作在系统综述和梳理国内外相关研究成果的基础上，运用委托—代理理论、高层梯队理论和心理契约理论，采用技术分析与制度分析相结合、规范分析与实证分析相结合的研究方法，结合我国企业的制度背景，从管理者背景特征的视角出发，考察了具有不同性别、年龄、学历、教育背景和任期等人口背景特征的管理者对晋升激励的敏感性以及对投资行为的影响。其创新意义主要表现在以下三个方面：

第一，将管理者背景特征纳入委托—代理理论的分析框架，建立基于管理者异质性的激励契约，从而构筑起一种新的研究晋升激励如何影响投资行为的理论框架。

第二，从管理者背景特征的角度，着重研究晋升激励对非效率投资的影响，有助于深入研究激励机制对投资行为的影响，丰富了委托—代理理论和心理契约理论研究的内容。

第三，从管理者团队背景特征的平均水平、异质性和"垂直对"三个方面出发，全面系统地考察了不同背景特征管理者对晋升激励以及晋升激励对非效率投资的影响。

总之，该著作立意深刻、内容充实、逻辑严谨、观点正确、行文流畅、剖析深入，富有一定的新思想、新观点和新见解，是一部具有较高学术价值和应用价值的著作。这也显示了作者具有深厚的理论功底和独立从事科学研究的能力。

当然，该著作从管理者背景特征视角来考察激励机制对投资行为的影响还是一种探索性研究，有不尽如人意的地方也在所难免。我希望刘亚伟博士今后在这方面做更加深入的研究，取得更多高质量的科研成果。

张兆国*

2016年于武汉

---

\* 张兆国：华中科技大学管理学院会计系原主任、二级教授、博士生导师，享受国务院特殊津贴专家，曾兼任《财会通讯》杂志主编，现兼任中国理工科高校会计学会会长、湖北省会计学会副会长、湖北中央企业会计学会副会长等学术职务。

# 摘　要

在企业所有权与控制权相分离的情况下，管理者代理问题对企业财务决策的影响一直是现代财务理论研究的一个主题。就企业投资决策而言，管理者代理问题既会导致过度投资，也会导致投资不足。这两种不同的投资行为都是无效的，都会给企业价值和股东财富造成损失。针对这两种无效投资行为，学术界从不同治理机制方面展开了研究。其中，一个重要的方面就是管理者激励机制。在现有委托—代理理论中，一方面，有关激励机制影响投资行为的研究无论在激励方面还是在投资方面均把管理者视为同质的，这不仅与现实不符，也无法从根本上揭示不同管理者对激励产生不同看法或敏感性、对投资行为产生不同影响的原因；另一方面，有关激励机制的研究主要集中于薪酬激励与股权激励方面，对晋升激励的考察则略显不足。因此，从管理者背景特征的视角出发，将管理者的异质性纳入委托—代理理论的分析框架来考察不同背景特征的管理者对晋升激励的敏感性以及对投资行为的影响将有非常重要的理论和现实意义。

本书在对国内外相关文献进行梳理的基础上，运用委托—代理理论、高层梯队理论和心理契约理论，采用定性分析与定量分析相结合、规范分析与实证分析相结合的研究方法，结合我国当前的制度背景，沿着"理论分析→实证分析→对策建议"的研究路线，对"管理者背景特征、晋升激励与非效率投资研究"从以下三个问题进行了深入研究：一是晋升激励与非效率投资问题，以判断晋升激励是否能够发挥其激励作用；二是管理者团队背景特征与晋升激励问题，以判断不同背景特征的管理者团队对晋升激励的看法或敏感性是否存在差异；三是管理者团队背景特征视角下晋升激励与非效率投资问题，以判断不同背景特征的管理者团队在晋升激励的作用下对非效率投资的影响是否存在差异。

本书力求在以下三个方面有所创新：

第一，将管理者背景特征纳入委托—代理理论的分析框架，建立基于管理者异质性的激励契约，从而构筑起一种新的研究晋升激励如何影响投资行为的理论框架。本书将运用高层梯队理论，把管理者背景特征纳入委托—代理理论的分析框架，建立基于管理者异质性的激励契约，探讨晋升激励对非效率投资的影响和不同背景特征管理者对晋升激励的敏感性，以及在管理者背景特征下晋升激励对非效率投资的影响等问题，从而构筑起一种新的研究晋升激励如何影响非效率投资的理论分析体系。这将有助于完善委托—代理理论，丰富高层梯队理论研究的内容，为深入研究企业非效率投资的动机、行为特征及治理问题提供一种新的视角和思路。

第二，从管理者背景特征的角度，着重研究晋升激励对非效率投资的影响。在以往的委托—代理理论中，有关激励机制的研究主要集中在薪酬激励方面，而对晋升激励的关注不够。尽管有文献发现管理者有强烈的晋升欲望，尤其是在我国处于经济转轨时期，但鲜有研究管理者是如何通过投资等行为来实现晋升欲望。本书将从管理者背景特征的角度，运用心理契约理论，从理论和实证两方面研究不同背景特征的管理者对晋升激励的敏感性以及晋升激励对非效率投资的影响，以揭示晋升激励对不同背景特征管理者的作用机制和实现途径。这将有助于深入研究激励机制对投资行为的影响，丰富了委托—代理理论和心理契约理论研究的内容。

第三，从管理者团队背景特征的平均水平、异质性和"垂直对"三个方面出发，全面系统地考察了不同背景特征管理者对晋升激励以及晋升激励对非效率投资的影响。本书在这方面的研究工作，将使管理者团队背景特征的研究更加全面系统，有助于进一步深化对管理者行为特征的认识。

**关键词**：管理者背景特征；企业产权性质；晋升激励；非效率投资

# 目　　录

## 第一章　绪论 ····················································· 1

### 第一节　研究背景与研究意义 ···························· 1
一　研究背景 ················································ 1
二　研究意义 ················································ 4

### 第二节　研究内容与研究方法 ···························· 5
一　研究内容 ················································ 5
二　研究方法 ················································ 6

### 第三节　研究思路与创新之处 ···························· 7
一　研究思路 ················································ 7
二　创新之处 ················································ 9

## 第二章　文献综述 ············································· 11

### 第一节　关于管理者背景特征的研究综述 ··········· 11
一　管理者个人背景特征 ································ 11
二　管理者团队背景特征 ································ 17

### 第二节　关于晋升激励的研究综述 ····················· 22

### 第三节　关于非效率投资的研究综述 ·················· 25
一　非效率投资的界定 ··································· 26
二　非效率投资的动因 ··································· 27
三　非效率投资的治理 ··································· 31

### 第四节　研究评价 ············································ 33
一　缺乏将管理者背景特征纳入委托—代理理论的

　　　　　　分析框架 ·················································· 33
　　　二　对晋升激励的研究略显不足 ····························· 33
　　　三　在企业非效率投资研究方面没有系统地考察管理者
　　　　　背景特征的影响 ············································ 34

## 第三章　晋升激励与非效率投资的衡量研究 ················ 35

### 第一节　晋升激励的衡量研究 ··································· 35
　　　一　晋升前后的对比分析 ······································ 36
　　　二　晋升前后的薪酬差距 ······································ 37
　　　三　晋升前后的长短期收益差距 ····························· 38
　　　四　晋升预期 ···················································· 39

### 第二节　非效率投资的衡量研究 ································ 40
　　　一　FHP 模型 ··················································· 41
　　　二　沃格特模型 ················································· 41
　　　三　理查森模型 ················································· 42
　　　四　比德尔等模型 ·············································· 43
　　　五　其他衡量模型 ·············································· 45

## 第四章　晋升激励与非效率投资的实证研究 ················ 47

### 第一节　理论分析与研究假设 ··································· 47
### 第二节　研究设计 ················································· 52
　　　一　样本选择与数据来源 ······································ 52
　　　二　变量设计 ···················································· 53
　　　三　模型建立 ···················································· 54
### 第三节　实证分析 ················································· 55
　　　一　描述性统计与差异性检验 ································ 55
　　　二　相关性分析 ················································· 59
　　　三　回归分析 ···················································· 61
　　　四　稳健性检验 ················································· 63

# 第五章 管理者背景特征与晋升激励的实证研究 ………… 68

## 第一节 理论分析与研究假设 ………… 69
一 平均水平 ………… 71
二 异质性 ………… 75
三 垂直对 ………… 78

## 第二节 研究设计 ………… 81
一 样本选择与数据来源 ………… 81
二 变量设计 ………… 81
三 模型建立 ………… 84

## 第三节 实证分析 ………… 85
一 描述性统计与差异性检验 ………… 85
二 相关性分析 ………… 90
三 回归分析 ………… 93
四 稳健性检验 ………… 121

# 第六章 管理者背景特征下晋升激励影响非效率投资的实证研究 ………… 122

## 第一节 理论分析与研究假设 ………… 122
一 平均水平 ………… 122
二 异质性 ………… 123
三 垂直对 ………… 124

## 第二节 研究设计 ………… 125
一 样本选择与数据来源 ………… 125
二 变量设计 ………… 125
三 模型建立 ………… 125

## 第三节 实证分析 ………… 127
一 描述性统计与差异性检验 ………… 127
二 相关性分析 ………… 127
三 回归分析 ………… 128

四　稳健性检验 ………………………………………… 165

## 第七章　研究结论与研究展望 …………………………… 166

### 第一节　研究结论 …………………………………… 166

　　一　关于晋升激励的衡量问题 ………………………… 166

　　二　关于非效率投资的衡量问题 ……………………… 166

　　三　关于晋升激励对非效率投资的影响问题 ………… 167

　　四　关于不同背景特征管理者团队对晋升激励的
　　　　敏感性问题 …………………………………………… 167

　　五　关于不同背景特征管理者团队影响晋升激励与
　　　　非效率投资关系问题 ……………………………… 168

### 第二节　政策意义 …………………………………… 169

　　一　进一步重视晋升激励等隐性激励在我国的使用 …… 169

　　二　从管理者背景特征和产权性质角度完善管理者
　　　　激励与约束机制 …………………………………… 170

　　三　加强管理者团队建设 ……………………………… 171

### 第三节　研究展望 …………………………………… 172

## 参考文献 ………………………………………………… 174

## 后　记 …………………………………………………… 204

# 第一章 绪 论

## 第一节 研究背景与研究意义

### 一 研究背景

#### (一) 现实背景

自改革开放以来,我国经济保持了30多年的持续快速增长,不仅成功应对了金融危机,更是在2010年跃居世界第二大经济体,而投资无疑是我国经济增长的重要推动力。国家统计局的数据显示,2012年,我国固定资产投资总额约为37.5万亿元,是2003年投资总额(约5.6万亿元)的6.7倍,为1990年(约5000亿元)的75倍。2000—2012年,固定资产投资平均增长率更是高达22.6%。然而,在高速投资型增长的背后,行业投资过热、重复建设、产能过剩等负面词语也开始不绝于耳。不可否认,投资对经济增长发挥了重要的积极作用,但是,部分投资也的确造成了资源的浪费和低效。就我国上市公司投资行为来说,一方面,由于盲目投资热门行业和开展多元化经营,使一些公司出现了严重的投资过度;另一方面,受限于融资难问题,一些公司无法及时以合适的成本获得足够的资金,被迫放弃投资机会,从而又导致严重的投资不足。在当前全球经济一体化的大背景下,如果不能从根本上提升我国上市公司的投资效率,将会极大地影响我国经济的持续发展。

尽管我国学者和政府早已对非效率投资问题有所认识,并进行了一系列的治理研究，但成效并不显著。有些治理机制的实施，不仅未能达到预期的效果，反而引发了新的问题，如企业高管的薪酬激励。长期以来，企业高管尤其是国有企业高管的薪酬畸高一直为国人所诟病，即高薪并未带来高效率。为了改变这一状况，我国开始积极推行高管的薪酬制度改革，并于2014年提出了《中央管理企业负责人薪酬制度改革方案》。其初衷就是抑制中央企业高管薪酬长期畸高的现象，缩小利益分配的差距，更加积极有效地发挥激励机制的作用。而上述改革所带来的最为直观的后果，就是高管货币薪酬的减少。那么当货币薪酬这样一种显性激励减少时，管理者是否会更加重视隐性激励，如职位的晋升？这些隐性激励是否又真的能够发挥应有的激励作用呢？对这些问题进行深入考察成为摆在我国广大学者面前的一项迫在眉睫的任务。

(二) 理论背景

代理问题对企业财务决策的影响一直是现代财务理论研究的一个主题。就企业投资决策而言，代理问题既可能导致投资不足（Ross，1973；Holmstrom and Weiss，1985），也可能导致投资过度（Jensen，1986）。这两种截然不同的投资行为在我国上市公司长期存在（辛清泉等，2007）。比如，一些企业一味地追求企业规模，而在收益并非理想的项目或者与主营业务无关的项目上投入大量资金，从而导致严重的投资过度。另外，一些企业未将募集的资金用于投资，而是用于偿债或是委托金融机构进行投资，从而形成投资不足。无论投资不足还是投资过度都是无效的，都会给企业价值和股东财富造成损失。

针对企业非效率投资问题，学术界从不同治理机制方面展开了研究。其中一个重要的方面就是管理者激励机制。尽管在这方面取得了丰硕成果，但仍存在一些有待于深入研究的问题。主要有以下三个方面：

第一，忽视了管理者的异质性。这显然与现实不符。现代企业的一个基本特征就是所有权与控制权相分离，管理者拥有企业的控制权。因此，管理者对企业行为及绩效有着决定性的影响（Hackbarth，

2008)。汉布里克和梅森（Hambrick and Mason，1984）提出的高层梯队理论指出，对于不同背景特征，如不同年龄、性别、学历、教育背景、任职时间、工作经历等的管理者来说，上述影响却可能存在较大的差异。行为金融理论也指出，管理者在现实中的行为总会受到其心理偏差的影响，如"嫉妒"心理、过度自信、短视行为和"规避损失"心理等，他们并非总是理性的。而上述心理偏差又与他们个人的背景特征密切相关（Fraser and Greene，2006）。总之，在企业投资决策中会深深地打下管理者背景特征的烙印。不仅如此，在现实中，不同背景特征的管理者对不同激励方式的看法或敏感性也可能不同。然而，在以往的委托—代理理论分析框架中，无论是在管理者激励研究方面还是在投资行为研究方面都是以新古典经济学为理论基础的，把管理者视为同质的，忽视了管理者的异质性。

第二，对管理者晋升激励的研究略显不足。心理契约理论认为，在一个组织中，人与人之间存在许多隐性的心理契约，而其中的一个主要方面就是晋升，因为晋升会提高地位和薪酬以及改善工作环境（Robinson，1996）。毫无疑问，晋升也是一种激励机制，它与薪酬激励之间存在替代关系（Gibbons and Murphy，1992）。我国正处于经济转轨时期，由于政府充当着社会资源分配的角色，因此，有许多管理者对担任政府官员、人大代表、政协委员等政治职务有着强烈的冲动（陈冬华等，2005；辛清泉和谭伟强，2009）。所以，管理者不仅对薪酬有强烈的追求，而且对晋升也有强烈的欲望。然而，在以往的委托—代理理论中，有关管理者激励影响投资行为的研究主要集中在薪酬激励、股权激励或政府官员的政治晋升方面，而对企业内部晋升的关注略显不足。

第三，尚未达成一致的研究结论。从理论上讲，设计有效的激励机制有助于抑制管理者的非效率投资（Jensen and Meckling，1976）。但是，在现实中，管理者激励机制是否起到了这种治理效应呢？学术界尚未取得一致的研究结论。比如，阿加沃尔和萨姆威克（Aggarwal and Samwick，2006）、刘斌等（2003）、张俊瑞等（2003）实证研究表明，管理者激励机制起到了这种治理效应，而李增泉（2000）、李小燕和陶军（2011）等实证研究却得出了与此不同的结论。上述问题的存在无疑为本书的研究提供了空间。

## 二 研究意义

基于上述分析，本书运用委托—代理理论、高层梯队理论和心理契约理论，采用定性分析与定量分析相结合、规范分析与实证分析相结合的研究方法，从管理者背景特征的角度，研究了晋升激励对非效率投资的影响、不同背景特征的管理者对晋升激励的敏感性以及在管理者背景特征下晋升激励对企业非效率投资的影响等问题，将具有重要的理论意义和现实意义。

第一，将有助于拓展企业非效率投资研究的视野。本书运用高层梯队理论，把管理者背景特征纳入委托—代理理论的分析框架，重新审视企业投资决策的动机、行为特征及治理问题，打开管理者如何进行投资决策的"黑箱"。这不仅有助于深化对管理者行为特征的认识，丰富高层梯队理论研究的内容，而且有助于拓展企业非效率投资研究的视野，完善委托—代理理论和投资理论。

第二，将有助于深化管理者激励机制的研究。本书从管理者背景特征的角度，运用心理契约理论，着重研究企业内部晋升与管理者背景特征和非效率投资的关系，以考察不同背景特征的管理者对晋升激励的敏感性以及晋升激励对非效率投资的影响。这将有助于深化管理者激励的研究，弥补现有研究对晋升激励考察不足的缺陷，完善委托—代理理论，丰富心理契约理论研究的内容。

第三，将有助于我国企业完善管理者激励与约束机制，抑制非效率投资。多年来，管理者激励和非效率投资两大问题一直困扰着我国企业尤其是国有企业的发展。本书将对如何从管理者背景特征出发，完善管理者激励与约束机制，加强管理者团队建设，从而抑制非效率投资具有一定的理论指导意义。

## 第二节 研究内容与研究方法

### 一 研究内容

本书共用七章来进行了研究。除第一章绪论外,其他六章的内容分别是:

第二章文献综述。着重对管理者背景特征、晋升激励和非效率投资的相关研究成果加以综述和梳理,以便为本书的研究奠定理论基础,也为本书研究指明方向,提供参照系。

第三章晋升激励与非效率投资的衡量研究。由于能否对晋升激励和非效率投资进行准确的衡量将关系到本书的实证能否顺利开展以及实证研究的结果是否可靠。因此,本章试图在对以往衡量方法进行梳理和辨析的基础上,挑选出更适合本书的衡量方法,以期为实证研究奠定坚实的基础。

第四章晋升激励与非效率投资的实证研究。由于委托—代理理论认为合理的激励机制能有效地缓解投资决策中的代理行为,因此,本书将首先考察晋升激励与非效率投资问题,以判断晋升激励是否能够发挥其激励作用。这是本书的逻辑起点。

第五章管理者背景特征与晋升激励的实证研究。由于不同背景特征的管理者团队可能会对晋升激励有不同的看法或敏感性,因此,本书将紧接着研究管理者团队背景特征与晋升激励问题,以判断不同背景特征的管理者团队对晋升激励的看法或敏感性是否存在差异。本书之所以选择管理者团队作为研究的对象,主要是考虑到,在当前全球经济一体化的竞争环境下,企业的健康发展更多的是管理者团队的共同力量与智慧,因此,考察管理者团队而非个人将更具解释力度(Hambrick and Mason, 1984)。

第六章管理者背景特征下晋升激励影响非效率投资的实证研究。基于第四章和第五章的研究,本章将着重研究管理者团队背景特征下晋升激励与非效率投资问题，以判断不同背景特征的管理者团队在晋升激励的作用下对非效率投资的影响是否存在差异。

第七章研究结论与研究展望。在对上述问题研究的基础上，本章将总结本书的研究结论，并结合该结论给出政策建议，以解决理论联系实际问题，为我国企业完善管理者激励与约束机制，加强管理者团队建设，提高投资效率提出对策和建议。同时，本章还将针对本书的研究局限提出一些研究展望。

## 二　研究方法

本书主要采用规范分析与实证分析相结合、定量分析与定性分析相结合的研究方法，沿着"理论研究—实证研究—对策研究"的研究思路进行研究，因此，本书主要采用如下研究方法。

### （一）契约分析法

如何对人际关系进行规范、对冲突进行平抑一直随着人类社会的发展，而契约是迄今为止能够较好地处理上述问题的最佳手段之一。契约不仅包括进行各种交易的基本方式，同时它还是构造各种经济组织和权力结构的必要条件。契约分析方法已经成为新制度经济学中最核心的研究方法。相比新古典经济学，契约分析方法无疑更加贴近现实，它摒弃了新古典经济学把制度因素作为既定不变的外生性变量的做法。实际上，契约分析方法就是制度分析方法。这种分析方法几乎贯穿于本书研究的始终。

### （二）规范分析法

即运用演绎的方法，通过一般到特殊，加以逻辑推理的一种研究方法。它是对事物"应该是什么"的规定和陈述，而非对事物"实际上是什么"的规定和陈述。因此，该方法融入了对某一事物是"好"还是"坏"的价值判断。该方法主要用在本书的问题提出、理论推导以及实证结果的解释部分。

### （三）实证分析法

与规范分析法不同，实证分析法是对事物"实际上是什么"的分析和陈述，它不涉及个人的价值判断。该研究方法有两种方式：一是理论实证。首先，通过对各种事物的分析和归纳，概括出理论假设，进行逻辑演绎，推导出一些研究结论；其次，逐步放松理论假设，使研究结论更加贴近现实。二是经验实证，即通过对大量研究样本的统计、分析和处理，对理论实证得出的研究结论进行经验性检验。可见，理论实证与经验实证之间的关系是相辅相成的。该方法主要用在本书的实证检验部分，以对本书的研究假设进行验证。

## 第三节 研究思路与创新之处

### 一 研究思路

本书将综合运用高层梯队理论、行为金融理论、心理契约理论和委托—代理理论，采用规范分析与实证分析相结合、定量分析与定性分析相结合的研究方法，沿着"理论研究—实证研究—对策研究"的研究思路，对选题进行系统研究，以便较好地解决理论联系实际的问题。本书的技术路线如图1-1所示。

（1）梳理国内外相关研究，发现现有研究值得进一步完善的地方，为本书研究的开展提供理论基础和指明研究方向。

（2）关于晋升激励与非效率投资衡量问题的研究思路和研究方法。该部分的研究主要是对以往衡量方法进行梳理和辨析，并结合本书的研究主题和我国的现实背景挑选出更适合本书的衡量方法，以期为实证研究奠定坚实的基础。

（3）关于研究晋升激励与非效率投资问题的研究思路和研究方法。首先，运用委托—代理理论和心理契约理论，采用定性分析等研究方法，借鉴拉齐尔和罗森（Lazear and Rosen，1981）提出的锦标赛理论模型，建立研究管理者晋升激励如何影响非效率投资的理论模型；其次，采用回归分析等研究方法，建立回归模型，对晋升激励如何影响非效率投资进行实证研究。

（4）关于研究管理者团队背景特征与晋升激励问题的研究思路和

研究方法。首先，运用高层梯队理论、心理契约理论和委托—代理理论，采用定性分析等研究方法，建立研究管理者团队背景特征与晋升激励的理论模型。其次，采用回归分析等研究方法对这些理论模型加以验证。

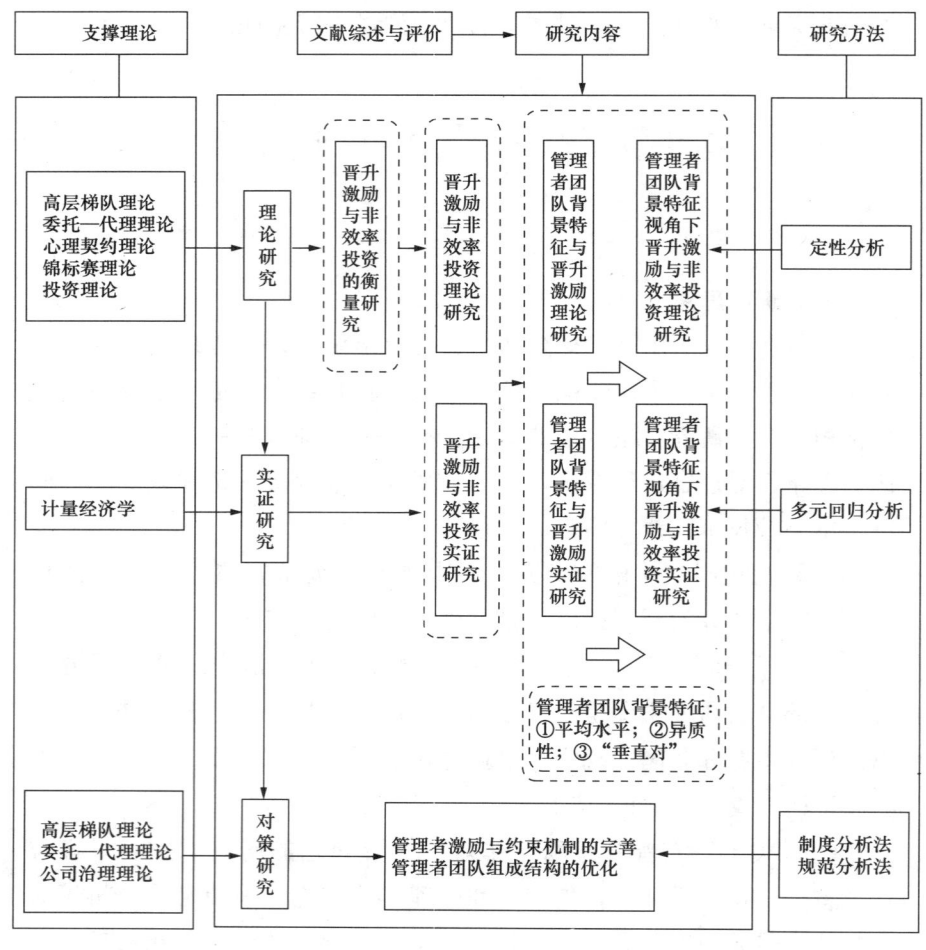

图1-1　技术路线

（5）关于研究管理者团队背景特征下晋升激励与非效率投资问题的研究思路和研究方法。首先，运用高层梯队理论、心理契约理论和委托—代理理论，采用定性分析等研究方法，建立起研究管理者团队背景特征下晋升激励与非效率投资的理论模型。其次，采用回归分析等研究方法，对管理者团队背景特征和晋升激励共同对非效率投资的影响进行实证研究。

## 二　创新之处

本书在对国内外相关文献进行梳理的基础上，综合运用高层梯队理论、行为金融理论、心理契约理论和委托—代理理论等理论，采用规范分析和实证分析的方法，从管理者团队背景特征视角，对晋升激励如何影响非效率投资进行全面而深入的研究，得出了一些有见地的观点和结论。其创新主要表现在以下三个方面：

第一，将管理者背景特征纳入委托—代理理论的分析框架，建立基于管理者异质性的激励契约，从而构筑起一种新的研究晋升激励如何影响投资行为的理论框架。在以往的委托—代理理论分析框架中，无论是在激励机制研究方面还是投资行为研究方面都是基于新古典经济学，把管理者视为同质的，忽视了管理者的异质性。这不仅不符合现实，而且也无法从根本上解释管理者为什么会对激励机制有不同的看法、对投资行为有不同的影响。本书将运用高层梯队理论，把管理者背景特征纳入委托—代理理论的分析框架，建立基于管理者异质性的激励契约，探讨晋升激励对非效率投资的影响和不同背景特征管理者对晋升激励的敏感性，以及在管理者背景特征下晋升激励对非效率投资的影响等问题，从而构筑起一种新的研究晋升激励如何影响非效率投资的理论分析体系。这将有助于完善委托—代理理论，丰富高层梯队理论研究的内容，为深入研究企业非效率投资的动机、行为特征及治理问题提供一种新的视角和思路。

第二，从管理者背景特征的角度，着重研究晋升激励对非效率投资的影响。在以往的委托—代理理论中，有关激励机制的研究主要集中在薪酬激励方面，而对晋升激励的关注不够。尽管有文献发现管理者有强烈的晋升欲望，尤其是在我国处于经济转轨时期，但鲜有研究管理者是如何通过投资等行为来实现晋升欲望的。本书将从管理者背景特征的角度，运用心理契约理论，从理论和实证两方面研究不同背景特征的管理者对晋升激励的敏感性以及晋升激励对非效率投资的影响，以揭示晋升激励对不同背景特征的管理者的作用机制和实现途径。这将有助于深入研究激励机制对投资行为的影响，丰富委托—代理理论和心理契约理论研究的内容。

第三，从管理者团队背景特征的平均水平、异质性和"垂直对"三个方面出发，全面系统地考察了不同背景特征管理者对晋升激励以及晋升激励对非效率投资的影响。尽管近年来姜付秀等（2009）、何威风和刘启亮（2010）、张兆国等（2011）学者在这方面进行了开创性的实证研究，但不系统，仅局限于管理者团队背景特征的平均水平等某一方面的研究，而没有全面系统地考虑管理者团队背景特征的异质性和"垂直对"等特征。本书在这方面的研究工作将使管理者团队背景特征的研究更加全面系统，有助于进一步深化对管理者行为特征的认识。

# 第二章 文献综述

任何理论研究都具有继承性，都要对以往的相关研究成果加以总结和吸收。本章将着重对管理者背景特征、晋升激励和非效率投资的相关研究成果加以综述和梳理，以便为本书的研究奠定理论基础，也为本书研究指明方向，提供参照系。

## 第一节 关于管理者背景特征的研究综述

自1984年汉布里克和梅森提出高层梯队理论以来，众多学者对管理者背景特征（如家庭出身、性别、教育背景、年龄、任职时间、学历、工作经历等）如何影响企业决策及绩效进行了大量研究。从既有文献来看，有关管理者背景特征的研究主要从管理者个人和管理者团队两方面展开。本节也将主要从管理者个人和管理者团队两个方面来对相关研究进行回顾。

### 一 管理者个人背景特征

（一）管理者个人性别特征

管理学家和心理学家在长期的研究后指出，不同性别管理者的行为方式是存在差异的。如鲍威尔和安塞克（Powell and Ansic，1997）采用实验分析法，对公司财务决策中的性别差异进行了研究，结果发现，女性在财务决策中表现出更高的风险意识，更注重规避风险。霍尔克等（Halko et al.，2012）、哈迪斯等（Hardies et al.，2013）、帕尔维亚等（Palvia et al.，2014）的实证研究也得到了类似的结论。博登和努奇（Boden and Nucci，2000）的研究指出，总体来看，当企业由女性管理者经营时，该企业生存的时间会更长。与上述研究不同，一些研究则发现，公司的经营业绩不会因为管理者的性别不同而存在显著的差异（Robb and Watson，2012）。法雷尔和赫希（Farrell and Hersch，2005）通过对近十年来女性管理者进入公司董事会情况的统计和分析，发现性别会对管理者的选拔产生重要影响。亚当斯和费雷拉（Adams and Ferreira，2009）也对公司董事会成员的性别组成进行了研究，结果发现，女性董事拥有更高的出勤率，对公司的监管更加积极。戈尔德等（Gold et al.，2009）的研究发现，委托人和审计师的性别会共同对审计师的审计判断产生影响。Huang 和 Kisgen（2013）考察了性别对公司财务与投资行为的影响，结果发现，相比女性管理者，男性管理者会做出更多的收购、发行债券等决策。弗朗西斯等（Francis et al.，2015）考察了 CFO 的性别对公司财务报告决策的影响，再对 CFO 发生性别更替的公司的会计稳健性进行更替前后对比后发现，女性 CFO 披露的财务报告所表现的会计稳健性更好，这也再次证实女性 CFO 的风险规避意识更强。法西奥等（Faccio et al.，2016）考察了 CEO 性别差异对公司资本配置的影响，结果发现，女性 CEO 经营的公司往往保持较低的杠杆和盈余波动，这同样反映出女性高管对风险的厌恶。

在我国，对管理者性别的研究主要集中在性别特征对财务决策的影响。如对公司多元化决策（陈传明和孙俊华，2008；周泽将等，2015）、投资行为（姜付秀等，2009；李焰等，2011；范合君和叶胜然，2014）、财务重述（何威风和刘启亮，2010）、会计信息质量（王霞等，2011）、企业并购（李卫民和黄旭，2014）、资本结构选择（孙谦和石松，2015）、融资决策（何瑛和张大伟，2015）等的考察。此外，也有文献考察了管理者性别对领导风格的影响（李鲜苗等，2012）以及对公司股价崩盘风险的影响（李小荣和刘行，2012）。这些研究均发现，不同性别管理者的行为方式会存在较大差异，从而使其对企业财务行为和绩效产生不同的影响。

### （二）管理者个人年龄特征

通常认为，不同年龄的管理者由于其工作经历以及所处职业生涯的阶段不同，会使他们思考问题的方式和出发点存在一定的差异。如伦德斯特鲁姆（Lundstrum，2002）应用"赛马理论"对公司的短视投资行为进行了研究，结果发现，公司的研发投资水平随着CEO年龄的增长而减少。随后，巴克三世和米勒（Barker III and Mueller，2002）、卡齐尔（Cazier，2011）的研究也发现了类似的现象。Yang等（2011）以美国237家IPO软件类企业为样本，对公司CEO的个人背景特征与公司IPO的时间点选择进行了考察，结果发现，CEO的年龄对公司IPO的时间点选择有着明显的影响。Huang等（2012）考察了CEO的年龄特征对企业财务报告质量的影响，结果发现，CEO年龄与公司财务报告质量呈显著正相关。Yim（2013）考察了CEO年龄与公司并购行为的关系，研究结果表明，年轻的CEO更可能做出并购决策。塞夫林（Serfling，2014）围绕CEO年龄与公司战略风险进行了深入研究，他们证实CEO的年龄与公司战略风险之间存在显著负相关，即CEO的年龄越大，越倾向于做一些低风险的战略。他们进一步研究还发现，CEO降低公司战略风险的途径主要是：降低研发投资、进行多元化兼并、多元化经营以及维持低财务杠杆。詹特和卢埃林（Jenter and Lewellen，2015）的研究发现，当CEO的年龄接近65岁时，其兼并的成功率远比其他时期的高，从而证实了高管的年龄对其财务行为的影响。纳尔逊（Nelson，2005）的研究发现了与上述不一致的现象，指出CEO的年龄与公司治理的变化没有显著的关系。

在我国，近期的文献主要集中于考察管理者的年龄对公司财务行为以及战略决策的影响。如研究发现，年轻的企业家更倾向于选择多元化战略（张建君和李宏伟，2007）；而年长的管理者更愿意对公司的营收计划进行自愿披露（万鹏和曲晓辉，2012），也更加保守，对资本结构动态调整的速度更慢（周业安等，2012）。另外还发现，管理者年龄与公司治理违规行为的发生显著负相关（顾亮和刘振杰，2013）。

## (三) 管理者个人任期特征

Hambrick 和 Fukutomi（1991）最早从管理职业生命周期角度对管理者的任期进行了探讨，他们将管理者的整个任期划分为任命期、探索期、模式选择期、模式强化期和功能障碍期五个阶段，并认为，在这五个不同的阶段，管理者的开放程度、工作兴趣、信息来源、努力程度等均存在一定的差异。Dechow 和 Sloan（1991）对短任期管理者可能存在的短视行为进行了考察，结果发现，由于研发投资的收益具有滞后性，使管理者短期内难以获得研发投资所带来的好处，所以，当管理者的未来任期较短时，管理者就有强烈的削减研发投资的动机。Chen（2013）做了相同的研究，发现管理者任期与企业研发投资呈倒"U"形关系。不仅如此，相关的研究还发现，未来任期较短的管理者会带来高的代理成本、风险水平以及较低的公司价值（Antia et al.，2010），同时发现，他们更不愿承担风险（Huybrechts et al.，2013）。当然，也有文献指出，当管理者的任期过长时也会严重影响到公司的经营业绩（Xueming et al.，2013）。进一步地，Luo 等（2014）对管理者任期影响公司业绩的内在途径进行了剖析，结果发现，公司与雇员、公司与客户关系是上述影响实施的两条途径，使人们对管理者任期如何影响公司业绩有了新的认识。不同于上述研究，麦克莱兰等（McClelland et al.，2012）指出，管理者任期对公司未来业绩的影响会因公司所处行业的不同而异。

在我国，近期的研究主要关注了管理者任期对企业 R&D 投资（刘运国和刘雯，2007；陈守明等，2011）、投资效率（李培功和肖珉，2012）、盈余管理动机（姜付秀等，2013）、审计质量（吴伟荣和郑宝红，2015）、投资挤占（刘亚伟和张兆国，2016）的影响。研究结论基本表明，管理者的任期会对上述财务行为产生影响。

## (四) 管理者个人学历特征

管理者的学历越高，是否会更加理性？是否工作能力会更强？这些问题一直是学术界关注的重点。伯特兰和尚亚尔（Bertrand and Schoar，2003）对管理者个人如何影响公司决策和业绩的研究发现，拥有 MBA 学位的管理者拥有更为激进的战略决策。曼纳（Manner，

2010）发现，CEO 是否获得人文社科类的硕士学位与企业社会责任呈显著正相关。

在我国，大量研究已经发现，管理者个人的学历越高，投资行为越理性（姜付秀等，2009），公司 R&D 投资强度越大（文芳和胡玉明，2009），企业绩效更好（何韧等，2010），社会声誉与企业社会责任信息披露质量更好（张正勇和吉利，2013），投资规模更大（潘玉香等，2015）。此外，也有文献从高管变更的角度实证检验了高管背景特征与高管变更事件宣告效应之间的关系，其结果发现，高管的学历与高管变更事件的宣告效应呈倒"U"形关系（黄继承和盛明泉，2013）。

（五）管理者个人专业背景特征

由于受到数据获取的限制，针对管理者个人专业背景的研究相对较少。弗里尔等（Frear et al., 2012）基于中国转型经济的背景，考察了 CEO 人口背景特征对人力资源管理战略选择的影响。结果发现，具有工商管理和社会学背景的高管更容易接受西方人力资源管理的思想。格雷厄姆等（Graham et al., 2013）对管理者的态度将如何影响企业的财务决策进行了研究。结果发现，管理者的乐观、风险偏好等心理特征均会影响企业的并购、资本结构等财务决策。进一步研究发现，拥有财务或会计专业背景的管理者会更偏好债务融资。

在我国，江伟（2011）的研究发现，拥有经管类教育背景的董事长过度自信行为往往更明显，更容易选择较高的负债比率。孙俊华和陈传明（2011）的研究表明，当管理者具有理工科背景时，往往能够在网络规模上具有显著的优势；当管理者具有财务职能背景时，则会拥有更低的社会资本积累。王霞等（2011）考察了 CFO 专业背景特征对会计信息质量的影响。结果表明，CFO 的财务专长能够很好地降低会计差错发生的概率和频率。姜付秀和黄继承（2013）利用双重差分模型实证检验了 CEO 的财务经历是否以及如何影响公司的资本结构决策。结果表明，有财务经历的 CEO 更偏向于选择高负债水平。

（六）管理者个人任职经历特征

班伯等（Bamber et al., 2010）考察了高管的行为特征与公司自愿性财务信息披露的影响，不仅发现高管的行为特征的确会对公司自愿性财务信息披露产生影响，还发现拥有财务会计和法律任职经历高管披露的财务信息更加保守和准确。格尔等（Gul et al.，2013）采用中国数据，考察了审计师的个人背景特征如何影响审计质量，结果发现，审计师的个人特征的确会对审计质量产生影响，而且这种影响与审计师有无大型会计师事务所工作经历密切相关。

在我国，陈守明和简涛（2010）考察了董事长人口背景特征对"走出去"进入模式选择的影响。实证研究发现，拥有生产职能背景的董事长更倾向于选择完全控制的进入模式。李焰等（2011）也发现，总经理的财经类工作经历能够显著提高企业的投资规模与投资效率。此外，还有文献考察了管理者个人任职经历对企业社会责任（陈守明等，2012）、资本结构决策（姜付秀和黄继承，2013）、研发投资（刘运国等，2013）的影响。当然，也有研究针对我国事业单位进行了考察，如孟晓华等（2012）对2007—2010年我国大学进步较快与退步较快两组样本进行了对比分析，结果发现，毕业于国内名校，又具有国外工作经历的大学校长，更有利于大学的发展。何贤杰等（2014）考察了公司聘请证券背景独立董事与券商自营机构持股的关系，结果发现，当上市公司聘请证券背景的独立董事后，券商自营机构的投资者对这些公司的持股比例显著增加。张娆（2015）基于高阶理论考察了高管境外背景对企业对外直接投资行为和绩效的影响，研究发现，当高管拥有境外背景时，企业更可能进行对外直接投资，并会取得相对较好的对外投资绩效。

（七）其他特征

除上述学术界普遍关注的特征外，还有少量研究关注了其他特征。如尼尔森夫妇（Nielsen and Nielsen，2013）对高管团队的国籍特征进行了研究，结果发现，TMT国籍的多样性能帮助公司业绩提升；Benmelech和Frydman（2015）考察了高管的从军经历是否会影响到高管的决策，结果发现，拥有从军经历的高管往往伴随更小的投资规模、更不易涉及公司欺诈行为以及更好的公司业绩；沈维涛和幸晓雨（2014）从早期经历和创伤会对个人成年后行为造成长期影响的角度出发，着重考察了 CEO 早期生活经历将如何影响企业投资行为。结果显示，经历了我国三年困难时期的 CEO，其企业投资水平明显要低一些，投资效率也要低一些。

**二　管理者团队背景特征**

目前，对管理者团队背景特征的考察主要从平均水平、异质性和"垂直对"三个方面来展开。平均水平通常是指管理者团队在某些特征上的平均状况，如平均学历、平均年龄等；异质性特征强调了管理者团队在一些特征上的差异性，如性别差异、学历差异等；"垂直对"是指管理者团队上下级之间在一些特征上的差异性，如管理者团队与董事长的性别差异、年龄差异、学历差异、任期差异等。下面将从上述三个方面对相关研究进行综述。

（一）管理者团队背景特征的平均水平

在管理者团队的性别方面，Boden 和 Nucci（2000）、亚当斯和费雷拉（2009）、任颋和王峥（2010）发现，不同性别的管理者对企业绩效的影响存在一定的差异，女性管理者的参与有助于提高企业绩效；达夫温伯格和穆伦（Dufwenberg and Muren，2006）采用实验法考察了性别组成对组织决策的影响。结果发现，女性成员多的组织所做的决定更能体现公平和慷慨；Peng 和 Wei（2006）发现，由于男性管理者更易过度自信，因此，做出错误决策的可能性更高；贾库斯等（Jurkus et al.，2011）的研究表明，高管团队中女性比例更高的公司拥有更低的代理成本；Srinidhi 等（2011）考察了董事会中女性董事的比例与盈余质量的关系，结果发现，女性董事能够发挥其积极的作用，明显提高公司的盈余质量；魏立群和王智慧（2002）研究发现，管理者团队平均年龄越大，公司业绩越好；曾萍和邬绮虹（2012）考察了女性高管对企业技术创新的影响，结果发现，管理者团队里的女性比例与企业技术创新呈显著的正相关。

在管理者团队的年龄方面，汉布里克和梅森（1984）、Wiersema 和 Bantel（1992）发现，由于年轻管理者的适应能力和创新精神都更强，因此，企业战略发生变革的可能性更大，但也存在经验不足、稳定性差的局限性；弗雷泽和格林（Fraser and Greene，2006）、姜付秀等（2009）、李焰等（2011）发现，相对年龄较小的管理者而言，年龄较大的管理者，其过度自信程度较低，因此，在投资决策中会更加谨慎。

在管理者团队的学历方面，Wiersema 和 Bantel（1992）、陈传明和孙俊华（2008）发现，管理者学历越高，企业多元化程度就越高；Tihanyi 等（2000）发现，高管团队平均学历越高，其信息获取的能力就越强，就越有利于团队战略决策质量的提高，而平均年龄越大的高管团队，会因为过度保守，而丧失较多的市场机会；卡姆洛－奥达兹等（Camelo－Ordaz et al.，2005）发现，管理者团队平均学历越高，其适应能力和创新精神就越强，从而更易改变企业战略；文芳和胡玉明（2009）、姜付秀等（2009）发现，管理者学历水平与过度投资之间呈负相关；杨浩等（2015）对创业型企业进行了研究，发现在这类企业中，TMT 的教育背景与企业业绩之间存在显著的相关性，通常是管理者团队学历平均水平越高，企业的业绩越好。

在管理者团队的任职时间方面，亨德森等（Henderson et al.，2006）发现，管理者任职时间越长，其沟通、合作能力越强，因此，管理者任职时间与企业业绩有较强的相关性；Jaw and Lin（2009）发现，管理者任职时间与企业国际化经营程度呈倒"U"形关系。

在管理者团队的任职经历方面，Sambharya（1996）发现，高管团队的海外经历与企业的国际化进程以及国际化成功的概率均呈正相关；魏刚等（2007）对独立董事背景与公司经营绩效关系的研究表明，董事会里具有海外背景的独立董事比例越高，公司的业绩越好。

在管理者团队的专业背景方面，郑立东等（2013）研究发现，如果公司聘用的独立董事成员中，拥有更多的财务专业背景的独立董事，将能显著提升公司的投资效率，并且能够抑制公司的投资不足。

另外，一些文献同时从多个背景特征角度进行了全面考察。如文芳（2008）、何霞和苏晓华（2012）考察了高管团队背景特征平均水平对公司 R&D 投资强度的影响。也有文献考察了高管团队背景特征平均水平对企业并购行为（杨林和杨倩，2012；张敦力和陈茜，

2012)、技术创新（雷辉和刘鹏，2013）等的影响。

（二）管理者团队背景特征的异质性

管理者团队背景特征的异质性是指团队成员在人口特征、认知观念、行为方式、价值观、经验等方面的差异性；与之对应，同质性则是指团队成员在以上特征方面的相似性（Finkelstein and Hambrick，1996）。

在管理者团队的性别异质性方面，德怀尔等（Dwyer et al.，2003）研究发现，企业的绩效会受到管理者团队性别异质性的显著影响；Campbell 和 Minguez - Vera（2008）、Ivanova - Stenzel 和 Kübler（2011）做了类似的研究，也发现，性别异质性大的团队能有效地提升企业业绩；格兰等（2011）发现，董事会的性别异质性能够提高公司股票价格的信息含量；贾库斯等（2011）发现，管理者团队的性别差异会对企业的代理成本产生影响，进而影响企业的并购活动以及企业绩效；况学文和陈俊（2011）对我国上市公司董事会性别多元化和管理者权力对高质量外部审计需求的影响进行了考察，研究结果发现，董事会性别多元化有助于促进上市公司产生高质量的外部审计需求。

在管理者团队的年龄异质性方面，Naranjo - Gil 等（2008）、黄越等（2011）基于社会认同理论认为，年龄异质性能使团队的思维更加活跃、观点更加丰富，从而有助于提高企业的决策效率和业绩；克罗克和梅杰（Crocker and Major，1989）、阿马森等（Amason et al.，2006）、魏立群和王智慧（2002）基于信息决策理论，得出了与此相反的结论；理查德和谢洛（Richard and Shelor，2002）发现，年龄异质性与资产收益率呈负相关，但与销售增长呈正相关；Backes - Gellner 和 Veen（2013）的研究发现，公司职工的年龄多样化特征能有效提升创新型企业的产出。

在管理者团队的学历异质性方面，大多数文献都认为，管理者团队学历异质性能够给企业带来好处。如史密斯等（Smith et al.，1994）、卡彭特（Carpenter，2002）发现，学历异质性有助于获得多元化信息，对战略的制定和评估会更加准确，从而会提高企业业绩；

Tihanyi 等（2000）、梅洛和拉克斯（Mello and Ruckes, 2006）发现，学历差异性较大的管理者团队，其经验会更丰富，能力会更强，对战略的理解会更深入，控制风险的能力也会更强。国内学者的研究，主要集中考察了管理者团队学历异质性对企业技术创新（朱晋伟等，2014）、会计稳健性（韩静等，2014）等的影响。

在管理者团队的任职时间异质性方面，Tihanyi 等（2000）发现，存在任期差异的管理者团队不仅能使企业战略实施保持整体性和连续性，而且还能推动企业国际化经营；陈璇等（2005）对高层管理团队任期异质性与高层更换的关系进行了深入研究，结果表明，管理者团队任期异质性并不显著影响管理层的更换；张平（2006）研究发现，管理者团队的任期异质性越大，其对企业绩效的负面影响也越大。

在管理者团队的任职经历异质性方面，科尔（Kor, 2003）针对成功的创业型企业展开了深入的研究，结果发现，当企业创始人为高管团队成员时，高管团队工作经历的异质性与经营绩效呈负相关。我国学者围绕任职经历异质性与企业绩效的研究也得出了类似的结论，如魏立群和王智慧（2002）、张平（2006）、王雪莉等（2013）的研究结果表明，管理者团队任职经历的多样性降低了我国公司的业绩，尤其对短期绩效和创新绩效有显著的负向影响。

也有少量文献考察了管理者团队的专业背景异质性，如冯亚明和尚海燕（2012）从一般异质性和专长异质性两方面考察了管理者团队的专业异质性对隐性知识水平的影响，结果发现，两者呈显著的正向关系。

另外，一些文献同时从多个背景特征角度对异质性进行了全面考察。如格里宁和约翰逊（Greening and Johnson, 1997）研究发现，高管团队年龄与任期的异质性能够调节企业应对危机的能力，而教育背景的异质性则没有此调节作用，职业背景的异质性与企业处理危机的能力呈非线性关系。西蒙斯等（Simons et al., 1999）研究发现，高管团队异质性（如教育背景、工作经历与任期）对企业绩效的影响会受高管团队成员之间沟通与争论的调节。任兵等（2011）从教育水平、任期、年龄等方面，考察了管理者团队异质性对企业技术创新绩效的影响。

（三）管理者团队背景特征的"垂直对"

管理者"垂直对"是指公司上司和下属在职位层级上的差异。有关管理者团队背景特征的"垂直对"研究，Tsui 和 O'reilly III（1989）可谓是这一领域的开拓者。

在管理者团队的性别"垂直对"方面，亚当斯和约翰逊（2009）发现，上下级性别差异越大，各成员间的监督作用就越大，公司治理效率就越高；何威风和刘启亮（2010）发现，当性别"垂直对"越大时，管理者团队的会计政策就越保守，从而使企业出现财务重述的概率越低。

在管理者团队的年龄"垂直对"方面，Tsui 等（2002）、肖尔等（Shore et al.，2003）发现，年龄"垂直对"越大，团队的经验、能力和业绩可能越差；汉布里克和梅森（1984）、Prendergast 和 Stole（1996）发现，年龄"垂直对"对认知能力和决策行为有较大影响；何威风和刘启亮（2010）发现，年龄"垂直对"对会计政策的选择以及财务重述的发生都有较大影响。

在管理者团队的学历"垂直对"方面，Kimberly 和 Evanisko（1981）、班特和杰克逊（1989）发现，学历"垂直对"会对技术革新和企业战略变革产生较大的影响；Wiersema 和 Bantel（1992）发现，学历"垂直对"对获取社会资源和多元化经营有较大影响。

在管理者团队的任职时间"垂直对"方面，Loi 和 Ngo（2009）发现，任期"垂直对"越大，对组织产出的负影响就越大；伯克尔（Boeker，1997）发现，任期"垂直对"越大，管理者团队越容易打破原有的管理模式和企业战略；弗拉泽和格林（2006）发现，任期"垂直对"会影响企业决策。

随着研究的深入，我国学者对管理者团队背景特征的"垂直对"开始给予越来越多的关注，涌现出了一些全面考察管理者团队背景特征"垂直对"的文章。如张龙和刘洪（2009）结合社会心理视角和社会政治视角，从年龄、任期时间、受教育程度等方面研究了高管团队中"垂直对"人口特征差异对高管离职的影响。与此类似，还有文献考察了高管团队"垂直对"特征对企业并购（杨林和杨倩，2012）、公司治理违规（顾亮和刘振杰，2013）、创业战略导向（杨林，2014）、会计稳健性（刘永丽，2014）、盈余管理（何威风，2015）的影响。

## 第二节　关于晋升激励的研究综述

在开始对晋升激励的相关研究进行综述前，有必要先对"锦标赛"和"晋升激励"这两个容易混淆的概念给予清楚的界定。企业或者组织里的锦标赛通常是指组织成员之间的竞争就像进行一场体育竞赛，每个参与者都把其他参与者的表现作为参考，只有表现相对较优的竞争者，才能获胜并得到相应的奖励。强调相对绩效是锦标赛的一大特点。奖励预先设定是锦标赛的另一个重要特点。也就是说，在开始竞争时，获胜者的奖励就已经设定好，只要获胜就能取得相应的奖励。晋升是指员工职位的向上变动。如果企业以提供晋升的方式来奖励"锦标赛"的获胜者时，就形成了企业对员工的一种激励方式，即晋升激励。由于晋升激励通常符合锦标赛特点：相对业绩最优者才能获得晋升；获胜者得到晋升带来的货币、非货币收益的增加也已预先设定好。因此，现有的研究大多是将晋升与锦标赛结合起来进行考察，也就是基于晋升的锦标赛。然而，通过上面的论述，我们不难发现，晋升和锦标赛并不必然地联系在一起。晋升是激励方式，而锦标赛则是参考系的选择。对上述概念的区分，将为我们更加深入地理解晋升激励奠定了基础。

通常认为，晋升具有两大功能：一是实现人力资源的优化配置，即能够使各个能力不同的员工找到适合自己的岗位；二是发挥激励作用，即晋升后带来的货币与非货币收益的增加，将能激发不同层级的成员为向更高层级晋升而付出更多的努力（Baker et al., 1988）。因此，有关晋升的相关研究大体可以分成三类：一是从职位配给角度考察晋升是否能够实现职位配置的均衡（Medoff and Abraham, 1980;

Waldman, 1984; Milgrom and Oster, 1987; Costa, 1988; Bernhardt, 1995; Fairburn and Malcomson, 2001; Lazear, 2004); 二是从提供激励角度考察晋升是否能促使工人付出更多的努力或是对专有性人力资本进行更有效率的投资 (Malcomson, 1984; Baker et al., 1988; MacLeod and Malcomson, 1988; Prendergast, 1993; Scoones and Bernhardt, 1998; Backes – Gellner and Pull, 2013; Delfgaauw et al., 2013; Herbertz and Sliwka, 2013); 三是对晋升的上述两大功能之间的协调与均衡发展进行研究 (Milgrom and Roberts, 1988; Waldman, 2003)。结合本书的研究主题,本书将重点对第二类研究,即晋升的激励功能进行述评。

拉齐尔和罗森 (1981) 是最早对晋升的激励作用展开研究的文献。通过对锦标赛晋升的研究,他们发现:当代理人风险中性且信息完全时,相对绩效考核与绝对绩效考核都将导致帕累托最优;当代理人为风险规避型时,相对绩效考核则更具激励作用。随后,大量的文献从不同的方面对晋升的激励作用进行了深入研究。马尔科姆森 (Malcomson, 1984) 的研究发现,事前确定晋升比例可以解决双边道德风险,从而使激励更有效。吉本斯和墨菲 (Gibbons and Murphy, 1992) 发现,晋升激励与薪酬激励存在替代效应。米尔格罗姆和罗伯茨 (Milgrom and Roherts, 1992) 进一步发现,考虑业绩时,晋升激励的有效性依然存在,但薪酬激励则可能下降。费尔伯恩和马尔科姆森 (Fairburn and Malcomson, 2001) 发现,职位晋升是控制经理道德风险的有效手段。近年来,考察晋升激励对企业绩效的影响成为研究的热点,大量文献围绕此开展了研究 (Campbell, 2008; Cichello et al., 2009; Kale et al., 2009; Kato and Long, 2011; Kini and Williams, 2012)。当然,也有文献考察了晋升激励如何激励工人去积累人力资本 (Zabojnik, 2012) 以及对管理者的薪酬业绩敏感性产生何种影响 (Mobbs and Raheja, 2012)。

尽管大量的文献证实了晋升对企业、个人存在着激励作用,但也有文献得出了不同的结论。如埃德霍夫 (Ederhof, 2011) 对薪酬激励和晋升激励的对比研究发现,对于企业高层级的管理者而言,由于其获得进一步晋升的难度加大,晋升对他们而言,不具有激励作用。此时，为了激励管理者，需要薪酬激励的弥补。因此，他们指出，在设计晋升激励时，需要对管理者所处的组织层级加以考虑。赫伯茨和卡斯莱（Herbertz and Sliwka，2013）将个人偏见因素纳入晋升激励的研究，结果发现，当存在严重的个人偏见时，有能力的管理者得到晋升的可能性降低，晋升奖励与努力程度呈负向关系，晋升失去了其应有的激励作用。巴克斯－盖尔纳和普尔（Backes－Gellner and Pull，2013）指出，晋升的激励作用会受到管理者异质性的影响。

我国学者也早已对晋升激励展开了深入研究。在理论研究方面，张秀娟（2003）从理论上论述了职位晋升的激励作用，指出晋升不仅是员工职业生涯发展的重要途径，更能提高员工的经济地位和社会地位，因此它能产生长期的激励作用。同时，他也指出，要使职务晋升能够发挥其积极作用就必须在晋升决策、晋升程序等方面坚持公正性。吴进红（2007）对内部晋升的激励乘数效应进行了理论阐述。指出，在一个组织内部，一个员工获得晋升，将不仅仅对该员工产生激励作用，这种激励作用还会在组织内部产生连锁效应，从而对处于不同层级的成员均产生或大或小的激励作用。孟令国（2008）从理论上分析了职位晋升的隐性激励效应，认为职位晋升是保持员工长期激励和组织稳定的动力来源。刘瑞明和白永秀（2010）通过建立晋升激励与经济发展的理论框架，对我国转轨经济中的经济现象进行了系统的解释，指出晋升激励的应用是中国经济增长的重要来源。

在实证研究方面，国内学者大多围绕政府官员的政治晋升来展开。如大量文献考察了官员政治晋升对地方保护与市场分割（刘瑞明，2007）、政府非绩效行为（重复建设、面子工程、形象工程等）（郑志刚等，2012）、土地违法行为（梁若冰，2009）、投资增长和波动（王贤彬等，2010）、经济增长（徐现祥和王贤彬，2010）、义务教育投入（林江等，2011）、银行贷款行为（钱先航等，2011）、土地出让（张莉等，2011）、企业研发投资（解维敏，2012）、地方政府债务（王叙果等，2012）、地方政府人力资本投资（赵领娣和张磊，2013）等方面的影响。还有文献对政治晋升的影响因素进行了研究（陶然等，2010；陈潭和刘兴云，2011）。

少量文献从企业层面对企业内部晋升进行了研究。如宋德舜（2006）研究发现，公司业绩与经营者获得晋升的概率呈正向关系。且发现随着年龄、任期的增加，经营者晋升—业绩敏感性会下降。廖理等（2009）对经营风险是否以及如何影响公司高管晋升的激励效应进行了研究，结果发现，晋升激励强度与企业绩效正相关，且当公司的经营风险较高时，这种激励效应更加显著。廖冠民和张广婷（2012）考察了盈余管理与国有企业高管晋升效率的关系，结果发现，当政府无法识别盈余管理行为时，高管的晋升效率将受到损害。与上述研究不同，何威风等（2013）基于心理契约理论，对我国上市公司高管的晋升激励是否影响盈余管理行为进行了实证检验。研究结果表明，晋升激励的确会对管理者的盈余管理行为产生影响。杨瑞龙等（2013）通过对中央企业领导人的职位变动数据进行分析，发现了职位晋升的影响因素，如营业收入增长率的增加、拥有中央委员等身份、拥有博士学位均能大大增加领导人晋升的概率。

## 第三节 关于非效率投资的研究综述

综观国内外投资行为研究的发展历程，可以看到其发展大致经历了古典经济学投资理论和新制度经济学投资理论两大阶段。由于新制度经济学投资理论打破了古典经济学投资理论近乎苛刻和完美的研究假设，更加符合现实，因此受到了越来越多的重视和认可。新制度经济学投资理论的这种进步与代理理论、信息理论、契约理论、公司治理理论的发展是紧密相连的（Jensen and Mecking, 1976；Myers and Majluf, 1984；Jensen 1986；Stulz, 1990；Whited, 1992；Lang et al., 1996；Shin and Kim, 2002；Stein, 2003）。由于现实中企业的投资行为并非总是最优化的，大多数情况下是处于投资扭曲的状态，即经常性处于非效率状态。因此，学术界主要集中研究企业的非效率投资。结合本书的研究主题，本节将重点对基于新制度经济学投资理论的非效率投资研究进行论述。

## 一 非效率投资的界定

从国内外既有文献来看，尽管有关非效率投资的研究已经开展了许多，但是，对于企业非效率投资的界定，却未有完全一致的看法。基于不同的研究目的和研究视角，学术界从不同角度对非效率投资进行了阐释。归结起来，大体可分为两类：

一是基于公司财务学角度的界定。此种观点认为，为实现公司价值最大化的财务管理目标，企业应该接受净现值（NPV）大于或等于零的项目，而拒绝 NPV 小于零的项目。只有这样，企业的投资效率才最高，才能推动企业价值的增加。但是，现实中，企业往往受到各种因素的影响而违背上述准则，从而就出现了"非效率投资"现象。当企业接受净现值为负的项目时，就出现了投资过度（Jensen and Meckling，1976）；与之对应，当企业放弃净现值为正的项目时，则出现投资不足（Myers，1977；Jensen，1986）。上述两种行为均是无效的，均会对企业价值和股东财富带来负面影响。

二是基于公司治理的角度。如一些关于非效率投资的阐释是基于企业多元化决策的研究。他们指出，当企业实施多元化战略时，会在其内部形成一个资本市场，从而对企业的投资策略产生影响。例如，收益较差的业务部门反而会得到更多的资源投入，占用更多的资金，最终使企业在这些收益较差、实力较弱的业务领域出现严重的投资过度现象。由于资源是有限的，当企业在较弱业务领域投资过度时，就必然会导致其他业务领域的投资挤占，使企业在较强业务领域的投资过少，出现严重的投资不足现象（Berger and Ofek，1995；Shin and Stulz，1998；Rajan et al.，2000；Scharfstein and Stein，2000；Lamont and Polk，2002；Ahn et al.，2006 等）。

目前，学术界多倾向于根据 NPV 准则来界定非效率投资。本书考察的是企业微观层面的非效率投资。因此，基于相关研究成果和本书的研究目的，本书也将非效率投资界定为：企业拒绝净现值（NPV）大于或等于零的项目，或接受 NPV 小于零的项目的行为。

## 二 非效率投资的动因

长期以来，企业为什么会出现非效率投资一直困扰着学术界，也吸引着广大学者孜孜不倦地对其进行深入研究。由于企业非效率投资的动因是多样的，因此，学术界从多个角度进行了深入研究，也得出了众多的结论。本书对企业非效率投资动因的论述将沿着学术界研究的演变脉络来开展。

### （一）委托—代理问题与非效率投资

所有权与控制权的分离是现代企业制度的一大特点，这使拥有企业所有权的所有者与获得企业控制权的管理者之间开始出现利益分歧。在契约不完备、信息不对称以及存在道德风险的情况下，这种分歧势必会增加甚至出现利益冲突，从而产生代理问题。就投资决策而言，代理问题通常导致代理者在做投资决策时更多地从自身利益出发，投资于净现值小于零的项目或是拒绝净现值大于零的项目，出现非效率投资现象（Jensen and Meckling，1976；Stulz，1990）。在企业的众多代理关系中，最典型的代理关系包括股东与经理层、大股东与小股东以及股东与债权人。

1. 股东与经理层冲突

詹森和梅克林（Jensen and Meckling，1976）指出，经理层作为公司的内部控制人，往往只拥有很小比例的股票甚至是不拥有股票。这使经理层承担了努力经营所需付出的全部成本，却只能享有部分努力经营后的收益。与之形成鲜明对比的是，当经理层偏离最大化股东价值的目标而追求私利时，却能独享全部好处而只承担部分成本。因此，经理层追求的目标函数通常严重背离股东价值最大化的目标函数，引发经理层与股东间的利益冲突，并对公司投资决策产生不利影响。现有研究表明，构建"商业帝国"（Jensen，1986）、提升自身声誉（Narayanan，1985；Holmstrom and I Costa，1986）、巩固职业地位（Shleifer and Vishny，1989）、追求更多在职消费（Stulz，1990）、规避经营风险（Holmstrom and I Costa，1986）等动机均是推动经理层追求私利偏离最优化投资水平的原因。我国学者也证明了股东与管理层的冲突会导致非效率投资的发生（辛清泉等，2007；郝颖和刘星，2010；张宗益和郑志丹，2012）。

2. 股东与债权人冲突

在股东与债权人的代理关系中，债权人是委托方，他们的目标是保障本金的安全与获取稳定的利息。股东是代理方，他们的目标是最大化股东的价值。目前，学术界普遍认为，上述目标的分歧既会导致投资过度，也会导致投资不足。詹林和梅克林（1976）认为，当公司进行债务融资后，股东更倾向于投资风险大的项目。这是因为，一旦投资成功，股东将获得高额的回报，而债权人则只能获得事先约定的较小比例的收益；相反，一旦投资失败，债权人将承担大部分的损失。股东的上属倾向，使资本过多地投资于本不应该接受的高风险项目，表现出投资过度。迈尔斯（Myers，1977）的研究表明，股东与债权人的利益冲突可能导致投资不足。这是因为，如果新项目的净现值小于债务融资金额，股东将会一无所获，而债权人则能得到新项目的所有净现值，这就会降低股东投资于新项目的积极性，即使新项目的净现值大于零。另外，较高的负债比例，还可能导致股东为了规避破产风险而放弃净现值大于零的新项目，形成投资不足。

3. 大股东与小股东冲突

在股权较为分散的公司里，股东与经理层的冲突是最主要的代理问题。然而，在股权较为集中且达到一定程度时，经理层将主要由大股东委派并代表大股东的利益，小股东由于监督的高成本逐渐失去了监督的能力和动力。因此，股东与经理层的代理问题自然地演变成大股东与小股东之间的代理问题（Claessens et al.，2002）。尽管有研究认为，大股东出于最大化股东利益的目的会加强对公司的监管。但是，大股东的这种监管行为也带来了小股东的"搭便车"行为，使得大股东的监管收益与监管成本不匹配。大股东将有强烈的动机侵占小股东的利益来对自己的监管成本进行补偿。约翰逊等（2000）直接用"Tunneling"一词对上述侵占行为进行了描述。迪克和津盖尔斯（Dyck and Zingales，2004）的研究发现，大股东有着强烈的动机来制定有利于自身利益目标的各种非效率投资决策来增加其控制权和私有收益。大量研究也发现，大股东与小股东之间的代理问题会对非效率投资产生影响（Parrino and Weisbach，1999；Goergen and Renneboog，2001；Bertrand et al.，2002；Cheung et al.，2006；潘敏和金岩，2003；刘星和窦炜，2009等）。

（二）信息不对称问题与非效率投资

信息不对称理论是现代信息经济学的核心，已经被广泛地应用于社会经济活动的各领域。信息不对称理论源于阿克洛夫（Akerlof，1970）对旧车市场中"柠檬问题"的观察和研究。由于所处地位的不同，企业投资活动的各参与方会在投资活动所需信息的准确性、完整性、全面性以及及时性等诸多方面存在较大差异，从而导致各方处于信息不对等的地位。相比信息掌握较少的参与主体，信息掌握更多、更准确、更全面、更及时，因而参与主体通常在投资活动中处于优势地位。这使信息掌握的优势方能够利用其优势地位来为自己获利，而损害信息劣势方的利益。根据信息不对称理论，在企业的投资行为中，经理层通常比股东、债务人掌握更多有关投资收益和风险的信息，存在严重的信息不对称。处于信息劣势的资金提供者则会采用一系列的措施来保证自身的利益，如提高利率、增加限制条款等，而这就会提高外部融资的成本，并使其高于内部融资成本，从而容易导致投资不足。迈耶斯（1984，Myers）和Majluf（1984）在从信息不对称的角度对企业投资决策进行考察后就发现：由于相对于外部投资者，企业的内部股东和管理者通常处于信息优势地位，他们更了解新项目的预期收益情况。企业采用发行股票的方式来为新项目融资的行为，可能让信息处于劣势的外部投资者高估或低估企业的证券，从而导致企业出现过度投资或是投资不足。基于上述研究，Narayanan（1988）、海因克尔和泽赫纳（Heinkel and Zechner，1990）进一步从信息不对称角度研究了企业的投资行为。结果同样发现，信息不对称会引发非效率投资。

我国学者也对上述问题展开了深入研究，如潘敏和金岩（2003）运用包含信息不对称等因素的投资决策模型，对我国上市公司过度投资形成机制进行了分析。结果发现，考虑信息不对称因素后，我国上市公司发生过度投资的可能性明显增大。张纯和吕伟（2009）在对信息披露与企业过度投资的关系进行研究时发现，信息披露水平的提高将有效缓解信息不对称程度，从而抑制非效率投资。李青原（2009）、程新生等（2012）的研究也得出了类似的结论。

（三）管理者特质与非效率投资

上述基于各种理论的研究其实均隐含地假设了管理者都是理性经济人且都是同质的。这不仅与现实不符，也很难对金融市场存在的大量"异象"给予合理的解释。随着研究的深入以及心理学、行为金融学的发展，学术界开始将管理者的个人特质以及主观心理因素纳入非效率投资的研究范围。

在众多的个人特质中，管理者过度自信是较早进入研究视线和取得较丰富成果的管理者特质之一。管理者过度自信通常是指管理者高估自身决策能力和信息的准确性以及高估公司未来业绩而低估风险的行为。过度自信的管理者通常会低估投资风险和高估投资收益，从而易接受净现值为负的项目，出现过度投资行为；同时，过度自信管理者还可能认为外部投资者严重低估了公司股价，从而不愿为新项目进行筹资，导致其放弃净现值为正的项目，出现投资不足。大量实证研究也证实，管理者过度自信会导致非效率投资的发生（Heaton，2002；Lin et al.，2005；Malmendier and Tate，2005；郝颖等，2005；王霞等，2008）。

投资决策中的"羊群效应"是另一个备受关注的方面。"羊群效应"实际上是指决策者在信息不完全的情况下，盲目跟随大众进行决策的现象（Banerjee，1992）。企业投资活动出现"羊群效应"的原因，既可能是由于自身拥有的有关投资活动的信息不完全而导致的，也可能是为了规避自身决策失误带来的风险，还可能是为了缓解单独决策时的恐惧心理。上述动机使企业的投资决策不再根据自身需要和最优化投资的标准来制定，而是一味地参照他人的行为来制定。显然，"羊群效应"对企业投资行为的危害就是会导致一定时期一定领域投资过度或投资不足。这已得到相关文献的证实（Scharfstein and Stein，1990；Choi and Sias，2009；方军雄，2012）。

随着研究的深入，人们发现，不同背景特征的管理者具有不同的上述心理特征和行为方式，从而对投资行为产生不同的影响。汉布里克和梅森（1984）提出高层梯队理论，开创性地将管理者的心理特征与人口特征紧密相连，从而开辟了从管理者背景特征视角来研究管理者特质对投资行为影响的新思路。如姜付秀等（2009）的研究发现，管理层的平均教育程度、平均年龄均会对企业的过度投资行为产生显著的影响。李焰等（2011）发现，在国有企业中，管理者的年龄、任期越大，则投资规模越小，并且这种投资行为会大大降低企业的投资效率。李培功和肖珉（2012）主要考察了管理者的任期特征对投资效率的影响，结果发现，管理者既有任期、预期任期在国有公司样本里均与过度投资呈正相关。郑立东等（2013）发现，独立董事在性别、年龄及财务专业背景等方面与企业投资不足和投资过度呈现出显著的相关关系。

### 三 非效率投资的治理

由于非效率投资带来了资源的浪费，损害了企业和股东的利益。因此，如何抑制非效率投资一直都是学术界想要努力解决的难题。针对非效率投资的治理，学术界从不同的治理机制方面展开了大量的研究，并取得了丰硕的成果。结合本书研究的主题，本书将从薪酬激励和晋升激励两方面对激励机制如何抑制非效率行为进行论述。

*（一）薪酬激励与非效率投资的相关研究*

从理论上讲，薪酬激励越大，管理者越努力，企业绩效越好（Jenson and Meckling，1976；Jensen and Murphy，1990）。但是，在现实中，管理者薪酬是否起到了这种作用呢？学术界尚未取得一致的研究结论。如刘斌等（2003）、张俊瑞等（2003）、周仁俊等（2010）的研究发现，管理者薪酬与企业绩效呈正相关；魏刚（2000）、李增泉（2000）证实管理者薪酬与企业绩效不存在相关性。

薪酬不能直接影响企业绩效，而是通过影响管理者行为来实现的。其中，企业投资行为是最重要的管理者行为之一。辛清泉等（2007）对我国上市公司薪酬激励如何影响非效率投资进行了研究，结果发现，当薪酬激励强度不足时，易导致公司出现投资过度。简建辉等（2011）的研究发现，增加管理者的薪酬，将加剧公司过度投资的冲动。张丽平和杨兴全（2012）从管理者权利视角对薪酬激励能否治理过度投资进行了考察，结果发现，薪酬激励能够抑制过度投资。夏冠军（2012）对投资者情绪与管理者激励如何相互作用来影响企业投资行为展开了深入研究。其结果表明，高管股权激励会引发更多的过度投资行为，而薪酬激励则没有上述效用。同样，夏冠军和于研（2012）也发现，管理者薪酬不合理易引发企业过度投资。詹雷和王瑶瑶（2013）的研究揭示了我国上市公司中普遍存在的一种现象，即管理者的薪酬激励不足时易导致管理者通过过度投资来提升自己的薪酬，其结果是企业价值遭到损失。国外直接研究薪酬激励如何影响投资行为的研究并不多（Ryan and Wiggins，2002；Aggarwal and Samwick，2006；Kang et al.，2006）。

（二）晋升激励与非效率投资的相关研究

心理契约理论认为，在一个组织中人与人之间存在许多隐性的心理契约，而其中的一个主要方面就是晋升，因为晋升可以为管理者带来各种货币与非货币收益，包括更高的薪酬、更多的在职消费、更大的控制权、更好的工作环境、更强的成就感等。毫无疑问，晋升也是一种激励机制，它与薪酬激励之间存在替代关系（Gibbons and Murphy，1992）。我国处于经济转轨时期，由于政府充当着社会资源分配的角色，因此，有许多管理者对担任政府官员、人大代表、政协委员等政治职务有着强烈的冲动（许年行和罗炜，2011）。可见，管理者不仅对薪酬有强烈的追求，而且对晋升也有强烈的欲望。

晋升激励作为薪酬激励的一种替代手段，同样会影响企业绩效。拉齐尔和罗森（1981）、吉本斯和墨菲（1992）、米尔格罗姆和罗伯茨（1992）发现，当业绩不可证实时，薪酬激励的有效性下降，但晋升激励仍然有效。卡尔等（Kale et al.，2009）、Kato和Long（2011）发现，晋升激励会提高企业绩效，增加企业价值。孟令国（2008）、廖理等（2009）发现，晋升激励可以保持对员工的长期激励，稳定队伍，降低风险，提高企业绩效，特别是在非国有企业中。

关于晋升激励如何影响企业投资行为的研究略显不足，文献很少。许年行和罗炜（2011）发现，企业的过度投资行为往往在高管获得政治升迁之前更为严重，而投资不足行为则更多地发生在高管获得政治升迁之后；同时还发现，高管政治升迁前的过度投资行为在非国有企业更严重。Kini 和 Williams（2012）发现，对副职管理者实施晋升激励会促使企业加大研发投资，采取更积极的投资政策，提高企业绩效。

## 第四节　研究评价

通过上述相关文献的回顾可以看出，在管理者背景特征、晋升激励和非效率投资研究方面取得了丰硕成果。这无疑为本书奠定了理论基础。但是，现有研究仍存在一些有待于进一步研究的地方。

### 一　缺乏将管理者背景特征纳入委托—代理理论的分析框架

在现有委托—代理理论中，有关激励机制如何影响非效率投资的研究无论是在激励机制方面还是在非效率投资方面都是基于新古典经济学，把管理者视为同质的，忽视了管理者的异质性。这与现实不符，也无法从根本上解释管理者为什么会对激励机制有不同的敏感性、对投资行为有不同的影响。所以，从管理者背景特征视角来考察激励机制如何影响非效率投资就显得十分必要。

### 二　对晋升激励的研究略显不足

在现有委托—代理理论中，有关激励机制的研究主要集中在薪酬激励方面，而对晋升激励的关注却略显不足，尤其是对我国企业的内部晋升。心理契约理论认为，在一个组织中，人与人之间存在许多隐性的心理契约，而其中的一个主要方面就是晋升，因为晋升会提高薪酬，改善工作环境。毫无疑问，晋升也是一种激励机制，它与薪酬激励之间存在替代关系（Gibbons and Murphy，1992）。不同背景特征的管理者会对晋升激励有不同的敏感性，进而会对非效率投资产生不同的影响。因此，如果不考虑晋升激励，就无法全面而深入地研究激励机制对投资行为的影响。

### 三　在企业非效率投资研究方面没有系统地考察管理者背景特征的影响

尽管近年来伯特兰和尚亚尔（2003）、姜付秀等（2009）、李焰等（2011）等学者在这方面进行了开创性的实证研究，但不系统，往往仅局限于管理者个人背景特征，或是管理者团队背景特征的某一方面，如平均水平。鲜有文献从平均水平、异质性和"垂直对"等方面同时对管理者团队背景特征进行考察。这使我们无法系统地认清企业投资行为中人的因素，进而也就无法打开企业非效率投资决策的"黑箱"。

# 第三章　晋升激励与非效率投资的衡量研究

如何对晋升激励和非效率投资进行准确的衡量？这是本书必须首先解决的两个基础性问题。他们关系到本书的实证能否顺利开展以及实证研究的结果是否可靠。本章试图在对以往衡量方法进行梳理和辨析的基础上，挑选出更适合本书的衡量方法，以期为实证研究奠定坚实的基础。

## 第一节　晋升激励的衡量研究

所谓晋升激励，通常是指通过组织结构中的职位晋升来激励组织成员更加努力地工作（廖理等，2009）。在公司里，晋升激励之所以能够发挥其激励作用，主要是因为，虽然晋升可以为公司成员带来各种货币与非货币收益，包括更高的薪酬、更多的在职消费、更大的控制权、更好的工作环境、更强的成就感等，但是，晋升是与个人业绩相联系的，只有业绩最佳者，才有可能从诸多竞争者中获胜。所以，晋升能够协调公司成员与公司之间的利益，使公司成员的私人利益外部化，促使其在努力追求自身晋升的同时，带动公司业绩的提高。晋升能否发挥其激励作用与激励的大小是密不可分的，而这种激励作用的大小受两个因素的影响：一是公司不同层级间的利益差距，包括货币与非货币性的收益，它预示着公司成员一旦晋升将获得的收益的增加。因此，这种利益差距的大小代表着激励效应的强弱。二是晋升与公司成员绩效的相关性，即个人业绩与晋升的因果关系是否紧密。因为晋升通常是以相对业绩为考核基础的，只有相对业绩最优者能获胜。因此，晋升与个人的相对业绩紧密相连。而且上述相关性越高，晋升激励就越能推动公司成员的个人业绩以及公司的整体业绩，晋升的激励作用也越好。有关晋升的实证研究也多是围绕着晋升是否发挥了激励作用以及激励作用效果如何来展开的。从现有文献来看，对晋升的激励作用进行考察的实证方法主要集中在晋升前后的对比分析、晋升前后的薪酬差距、晋升前后的长短期收益差距、晋升预期。

### 一　晋升前后的对比分析

由于晋升能够带来个人收益的增加，因此，公司成员都渴望获得晋升。而要获得晋升，参与晋升竞争的成员就必须努力提升自己的业绩，使自己的相对业绩更佳。据此，一些研究认为，参与竞争的成员在努力赢得晋升而还未实现晋升的一段时期将会更加努力，其业绩也会显著提高（吴进红，2007；孟令国，2008），而这实际上就是晋升的激励效应。因此，要考察晋升激励是否真正发挥作用，对比参与者晋升前后的努力程度或业绩将是一条可行的途径。Cao 等（2009）、许年行和罗炜（2011）就采用了该方法。许年行和罗炜（2011）以1994—2009 年我国沪深两市 A 股上市公司为考察对象，对公司高管晋升前后企业的过度投资程度进行了对比分析。对晋升的衡量采用了虚拟变量，即高管获得晋升前取值为 1，获得晋升之后取值为 0。该方法的优点在于：数据的取得比较客观，能够准确地对高管晋升前后的行为加以区分，且对比性强。其不足之处在于：衡量过于粗略，得出的结论仅停留在高管晋升前后的行为有无显著差异，无法进行更加深入的探讨。

徐现祥和王贤彬（2010）也认为，上述方法可能难以得到准确的结论。原因在于，晋升前后的财务决策或企业业绩差异可能不是晋升的作用结果，而可能是其他原因造成的。因此，他们对上述研究思路进行了改进。尽管仍是采用晋升前后进行对比的思路，但操作方法上则采用了双重差分。其主要思想是：构造有高管晋升的处理组和没有高管晋升的对照组，然后控制其他因素，再比较高管晋升前后的处理组和对照组之间的差异，从而得出有效的结论。在实际操作中，该方法将样本划分成四组，即高管晋升前的对照组和处理组、高管晋升后的对照组和处理组。最后通过设置两个虚拟变量来对上述四种样本进行划分。显然，这种方法较前一种方法有了一定的改进。对比分析的分组更细，对其他干扰因素的控制也更到位。

## 二 晋升前后的薪酬差距

晋升之所以能够发挥激励作用，在很大程度上是因为晋升能够给晋升者带来个人收益的增加。而货币收益则是其中最主要和最直观的收益。因此，大量文献采用晋升前后层级的薪酬差距来对晋升激励强度进行衡量（Kato and Long，2011；Kini and Williams，2012；廖理等，2009等），这也是当前学术界较为认可和使用最多的一种方法。如Kato和Long（2011）在对中国上市公司的晋升激励进行研究时，就采用晋升前后两个层级的薪酬差距来衡量晋升激励。具体做法是：选定公司薪酬最高的三位高管作为第一个层级，其余高管则被看作低一级的另一个层级。晋升激励强度则为两个层级平均薪酬之差的自然对数。Kini和Williams（2012）的做法与此类似，区别在于上下两个层级的界定。他们将CEO界定为第一个层级，而余下的高管全部被界定为另一个层级。晋升激励强度的具体算法为：CEO薪酬与其余高管薪酬中位数之差的自然对数。在我国，廖理等（2009）也采用了上述思想。他们指出，因晋升而增加的收益中不仅包括薪酬，还包括新增的在职消费、成就感、控制权等诸多利益。但在现实中，想要对在职消费、成就感等进行准确度量是较困难的，因此，薪酬的增加成为大家关注的焦点。因此，廖理等采用了两种方法来对衡量晋升激励强度：一是总经理薪酬与除总经理之外前两位核心高管的平均薪酬之差的自然对数；二是总经理薪酬与其余全部高管的平均薪酬之差的自然对数。

显然，在现有技术水平和数据可获得性的状况下，采用上述方法来衡量晋升激励强度，能够较为真实、客观地对其进行衡量。但是，上述方法也存在较为严重的缺陷：一是薪酬是一种短期激励，因此，仅从薪酬角度来进行衡量，就忽视了晋升带来的长期收益，如长期股权等；二是上述方法只考虑了晋升带来的货币性收益的增加，而没有考虑非货币性收益的增加。相关研究就表明，当管理者的薪酬得到一定满足后，追求非货币性收益可能成为其主要目标。因此，不考虑晋升带来的非货币性收益的增加就可能影响晋升激励衡量的准确性。

### 三　晋升前后的长短期收益差距

不同于上述仅从薪酬这个短期收益角度来衡量晋升激励的方法，一些研究也开始将晋升前后的长期收益纳入衡量之中。如卡尔等（2009）在研究晋升激励对公司绩效的影响时，采用 CEO 与非 CEO 高管层的货币性收入差距来衡量晋升激励。具体做法是：CEO 的货币性收益减去非 CEO 高管层的货币收益的中位数，然后对上述差值取自然对数。其中，货币性收益分为短期收益和长期收益，短期收益主要包括薪酬、奖金和其他固定的补贴；长期收益是指股权和期权收益。类似的做法还出现在 Rankin（2010）、Strydom 和 Rankin（2012）的研究中。这种衡量方法将长期收益纳入晋升的货币收益中，使对货币性收益的衡量更加全面和准确。但是，该种衡量方法的使用存在使用范围的限制。在西方发达国家，长期股权激励已经得到了广泛应用，其激励作用也已经得到了实践的证明。因此，基于发达国家资本市场的研究能够较好地对其进行衡量，得到的结果也具有较好的可靠性。相比之下，我国的资本市场还不成熟，相关制度还不健全，法规还不完善，这使我国的股权激励起步晚、影响范围小①，其对我国上市公司的激励作用也存在较大争议。② 鉴于此，该种衡量晋升激励强

---

① 相关资料显示，中国证监会是在 2005 年年底才正式颁布了《上市公司股权激励管理办法》，真正意义上的股权激励始于 2006 年 1 月 1 日。对我国 2006—2013 年的上市公司进行统计发现，7 年间实施了股权激励的公司观测值只有 364 家。

② 支持学派认为，股权激励能够很好地协调高管与股东的利益，使高管的私人利益外部化。其次，认为股权激励作为一种长期激励能够筛选和留住有才能的高管。最后，股权激励是一种长期激励，因此能够缓解高管的短视行为。反对学派则认为，股权激励并不发挥激励作用。公司实施股权激励更多的是出于非激励目的。例如，由于股权激励不像薪酬激励那样需要现金流支出，因此，对于那些近期现金紧张的公司，可以选择股权激励来缓解现金流动性约束；同时由于没有短期的现金支出，当业绩不理想时，选择股权激励还能够对会计盈余进行调整，从而降低财务报告的隐性成本。最后，公司还可能通过实施股权激励来为高管提供税收好处，减少高管税负。

度的方法在我国并不适用。另外，未考虑晋升带来的非货币性收益也是该种衡量方法存在的局限性。

### 四 晋升预期

在对晋升激励直接进行衡量遇到较大困难后，一些学者开始应用期望理论来对高管晋升预期进行研究。他们认为，高管采取某种行动的动力不仅来源于行动结果的价值评估，还取决于获得该价值的可能性，即预期概率。具体而言，成功晋升带来的收益的增加就是行为结果的价值评估，而能够成功获得晋升的概率就是上述的预期概率。因此，价值评估越高，高管对该价值越看重，预期概率越大，晋升激励强度越强，其激励作用也越明显。当晋升的预期概率过低，高管将对未来的晋升不抱太大的希望，晋升对其也再难以发挥激励作用，即使晋升能带来巨额的收益。围绕晋升预期，已有相关研究进行了探索。如 Mobbs 和 Raheja（2012）在对管理者内部晋升进行研究时，对高管团队成员晋升为 CEO 的概率进行了计算。其具体操作是：首先，在选取的管理者样本里，根据如下原则对每个管理者进行赋值：当 A 管理者没有被确定为未来 CEO 人选而同公司的其他管理者被选定为未来 CEO 人选时，A 管理者赋值为 -1；当 A 管理者以及 A 管理者所在公司里没有管理者被确定为未来 CEO 人选时，A 管理者赋值为 0；当 A 管理者被确定为公司未来 CEO 人选时，A 管理者赋值为 1。当样本管理者都赋予了相应的数值后，将该值作为因变量，选择管理者的个人背景特征作为自变量进行回归。然后，通过回归系数以及自变量的值，计算得到每位管理者的晋升概率。其中，管理者个人背景特征主要包括管理者的薪酬是否处于公司的前 10%、管理者是否为公司的董事、管理者之前是否担任公司的首席运营官、管理者的持股比例和管理者是否是近两年上任的等方面。可见，Mobbs 和 Raheja（2012）衡量晋升概率的主要思想是：通过对管理者自身特征和公司管理者团队结构特征等因素的综合分析与预判，来对管理者晋升概率进行衡量。在我国，徐细雄（2012）也采用了上述思想。他们同样选择了 5 个指标来综合测度管理者晋升概率。这 5 个指标为：管理者是否临近退休、是否新上任、是否为内部晋升而来、公司是否有续任计划以及团队竞赛强度大小。5个指标均按实际情况取值1或0，然后用5指标均值来衡量晋升概率。张金清和陈卉（2013）、杨君和倪星（2013）也采用了类似的做法。

基于我国具体研究环境和对上述各种衡量方法的梳理，不难发现，第一种衡量方法的使用，需要用到大量的职位变动数据，而我国的相关信息披露并不完全，存在严重的缺失。另外，该方法局限于晋升前后的对比，限定了晋升这个时间点，而对其他时间点的情况则无法进行考察。第三种衡量方法在我国的使用则面临着较大困难，原因在于我国股权激励等长期激励方式仍处于探索阶段。第四种衡量方法的核心思想是通过对管理者背景特征的分析，来对管理者的晋升概率做出合理的估计。由于本书是从管理者背景特征的视角来考察晋升激励对非效率投资的影响。因此，本书已经将管理者背景特征信息纳入了管理者晋升的考察之中，与第四种衡量方法的思路不谋而合。综上所述，本书认为，采用不同管理层级的薪酬差距来衡量晋升激励强度是一种切实可行的方法，且更能符合本书的研究目的，满足本书的研究需要。

## 第二节　非效率投资的衡量研究

人们很早就发现了公司的非效率投资现象，也从不同的角度对其产生的原因、可能导致的经济后果等问题进行了大量的理论探讨。但是，有关非效率投资的实证研究则起步较晚，这主要受限于非效率投资的衡量。长期以来，围绕着非效率投资的衡量问题，学术界进行了很多的尝试，也取得了一定的成果。这些衡量方法对非效率投资研究起到了一定的推动作用，对本书也有着较大的启示作用。因此，本部分将对这些衡量方法进行论述。

## 一 FHP 模型

Fazzari、Hubbard 和 Petersen（1988）（以下简称 FHP 模型）最早从融资约束角度对投资—现金流敏感性进行了考察，并据此对投资效率进行了初步判断。其核心思想是：当公司的外部融资渠道受阻时，其投资行为将在很大程度上依赖于内部资金，此时公司的投资与公司内部现金流将高度相关。据此，他们采用如下方法对上述思想进行了实证检验：首先，他们将股利支付率作为衡量公司融资约束程度的指标，并将样本按照股利支付率的大小分成高支付组、中支付组和低支付组三组。然后，用下面的模型对各组进行检验：

$$(I/K)_{i,t} = \alpha_0 + \alpha_1 (CF/K)_{i,t} + \alpha_2 Q_{i,t} + \varepsilon_{i,t} \tag{3.1}$$

式中，$K$ 是公司的资本存量，$(I/K)_{i,t}$ 是经过资本调整的公司 $i$ 第 $t$ 期的投资支出，$(CF/K)_{i,t}$ 是经过资本调整的公司 $i$ 第 $t$ 期的经营活动现金净流量，$Q_{i,t}$ 是托宾 Q 值，代表公司 $i$ 在第 $t$ 期的投资机会，$\alpha_0$ 是常数，$\alpha_1$ 是投资—现金流敏感性系数，$\alpha_2$ 是回归系数，$Q_{i,t}$ 是残差项。

Fazzari 等（1988）认为，公司支付越多的股利，说明公司内部资金越充足或者融资约束越小；反之，则表示公司的融资约束越大。他们的实证结果与其理论分析是一致的，即低股利支付样本组的 $\alpha_1$ 最大，而高股利支付样本组的 $\alpha_1$ 最小，说明受融资约束越大的公司的投资—现金流敏感性越大。而这也在一定程度上表明，融资约束大的公司，由于其高投资—现金流敏感性，会使投资也受到较大的影响，易出现投资不足。在我国，唐毅和郭欢（2012）、刘康兵（2012）等的研究也都借鉴了该模型。尽管该模型得到了一定的应用，但其缺陷也是显而易见的：首先，模型忽视了影响投资—现金流敏感性的其他许多因素，如行业特征、公司规模等，而仅仅关注了一个因素（融资约束）；其次，投资机会的衡量指标（托宾 Q 值）易受经济环境的影响，从而出现较大的测量误差。上述情况都会影响 FHP 模型的可靠性。

## 二 沃格特模型

沃格特（Vogt，1994）模型是根据 FHP 模型改进而来的，它仍然是围绕投资—现金流敏感性这一思路进行研究。其核心思想是：如果随着公司投资机会的增加，其投资—现金流的敏感性也增加，表明公司的投资受到现金流的约束程度也增加了，这就可能导致公司在面对投资机会时，无法充分进行投资，因而易出现投资不足；相反，如果随着公司投资机会的减少，其投资—现金流的敏感性仍增加，说明公司面临的投资机会较小时，其投资支出也会随着现金的增加而增加，这就易导致公司现金流的滥用，易出现投资过度。其具体做法是：首先，建立模型（3.2），以对公司投资与现金流的相关性进行检验；其次，在模型（3.2）的基础上，加入投资机会与自由现金流的交叉项，建立模型（3.3），通过考察 $\alpha_4$ 的正负来对公司投资过度和不足进行判断。

$$(I/K)_{i,t} = \alpha_0 + \alpha_1(CF/K)_{i,t} + \alpha_2(DCASH/K)_{i,t} + \alpha_3 Q_{i,t-1} + \alpha_4(SALES/K)_{i,t} + \mu_i + \tau_t + \varepsilon_{i,t} \quad (3.2)$$

$$(I/K)_{i,t} = \alpha_0 + \alpha_1(CF/K)_{i,t} + \alpha_2(DCASH/K)_{i,t} + \alpha_3 Q_{i,t-1} + \alpha_4(CF/K)_{i,t} \times Q_{i,t-1} + \alpha_5(SALES/K)_{i,t} + \mu_i + \tau_t + \varepsilon_{i,t} \quad (3.3)$$

在上述两模型中，$K$ 是公司的资本存量，$(I/K)_{i,t}$ 是经过资本调整的公司 $i$ 第 $t$ 期的投资支出，$(CF/K)_{i,t}$ 是经过资本调整的公司 $i$ 第 $t$ 期的经营活动现金净流量，$(DCASH/K)_{i,t}$ 是经过资本调整的公司 $i$ 第 $t$ 期的现金股利，$Q_{i,t}$ 是托宾 Q 值，代表公司 $i$ 在第 $t$ 期的投资机会，$(SALES/K)_{i,t}$ 是经过资本调整的公司 $i$ 第 $t$ 期的销售收入，$\mu_i$ 是个体效应，$\tau_t$ 是时间效应，$\alpha_1$ 是投资—现金流敏感性系数。

沃格特（1994）模型提出之后，其思想与模型得到了广大学者的认可和广泛应用（安灵等，2008；窦炜和刘星，2009；黄乾富和沈红波，2009；张纯和吕伟，2009）。尽管沃格特（1994）模型扩展了 FHP 模型，且能对公司的投资是过度还是不足进行初步判断，但仍不能对过度或不足的程度进行准确的衡量，这也使该模型的继续应用受到一定的限制。

### 三　理查森模型

理查森（Richardson，2006）模型又被称作投资期望模型，其核心思想是：通过建立含有非效率投资主要影响因素的回归模型，对公司的正常投资水平进行合理估计，再通过比较估计值与实际投资值来确定公司的非效率投资状况以及程度。该模型的主要步骤如下：首先，计算公司的年度总投资额 $I_{total,t}$。其次，将年度总投资分为维持资产原有状态的资本额（$I_{maintenance,t}$）和新增投资额（$I_{new,t}$）两部分。最后，利用样本数据对模型（3.4）进行回归，得出各公司 t 年的非效率投资额（$\varepsilon$）。当 $\varepsilon > 0$ 时，表示投资过度（OI）；反之，则表示投资不足（UI）。

$$I_{new,t} = \alpha_0 + \alpha_1 V/P_{t-1} + \alpha_2 Leverage_{t-1} + \alpha_3 Cash_{t-1} + \alpha_4 Age_{t-1} + \alpha_5 Size_{t-1} + \alpha_6 RET_{t-1} + \alpha_7 I_{new,t-1} + \sum Industry + \sum Year + \varepsilon \quad (3.4)$$

式中，$V/P_{t-1}$ 为公司的成长机会，等于公司价值除以所有者权益的市场价值；$Leverage_{t-1}$ 为上一年度资产负债率；$Cash_{t-1}$ 为上一年度现金同总资产的比例；$Age_{t-1}$ 为到第 $t$ 年期初截止公司上市时间；$Size_{t-1}$ 为上一年度公司总资产的自然对数；$RET_{t-1}$ 为上一年度股票年度回报率；$I_{new,t-1}$ 为上一年度公司新增投资额；$\sum Industry$ 为行业虚拟变量；$\sum Year$ 为年度虚拟变量。

相比 FHP 模型和沃格特模型，理查森模型的确有了很大的改进。该模型不仅能判断公司究竟是投资过度还是投资不足，还能对投资过度或投资不足的程度进行衡量，较好地弥补了前述两个模型的缺陷。正因如此，自理查森模型提出以来，该模型得到了广泛的应用，时至今日，该模型仍是最重要的非效率投资的衡量模型（Chen et al.，2011；Li，2011；辛清泉等，2007；李万福等，2011；吕长江和张海平，2011；申慧慧等，2012；张会丽和陆正飞，2012；张宗益和郑志丹，2012；李延喜等，2013）。

### 四 比德尔等模型

比德尔等（Biddle et al.，2009）在研究财务报告质量如何影响公司投资效率时，提出了两种衡量公司投资效率的方法：一是基于公司流动性的衡量方法；二是无条件测试方法。

基于公司流动性衡量方法的核心思想是：公司的流动性特征在其投资决策中起着至关重要的作用，因此，就可以借助公司的流动性指标来对公司的投资效率进行合理的估计。既有研究已经证实：当公司的现金持有量较低时，将面临严重的财务约束，其投资也将受到抑制；而当现金充足时，公司可能就会出现严重的代理问题（商业帝国、在职消费等），导致投资过度（Jensen，1986；Blanchard et al.，1994；Opler et al.，1999）。另外，相关研究也发现，当公司的资产负债率较高时，公司将面临很高的债务约束，从而导致投资不足（Myers，1977）。因此，比德尔等（2009）选用了现金持有水平（Cash）和资产负债率（Leverage）两个变量来衡量公司的流动性，并对公司的投资效率进行合理估计。具体做法是：首先将样本分别按 Cash 和 Leverage 进行 10 等分排序（为了保证 Cash 和 Leverage 两指标衡量方向的一致，排序前，将 Leverage 值乘以 -1），然后用 Cash 和 Leverage 排序值之和的平均除以 10 的值来表示公司投资效率的估计值。该估计值的范围为 0—1，值越大，说明越易出现投资过度；反之，则说明越易出现投资不足。

无条件测试衡量方法则主要包括如下步骤：

首先，设定投资为公司成长机会的函数；

其次，分行业和年度对模型（3.5）进行回归，从而对企业的预期投资水平进行估计：

$$Investment_{i,t+1} = \beta_0 + \beta_1 \times SalesGrowth_{i,t} + \varepsilon_{i,t+1} \qquad (3.5)$$

式中，$Investment_{i,t+1}$ 是公司 $i$ 第 $t+1$ 期的实际投资额，$SalesGrowth_{i,t}$ 表示公司 $i$ 第 $t$ 期的成长机会（用营业收入增长率表示），$\varepsilon_{i,t+1}$ 表示公司 $i$ 第 $t+1$ 期投资偏离预期投资的程度。

然后，将样本按 $\varepsilon_{i,t+1}$ 从小到大等分为四组，并设定第一组为投资不足组、第四组为投资过度组，其余二组为正常投资组，并分别赋予相应的值（投资不足组为 1、正常组为 2、过度组为 3），然后就用赋予的值作为投资效率的替代值。这比直接用 $\varepsilon_{i,t+1}$ 来衡量公司的投资效率更加合理，因为该方法在区分公司投资过度和不足时，充分考虑了公司的适度投资情况。$\varepsilon_{i,t+1}$ 处于 0 附近时受模型的偏误影响较大，将这些样本定义为投资过度或不足显然不准确，而将其视为投资适度可能更符合现实情况。比德尔等（2009）的思想在国内外得到了广泛应用（Chen 等，2011；Li 和 Liao，2014；李万福等，2011；申慧慧等，2012；张会丽和陆正飞，2012；陈信元等，2013）。

**五 其他衡量模型**

（一）基于 DEA 的衡量模型

数据包络分析（Data Envelopment Analysis，DEA）是一种基于决策单元的多输入指标和多输出指标，应用数学规划对决策单元的相对有效性进行综合评价的方法。该方法的特点是：在对决策单元的效率进行评价时，不用确定输入与输出指标间的显性表达式，从而有效地避免了主观因素的干扰，保证了该方法的客观性。同时，该方法基于多指标的考察，将能够保证评价结果的全面与可靠。正因如此，一些学者开始将该方法应用于公司投资效率的评价之中（覃家琦，2010；王坚强和阳建军，2010）。在用该方法对投资效率进行衡量时，主要是对公司投资所获得的有效成果以及所耗成本进行确认，两者比值的高低就反映出投资效率的高低。

（二）张功富和宋献中模型

我国学者张功富和宋献中（2009）在对既有衡量模型进行深入研究后，结合我国的制度背景提出了自己的衡量模型。他们的模型将 FHP 模型的投资与融资结合思想、Vogt 模型的投资—现金流敏感性动因检验思想以及理查德的以残差度量非效率投资思想进行了融合，同时克服了上述模型的缺陷，使其能更加准确、合理地对投资效率进行衡量。其主要思想是：首先，构建一个可以避免托宾 Q 衡量偏误的投资机会的替代变量——基准 Q；其次，用非效率投资度量模型对样本公司分行业进行估计，得到分行业的模型参数；再次，计算行业内各样本公司的残差，并作为非效率投资的度量；最后，将度量结果与投资—现金流敏感性的动因检验结果和公司管理层对融资约束状况的判断进行比较，从而保证了该模型衡量结果的可靠性。

### (三) 蒂特曼等模型

蒂特曼等（Titman et al., 2004）在考察资本投资与股票收益的关系时，用异常投资额对投资效率进行了简单的衡量。该方法可以用来对公司的投资状况进行简单的衡量，当异常投资额为正时，预示着公司可能出现了投资过度；反之，则预示公司可能出现了投资不足。具体做法是：用公司当年的资本支出与公司前三年的资本支出均值进行比较。具体衡量模型如下：

$$CI_{t-1} = \frac{CE_{t-1}}{(CE_{t-2} + CE_{t-3} + CE_{t-4})/3} - 1 \qquad (3.6)$$

式中，$CE_{t-1}$、$CE_{t-2}$、$CE_{t-3}$、$CE_{t-4}$分别为公司第$t-1$期、第$t-2$期、第$t-3$期和第$t-4$期经营业收入调整后的资本支出；$CI_{t-1}$表示公司第$t-1$期经营业收入调整后的异常资本支出额。

从上述对投资效率衡量方法的梳理来看，不同衡量方法都有自身的优势和不足，在投资效率的相关研究中也都得到了广泛应用。就我国的研究整体情况而言，理查森模型运用范围相对最广。学者普遍认为，该模型不仅能够较好地对投资—现金流敏感性进行衡量，较好地区分投资不足和投资过度，而且还能对投资过度和不足的程度进行衡量，这为深入研究非效率投资带来了便利。鉴于此，本书也将借鉴理查森模型来对非效率投资进行衡量。为了保证本书研究结论的可靠性，本书还将借鉴比德尔等（2009）的思想，对研究结论进行稳健性检验。

# 第四章　晋升激励与非效率投资的实证研究

作为本书的逻辑起点，本章将首先考察晋升激励是否以及如何影响非效率投资。一方面，作为一种重要的管理者激励机制，其是否能够发挥应有的激励作用，这亟待理论分析和实证检验；另一方面，这也是后续从管理者背景特征的视角，进一步考察不同背景特征的管理者在晋升激励的作用下对非效率投资的影响是否存在差异的基础。

## 第一节　理论分析与研究假设

本部分的理论分析将从委托—代理理论和锦标赛理论两个方面来展开。

（一）委托—代理理论

委托—代理理论是过去30多年里，现代经济学研究中最为活跃的理论之一。它的产生与发展是随着人们对新古典经济理论中的企业"黑箱"理论的质疑，以及对信息不对称和激励问题的研究。经典的委托—代理问题，是由伯利和米恩斯（Berle and Means）于1932年提出的。随后，该问题得到了众多学者的系统研究（Ross，1973；Jensen and Meckling，1976；Holmstrom，1979；Fama，1980；Grossman and Hart，1983；Jensen，1986），委托—代理理论也得到了逐步完善，取得了重大发展。如何设计最优的契约来使处于利益冲突和信息不对称状况下的代理人获得最大的激励是委托—代理理论的中心任务。委托—代理问题产生的根本原因在于企业所有权与经营权的分离，即股东拥有企业的所有权，而将经营权让渡给职业经理人。也正是这种分离，代理双方出现了严重的信息不对称。由于股东并不直接参加生产经营活动，而经营者却直接参与生产经营活动，所以，前者通常处于信息劣势，而后者则具有完全的信息优势。通常，在委托—代理过程中会有两种不对称信息：一是内生性不对称信息，即由委托人很难对代理人的经营和管理状况、认真负责程度、是否偏离委托人的利益等情况进行完全监管而产生；二是外生性不对称信息，即由委托人难以全面掌握代理人的素质、能力和知识而产生。正因为大量不对称信息的存在，加上"经济人"的利己动机，代理人就可能会利用这种信息优势来谋求私利。由于委托人和代理人的目标函数是不一致的，因此，代理人追求私利的行为通常是以损害委托人的利益为前提的，即出现"道德风险"和"逆向选择"。

就企业的投资行为而言，代理问题会导致管理者在做投资决策时更多地从自身利益出发，投资于净现值小于零的项目或是拒绝净现值大于零的项目，出现非效率投资现象（Jensen and Meckling, 1976; Stulz, 1990）。詹森和梅克林（1976）指出，管理者作为公司的内部控制人，往往只拥有很小比例的股票甚至是不拥有股票。这使管理者承担了努力经营所需付出的全部成本，却只能享有部分努力经营后的收益。与之形成鲜明对比的是，当管理者偏离最大化股东价值的目标而追求私利时，却能独享全部好处而只承担部分成本。因此，管理者追求的目标函数通常严重背离股东价值最大化的目标函数，引发管理者与股东间的利益冲突。现有研究表明，构建"商业帝国"（Jensen, 1986）、提升自身声誉（Narayanan, 1985; Holmstrom and I Costa, 1986）、巩固职业地位（Shleifer and Vishny, 1989）、追求更多在职消费（Stulz, 1990）、规避经营风险（Holmstrom and I Costa, 1986）等动机都是推动管理者追求私利而偏离最优化投资水平的原因。显然，在两权分离、信息不对称的情况下，股东要想完全消除管理者在投资决策上的代理行为是不可能的，而只能进行有效的控制。因此，股东应该在不对称信息客观存在的前提下，设计合理的激励机制来引导管理者向股东的利益方向努力。

激励的目的在于，通过激励制度来纠正人的偏离行为，最大限度地激发和调动他们的积极性和创造性，以取得最大的成绩。具体而言，就是组织通过制定行为规范、惩罚措施以及奖励制度，并采用信息沟通的方式来引导、传播、激励和归化成员的个人行为，以最终实现组织目标与个人目标的一致。在管理心理学看来，激励就是持续激发动机的心理过程。他们相信，激励程度越大，成员个人目标与组织目标的偏离越小，成员完成目标的动力和满意程度越强；反之则越弱。

在委托—代理理论框架下的激励研究，主要考察代理人（管理者）的激励问题。这是因为，现代企业的两权分离使委托人和代理人之间的信息不对称，股东和管理者的目标函数不一致，管理者的经营行为存在严重的道德风险和逆向选择倾向。这损害到了股东的利益，因此，股东有必要通过制定更为合理的激励机制来激励管理者，从而纠正管理者的行为。在现代企业里，建立激励机制的必要性，从更深层次看，有非对称性和非确定性两方面的原因。非对称性是指两权分离的状况下，股东和管理者的责任不对称，即股东承担着资本损失的风险，而管理者则承担着收益减少和被解聘的风险。两者承担的风险不同，就必然导致利益立场、经营决策各异。非确定性是指股东缺乏对管理者努力水平的认识与了解，股东始终无法准确地判断管理者的努力程度是否真的与利润最大化的目标相符。上述两方面原因的存在，产生了股东对管理者激励的内在要求。股东希望通过建立激励机制来激发管理者的责任心与创造性，减小股东与管理者目标函数的差异，使管理者的行为更符合股东的需要。

要使激励机制真正发挥作用，激励方式的选择就显得尤为重要。例如，大量的研究就表明，薪酬激励、股权激励等激励方式能够有效地缓解管理者的代理问题。当然，也有研究表明，任何一种单一激励方式的作用都是有限的。激励理论和效用理论指出，薪酬的边际效用会随着收入的增加而下降。因此，对于高收入的管理者来说，薪酬等物质激励的作用将很有限。此时，对管理者能够产生激励作用的则是另一类激励，即隐性激励，它涉及了权利、地位以及声誉等主要形式。其中，权利处于核心地位，因为权利的丧失不仅伴随待遇的迅速减少，同时还导致社会地位和个人声誉的下降。因此，以相对业绩为考核基础的管理者晋升激励成为一种重要的激励方式。

（二）锦标赛理论

锦标赛理论最早由拉齐尔和罗森于1981年提出。企业或者组织里的锦标赛通常是指组织成员之间的竞争就像进行一场体育竞赛，每个参与者都把其他参与者的表现作为参考，只有表现相对较优的竞争者才能获胜并得到相应的奖励。强调相对绩效是锦标赛的一大特点，而这也是锦标赛理论被认可并被广泛应用于激励机制设计中的主要原因。早期的物质激励，如薪酬激励、股权激励等则大多是以绝对业绩为基础的。随后的研究发现，基于绝对业绩的激励方式会由于以下三个方面的原因而受到严重干扰。一是绝对业绩会受到经济环境、行业发展状况等一些不可抗拒因素的影响，从而使绝对业绩无法准确地衡量管理者的经营努力程度；二是由于绝对业绩的测量易受外界的影响而出现波动，这就使管理者承担了过多的风险，降低激励的效果；三是根据绝对业绩的激励易出现股东的道德风险，从而严重破坏激励效果。即股东可能为了自身的利益，找各种理由来故意操纵绝对业绩的衡量，把管理者的业绩降低。上述原因，无疑会降低基于绝对业绩的激励机制的激励作用。锦标赛理论提出的基于相对业绩的激励方式则较好地弥补了上述缺陷。该思想指出，除管理者自身行为和能力会对管理者业绩产生影响外，管理者所处共同环境的不确定性因素也会对管理者业绩产生影响。因此，其他管理者的业绩能够成为被考核管理者的参考值，为其提供关于努力程度的额外信息。相对业绩衡量方式的引入，就能很好地减少外部不确定因素带来的影响，从而更加准确地衡量管理者的业绩水平。相关研究还表明，管理者面临共同的环境时，相对业绩能够降低管理者承担的风险，减轻股东和管理者双方的道德风险。

晋升激励是锦标赛理论得以实施的重要手段，它通常是指通过组织结构中的职位晋升来激励组织成员更加努力地工作（廖理等，2009），能否晋升的判断标准就是相对业绩，即只有相对业绩最好的管理者才能获得晋升。在公司里，晋升激励之所以能够发挥其激励作用，主要是因为，虽然晋升可以为公司成员带来各种货币与非货币收益，包括更高的薪酬、更多的在职消费、更大的控制权、更好的工作环境、更强的成就感等，但是，晋升是与个人相对业绩相联系的，只有相对业绩最佳者才有可能从诸多竞争者中获胜。所以，晋升能够协调公司成员与公司之间的利益，使公司成员的私人利益外部化，促使其在努力追求自身晋升的同时，带动公司业绩的提高。晋升能否发挥其激励作用与激励的大小是密不可分的，而晋升激励作用的大小则取决于两个因素：一是公司不同层级间的利益差距，包括货币与非货币性的收益，它预示着公司成员一旦晋升将获得的收益的增加。因此，这种利益差距的大小代表着激励效应的强弱。二是晋升与公司成员绩效的相关性。因为晋升通常是以相对业绩为考核基础的，只有相对业绩最优者能获胜。因此，晋升与个人的相对业绩紧密相连。且上述相关性越高，晋升激励越能推动公司成员的个人业绩以及公司的整体业绩，晋升的激励作用也越好。

关于管理者代理问题对非效率投资的影响机理，学术界主要是基于管理者私人收益的理论解释，即管理者会为了构筑其"商业帝国"，或是为了规避经营风险等而做出偏离最大化股东价值的投资决策，从而从中获得更多的私人收益。可见，要抑制管理者的非效率投资，一方面需要让管理者在投资方面所付出的私人成本得到补偿；另一方面则需要使管理者在投资方面所获得的私人收益能够与股东收益相联系。而要做到这一点，就必须建立一套有效的激励机制（Jensen and Meckling，1976），既包括以薪酬为表现形式的显性激励机制，也包括以声誉、更换和晋升等为表现形式的隐性激励机制。一方面，晋升激励带来的各种货币与非货币收益，包括更高的薪酬、更多的在职消费、更大的控制权、更好的工作环境、更强的成就感等，能够很好地弥补管理者的私人成本；另一方面，晋升与管理者的相对业绩相联系，只有业绩最佳者才有可能从诸多竞争者中获胜。所以，晋升能够协调管理者与股东之间的利益，使管理者的私人利益外部化，从而有效抑制其非效率投资。而且，在管理者个体业绩难以度量或不可证实、监督难度及成本较高、企业经营风险较大等情形下，晋升激励的作用比其他激励更具比较优势（Milgrom and Roberts, 1992; Kato and Long, 2011; 廖理等, 2009）。基于上述分析，本章提出如下假设：

假设4-1：晋升激励能够起到抑制管理者非效率投资的作用。

此外，由于目前我国资本市场存在国有和非国有两类产权性质不同的公司，因此，在这两类不同的公司中，晋升激励对非效率投资的抑制作用可能存在一定的差异。就国有上市公司而言，在市场化改革进程中，仍或多或少地要受到政府的干预，特别是分权化改革增强了地方政府的干预力度（陈信元等，2009）。在这种制度背景下，管理者晋升与管理者努力之间的因果关系会变得复杂，因为受政府干预，企业要服从多重目标，从而使管理者在晋升竞争中不仅要考虑企业绩效，还要考虑就业、社会稳定、经济发展、政府官员晋升等非利润因素。另外，国有公司中的委托—代理链条过长，使初始委托人的监管很难到位，这就易导致国有公司的投资效率低下，且激励机制的作用效果不理想。最后，国家与公民之间隐含的"社会契约"决定了国家在国有公司中的特殊身份，使国有公司的最终拥有者（国家）很难采用"退出"方式或是严厉的惩罚来维护自身的利益，这就使国有公司管理者受到的约束严重不足，其非效率投资更加严重和难以得到有效控制。综上所述，本章提出如下假设：

假设4-2：与非国有上市公司相比，在国有上市公司中，晋升激励对非效率投资的抑制作用可能相对较弱。

## 第二节 研究设计

### 一 样本选择与数据来源

本书选取2009—2013年沪深两市A股类上市公司为初始样本，并按下列标准加以筛选：（1）剔除金融类上市公司；（2）剔除在2009—2013年中出现过ST和*ST等重大事宜的公司；（3）剔除管理者背景资料以及相关财务数据无法获取的公司，如董事长薪酬未披露的公司。经过筛选，最终得到 5 年共 3342 个观测值，为非平衡面板数据。其中，国有上市公司 2209 个，非国有上市公司 1133 个。为了消除极端值对本书的影响，本书还对变量进行了 Winsorize 处理。本书的数据均来自国泰安数据库（CSMAR）、色诺芬数据库（CCER）、锐思数据库（RESSET）以及上市公司年度财务报告。

## 二　变量设计

### （一）非效率投资

根据第三章对非效率投资衡量方法的分析与比较，本书决定采用理查森模型来对非效率投资进行衡量。主要步骤如下：

首先，计算公司的年度总投资额 $I_{total,t}$，包括固定资产、在建工程、工程物资、无形资产和长期投资的年度投资额。其次，将年度总投资分为维持资产原有状态的资本额（$I_{maintenance,t}$）和新增投资额（$I_{new,t}$）两部分，其中，$I_{maintenance,t}$ 是指折旧与摊销支出。最后，利用样本数据对模型（4.1）进行回归，得出各公司第 t 年的非效率投资额（$\varepsilon$）。当 $\varepsilon > 0$ 时，表示投资过度（OI）；反之则表示投资不足（UI）。

$$I_{new,t} = \alpha_0 + \alpha_1 Growth_{t-1} + \alpha_2 Leverage_{t-1} + \alpha_3 Cash_{t-1} + \alpha_4 Age_{t-1} + \alpha_5 Size_{t-1} + \alpha_6 RET_{t-1} + \alpha_7 I_{new,t-1} + \sum Industry + \sum Year + \varepsilon \qquad (4.1)$$

式中，$Growth_{t-1}$ 为公司的成长机会，用公司上一年度营业收入增长率来表示；$Leverage_{t-1}$ 为上一年度资产负债率；$Cash_{t-1}$ 为上一年度现金同总资产的比例；$Age_{t-1}$ 为到第 t 年期初截止公司上市时间；$Size_{t-1}$ 为上一年度公司总资产的自然对数；$RET_{t-1}$ 为上一年度股票年度回报率；$I_{new,t-1}$ 为上一年度公司新增投资额；$\sum Industry$ 为行业虚拟变量；$\sum Year$ 为年度虚拟变量。

### （二）晋升激励

根据第三章对晋升激励衡量方法的分析与比较，本书决定采用晋升激励强度来衡量内部晋升激励，具体为非董事长高管[①]与董事长之间的薪酬差距。之所以选用该指标，除第三章分析的原因外，本书还基于如下两方面的考虑：一是薪酬差距是不同层级之间利益差距最直接的表现，而且容易获得可靠的数据来加以计算。所以，本书没有考虑晋升所带来的非货币性利益，如声誉、地位、成就感等。二是不同层级之间的晋升不是孤立的、静止的，而是联系的、动态的。也就是说，不同层级之间的晋升会产生激励乘数效应或激励扩散效应（吴进红，2007）。虽然一个企业的内部晋升包括许多不同层级的晋升，但根据现代组织行为理论和激励乘数效应，一个成员的晋升不仅仅只对该成员产生激励作用，而且还会对下一层级的成员产生连锁性激励效应。所以，本书只考虑了非董事长高管与董事长之间的薪酬差距，而没有具体区分不同层级之间的薪酬差距。

（三）控制变量

根据姜付秀等（2009）、李焰等（2011）文献，本书选用股权集中度、资产负债率、管理者持股比例、董事会结构、盈利水平、成长机会、公司规模以及行业和年度作为控制变量。这些控制变量的定义见表4-1。

### 三 模型建立

根据本书的研究思路，为了考察管理者晋升激励对非效率投资的影响，建立如下模型：

$$OI_{i,t} \text{ 或 } UI_{i,t} = \beta_1 \ln(PI)_{i,t} + \sum_{k=2}^{n} \beta_k ControlVariables_{i,t} + \mu_i + \mu_t + \varepsilon_{i,t}$$

(4.2)

在对模型（4.2）进行回归前，本书使用豪斯曼（Hausman）检验对模型在固定效应和随机效应之间做出选择，检验的结果表明，固

---

[①] 参考现有文献（姜付秀等，2009；何威风和刘启亮，2010；张兆国等，2011）和考虑到数据取得的可行性，本书将高管团队界定为上市公司年报中披露的董事会、监事会以及高级管理人员。具体包括董事会成员、监事会成员、总经理、副总经理、财务总监和总经济师等。

定效应更适合。因此，本章采用固定效应估计法来对模型（4.2）进行回归，i 表示行业个体，t 表示年度标识，$\mu_i$ 和 $\mu_t$ 分别表示企业的个体效应和年度效应，$\varepsilon_{i,t}$ 为随机扰动项。

表 4 – 1　　　　　　　　变量定义一览

| 变量类型 | 变量 | 符号 | 变量定义 |
| --- | --- | --- | --- |
| 因变量 | 投资过度 | OI | 根据模型（4.1）计算得出 |
| | 投资不足 | UI | 根据模型（4.1）计算得出 |
| 自变量 | 晋升激励强度 | PI | 非董事长高管平均薪酬与董事长薪酬之差 [回归分析时取其自然对数，用 ln（PI）表示] |
| 控制变量 | 股权集中度 | Cent | 第一大股东持股比例 |
| | 资产负债率 | Debt | 年末债务账面总价值与资产账面总价值之比 |
| | 管理者持股比例 | Gshare | 管理层持有公司股票与公司股票总数之比 |
| | 董事会结构 | Dsize | 董事会中独立董事的比例 |
| | 盈利水平 | ROE | 净资产收益率＝净利润/净资产 |
| | 成长机会 | Growth | 营业收入增长率＝（t 年营业收入 － t－1 年营业收入）/ t－1 年营业收入 |
| | 公司规模 | Size | 资产总额 [回归分析时取其自然对数，用 ln（Size）表示] |
| | 行业虚拟变量 | $\sum$ Industry | 根据中国证监会颁布的《上市公司行业分类指引》划分上市公司所属行业。本书样本公司分属于 13 个行业 |
| | 年度虚拟变量 | $\sum$ Year | 以 2009 年为基准，设立 4 个虚拟变量 |

## 第三节　实证分析

### 一　描述性统计与差异性检验

表 4 – 2 是投资过度组的各变量描述性统计，表 4 – 3 是国有公司

表 4-2　　描述性统计（过度投资组）

Panel A：全样本

| 变量 | 样本量 | 最小值 | 均值 | 中位数 | 最大值 | 标准差 |
|---|---|---|---|---|---|---|
| OI | 1781 | 0.0005 | 0.0758 | 0.0486 | 0.5439 | 0.0882 |
| PI（万元） | 1781 | 0.0000 | 22.7638 | 11.4262 | 270.3004 | 38.3989 |
| Gshare | 1781 | 0.0000 | 1.4428 | 0.0018 | 46.8275 | 6.6086 |
| Cent | 1781 | 0.0783 | 0.3485 | 0.3340 | 0.7237 | 0.1480 |
| Ddsize | 1781 | 0.2857 | 0.3656 | 0.3333 | 0.5556 | 0.0503 |
| ROE | 1781 | -0.3108 | 0.0836 | 0.0773 | 0.3544 | 0.0924 |
| Debt | 1781 | 0.1514 | 0.5663 | 0.5817 | 0.8868 | 0.1634 |
| Growth | 1781 | -0.6844 | 0.7363 | 0.1365 | 17.5937 | 2.4502 |
| Size（百亿元） | 1781 | 0.0481 | 0.9800 | 0.3956 | 12.9260 | 1.8774 |

Panel B：国有公司样本

| 变量 | 样本量 | 最小值 | 均值 | 中位数 | 最大值 | 标准差 |
|---|---|---|---|---|---|---|
| OI | 1179 | 0.0005 | 0.0775 | 0.0515 | 0.5439 | 0.0886 |
| PI（万元） | 1179 | 0.0000 | 16.0817 | 8.4139 | 270.3004 | 29.2531 |
| Gshare | 1179 | 0.0000 | 0.1143 | 0.0008 | 11.1305 | 0.6856 |
| Cent | 1179 | 0.0783 | 0.3732 | 0.3624 | 0.7237 | 0.1444 |
| Ddsize | 1179 | 0.2857 | 0.3656 | 0.3333 | 0.5556 | 0.0516 |
| ROE | 1179 | -0.3108 | 0.0801 | 0.0753 | 0.3544 | 0.0930 |
| Debt | 1179 | 0.1514 | 0.5856 | 0.6074 | 0.8868 | 0.1572 |
| Growth | 1179 | -0.6844 | 0.6138 | 0.1146 | 17.5937 | 2.1310 |
| Size（百亿元） | 1179 | 0.0481 | 1.1844 | 0.4518 | 12.9260 | 2.1853 |

Panel C：非国有公司样本

| 变量 | 样本量 | 最小值 | 均值 | 中位数 | 最大值 | 标准差 |
|---|---|---|---|---|---|---|
| OI | 602 | 0.0005 | 0.0724 | 0.0440 | 0.5439 | 0.0874 |
| PI（万元） | 602 | 0.0000 | 35.8504 | 21.2300 | 270.3004 | 49.3007 |
| Gshare | 602 | 0.0000 | 4.0447 | 0.0120 | 46.8275 | 10.8712 |
| Cent | 602 | 0.0783 | 0.3002 | 0.2716 | 0.7237 | 0.1432 |
| Ddsize | 602 | 0.2857 | 0.3656 | 0.3333 | 0.5556 | 0.0477 |
| ROE | 602 | -0.3108 | 0.0904 | 0.0823 | 0.3544 | 0.0911 |
| Debt | 602 | 0.1514 | 0.5285 | 0.5296 | 0.8868 | 0.1685 |
| Growth | 602 | -0.6844 | 0.9761 | 0.1770 | 17.5937 | 2.9652 |
| Size（百亿元） | 602 | 0.0481 | 0.5795 | 0.3175 | 10.2521 | 0.9144 |

与非国有公司的差异性检验。从全样本看,投资过度程度的均值为0.0758,中位数为0.0486,说明大多数公司的投资过度程度处于平均水平以下;投资过度程度的最小值为0.0005,最大值为0.5439,标准差为0.0882,说明不同公司间的投资过度程度存在较大的差异。晋升激励强度均值约为23万元,其标准差约为38.4万元,说明各公司管理者团队内部的薪酬差距较大。从国有公司和非国有公司的比较看,国有公司投资过度程度的均值高于非国有公司,且差异显著,说明国有公司的投资过度现象更严重,这可能与我国国有公司所处的核心地位有关。长期以来,国有公司一直肩负着发展经济的重任,是我国国民经济的主要支柱。它们通常规模大、经济实力强、获取资源相对更容易,因此,其投资规模更大,也更易出现投资过度。国有公司晋升激励强度均值低于非国有公司,且差异显著,这可能与政府对国有公司薪酬管制有关(陈冬华等,2005)。

表4–3　　　　　　差异性检验(投资过度组)

| 变量 | T值 |
| --- | --- |
| OI | 2.165** |
| PI(万元) | −9.058*** |
| Gshare | −8.862*** |
| Cent | 10.118*** |
| Ddsize | 0.015 |
| ROE | −2.232** |
| Debt | 7.064*** |
| Growth | −2.667*** |
| Size(百亿元) | 8.202*** |

注:*表示10%的显著性水平,**表示5%的显著性水平,***表示1%的显著性水平。

表4–4是投资不足组的各变量描述性统计,表4–5是国有公司和非国有公司的差异性检验。从全样本看,投资不足程度的最小值为−0.2562,最大值为−0.0007,标准差为0.0443,说明不同公司间

表 4-4　　　　　　　描述性统计（投资不足组）

Panel A：全样本

| 变量 | 样本量 | 最小值 | 均值 | 中位数 | 最大值 | 标准差 |
|---|---|---|---|---|---|---|
| UI | 1561 | -0.2562 | -0.0479 | -0.0369 | -0.0007 | 0.0443 |
| PI(万元) | 1561 | 0.0000 | 27.0739 | 10.1850 | 334.6100 | 51.5188 |
| Gshare | 1561 | 0.0000 | 0.6604 | 0.0031 | 35.5497 | 3.9499 |
| Cent | 1561 | 0.0845 | 0.3463 | 0.3193 | 0.7482 | 0.1566 |
| Ddsize | 1561 | 0.3000 | 0.3721 | 0.3333 | 0.5714 | 0.0569 |
| ROE | 1561 | -0.3803 | 0.0756 | 0.0704 | 0.3503 | 0.1037 |
| Debt | 1561 | 0.0736 | 0.4834 | 0.4911 | 0.8510 | 0.1935 |
| Growth | 1561 | -0.6594 | 0.4411 | 0.1125 | 9.0368 | 1.3049 |
| Size（百亿元） | 1561 | 0.0413 | 1.5794 | 0.4134 | 31.8633 | 4.0890 |

Panel B：国有公司样本

| 变量 | 样本量 | 最小值 | 均值 | 中位数 | 最大值 | 标准差 |
|---|---|---|---|---|---|---|
| UI | 1030 | -0.2562 | -0.0475 | -0.0369 | -0.0007 | 0.0426 |
| PI(万元) | 1030 | 0.0000 | 20.5579 | 7.9700 | 334.6100 | 42.9135 |
| Gshare | 1030 | 0.0000 | 0.0979 | 0.0020 | 4.1343 | 0.4410 |
| Cent | 1030 | 0.0845 | 0.3782 | 0.3689 | 0.7482 | 0.1553 |
| Ddsize | 1030 | 0.3000 | 0.3711 | 0.3333 | 0.5714 | 0.0573 |
| ROE | 1030 | -0.3803 | 0.0749 | 0.0721 | 0.3503 | 0.1030 |
| Debt | 1030 | 0.0736 | 0.4976 | 0.5079 | 0.8510 | 0.1931 |
| Growth | 1030 | -0.6594 | 0.4240 | 0.1121 | 9.0368 | 1.2704 |
| Size（百亿元） | 1030 | 0.0413 | 2.0262 | 0.5182 | 31.8633 | 4.8171 |

Panel C：非国有公司样本

| 变量 | 样本量 | 最小值 | 均值 | 中位数 | 最大值 | 标准差 |
|---|---|---|---|---|---|---|
| UI | 531 | -0.2562 | -0.0488 | -0.0368 | -0.0007 | 0.0474 |
| PI(万元) | 531 | 0.0000 | 39.7132 | 18.5180 | 334.6100 | 63.2007 |
| Gshare | 531 | 0.0000 | 1.7515 | 0.0086 | 35.5497 | 6.6134 |
| Cent | 531 | 0.0845 | 0.2845 | 0.2579 | 0.7482 | 0.1397 |
| Ddsize | 531 | 0.3000 | 0.3739 | 0.3333 | 0.5714 | 0.0562 |
| ROE | 531 | -0.3803 | 0.0770 | 0.0668 | 0.3503 | 0.1052 |
| Debt | 531 | 0.0736 | 0.4559 | 0.4621 | 0.8510 | 0.1915 |
| Growth | 531 | -0.6594 | 0.4743 | 0.1125 | 9.0368 | 1.3701 |
| Size（百亿元） | 531 | 0.0413 | 0.7129 | 0.3134 | 31.8633 | 1.7379 |

的投资不足程度存在较大的差异。晋升激励强度均值约为 27 万元，其标准差约为 52 万元，说明各公司管理者团队内部的薪酬差距较大。从国有公司和非国有公司的比较看，国有公司投资不足程度的均值高于非国有公司，且差异显著，说明非国有公司的投资不足现象更严重。国有公司晋升激励强度均值也远低于非国有公司，且差异显著，这与投资过度组的情况一样，应该仍与政府对国有公司薪酬管制有关（陈冬华等，2005）。

表 4-5　　　　　　　　差异性检验（投资不足组）

| 变量 | T 值 |
| --- | --- |
| UI | 3.588*** |
| PI（万元） | -6.278*** |
| Gshare | -5.755*** |
| Cent | 12.077*** |
| Ddsize | -0.908 |
| ROE | -0.379 |
| Debt | 4.052*** |
| Growth | -0.721 |
| Size（百亿元） | 7.818*** |

注：*表示10%的显著性水平，**表示5%的显著性水平，***表示1%的显著性水平。

## 二　相关性分析

表 4-6 和表 4-7 分别是投资过度组和投资不足组的变量相关系数。由此可见，晋升激励与投资过度呈显著负相关，与投资不足呈显著正相关。这些分析结论初步表明，管理者晋升激励与投资过度、投资不足之间存在一定的相关性，与前文的理论分析基本一致。

表4-6　　　　　　　变量间的相关系数检验（投资过度组）

| 变量 | OI | PI（万元） | Gshare | Cent | Ddsize | ROE | Debt | Growth | Size（百亿元） |
|---|---|---|---|---|---|---|---|---|---|
| OI | **1.000** | -0.023*** | -0.097*** | 0.057** | -0.020 | 0.095*** | 0.002 | -0.015 | 0.050** |
| PI（万元） | -0.025*** | **1.000** | 0.216*** | -0.238*** | 0.032 | 0.135*** | -0.058** | 0.025 | 0.082*** |
| Gshare | -0.029 | 0.139*** | **1.000** | -0.313*** | -0.054** | 0.082*** | -0.046* | 0.006 | 0.059** |
| Cent | 0.076*** | -0.148*** | -0.162*** | **1.000** | 0.050** | 0.098*** | 0.118*** | -0.012 | 0.235*** |
| Ddsize | -0.033 | 0.050** | -0.009 | 0.070*** | **1.000** | 0.039 | 0.005 | 0.051** | 0.086*** |
| ROE | 0.078*** | 0.152*** | 0.049** | 0.090*** | 0.030 | **1.000** | -0.035 | 0.036 | 0.210*** |
| Debt | 0.012 | -0.047** | -0.052** | 0.112*** | 0.012 | -0.079*** | **1.000** | 0.051** | 0.331*** |
| Growth | 0.187*** | 0.015 | 0.009 | 0.029 | 0.026 | 0.043* | 0.040* | **1.000** | -0.083*** |
| Size（百亿元） | 0.036 | 0.068*** | -0.038 | 0.188*** | 0.080*** | 0.085*** | 0.234*** | -0.033 | **1.000** |

注：（1）上表的右上方是Spearman相关系数，左下方是Pearson相关系数。

（2）*表示10%的显著性水平，**表示5%的显著性水平，***表示1%的显著性水平。

表4-7　　　　　　　变量间的相关系数检验（投资不足组）

| 变量 | UI | PI（万元） | Gshare | Cent | Ddsize | ROE | Debt | Growth | Size（百亿元） |
|---|---|---|---|---|---|---|---|---|---|
| UI | **1.000** | 0.061** | 0.086*** | 0.013 | -0.006 | 0.036 | 0.281*** | 0.104*** | 0.072*** |
| PI（万元） | 0.032** | **1.000** | 0.216*** | -0.152*** | -0.016 | 0.158*** | 0.058*** | 0.069*** | 0.144*** |
| Gshare | 0.067*** | 0.147*** | **1.000** | -0.231*** | -0.010 | 0.166*** | 0.113*** | 0.079*** | 0.115*** |
| Cent | 0.025 | -0.131*** | -0.124*** | **1.000** | 0.009 | 0.149*** | 0.079*** | -0.014 | 0.285*** |
| Ddsize | -0.009 | 0.007 | 0.031 | 0.026 | **1.000** | -0.048* | 0.075*** | 0.016 | 0.116*** |
| ROE | 0.114*** | 0.177*** | 0.014 | 0.127*** | -0.026 | **1.000** | 0.030 | 0.084*** | 0.319*** |
| Debt | 0.229*** | 0.133*** | 0.056** | 0.092*** | 0.065*** | -0.041 | **1.000** | 0.140*** | 0.491*** |
| Growth | 0.074*** | 0.144*** | 0.040 | -0.005 | 0.020 | 0.039 | 0.144*** | **1.000** | 0.042* |
| Size（百亿元） | -0.004 | 0.198*** | -0.012 | 0.240*** | 0.141*** | 0.115*** | 0.285*** | 0.046* | **1.000** |

注：（1）上表的右上方是Spearman相关系数，左下方是Pearson相关系数。

（2）*表示10%的显著性水平，**表示5%的显著性水平，***表示1%的显著性水平。

## 三 回归分析

表4-8是晋升激励与投资过度的回归结果,表4-9是晋升激励与投资不足的回归结果。从全样本公司看,晋升激励与投资过度呈显著负相关,与投资不足呈显著正相关,这与假设4-1相吻合,说明晋升激励强度越大,管理者晋升欲望越强,会更加注重投资效率,以便获得晋升(Kato and Long, 2011)。从国有公司和非国有公司的比较分析看,晋升激励与投资过度均呈显著负相关,但在非国有公司更加显著;晋升激励与投资不足均呈显著正相关,而且也是在非国有公司更加显著,这一结果印证了假设4-2。

表4-8　　　　　　　　　晋升激励与投资过度

| 变量 | 全样本 | | 国有公司样本 | | 非国有公司样本 | |
| --- | --- | --- | --- | --- | --- | --- |
| | (1) | (2) | (3) | (4) | (5) | (6) |
| | OI | OI | OI | OI | OI | OI |
| $\ln(PI)$ | | -0.0071** | | -0.0004** | | -0.0206*** |
| | | (-2.12) | | (-2.35) | | (-3.26) |
| Gshare | 0.0199*** | 0.0199*** | -0.0035 | -0.0035 | 0.0210*** | 0.0209*** |
| | (3.53) | (3.54) | (-0.56) | (-0.56) | (3.20) | (3.24) |
| Cent | -0.2455 | -0.2784 | 0.2391*** | 0.2377*** | -0.8472** | -0.9545*** |
| | (-1.14) | (-1.29) | (2.70) | (2.67) | (-2.38) | (-2.71) |
| Ddsize | -0.3034 | -0.2970 | -0.1537 | -0.1533 | -0.5645 | -0.5801 |
| | (-0.93) | (-0.91) | (-1.42) | (-1.42) | (-0.73) | (-0.76) |
| ROE | 0.4064*** | 0.3786*** | 0.1608*** | 0.1582*** | 0.6354** | 0.6258** |
| | (2.84) | (2.64) | (3.29) | (3.20) | (2.10) | (2.10) |
| Debt | 0.2385* | 0.2360* | 0.0516 | 0.0508 | 0.4926** | 0.5265** |
| | (1.76) | (1.74) | (1.01) | (1.00) | (1.98) | (2.14) |
| Growth | -0.0236*** | -0.0232*** | 0.0001 | 0.0001 | -0.0327*** | -0.0309*** |
| | (-5.53) | (-5.45) | (0.06) | (0.06) | (-4.96) | (-4.74) |
| $\ln(Size)$ | 0.0686** | 0.0719*** | 0.0286*** | 0.0287*** | 0.1307** | 0.1486*** |
| | (2.48) | (2.60) | (2.80) | (2.81) | (2.39) | (2.74) |

续表

| 变量 | 全样本 | | 国有公司样本 | | 非国有公司样本 | |
| --- | --- | --- | --- | --- | --- | --- |
| | (1) | (2) | (3) | (4) | (5) | (6) |
| | OI | OI | OI | OI | OI | OI |
| Property | 0.0576 | 0.0552 | — | — | — | — |
| | (0.71) | (0.68) | — | — | — | — |
| Constant | -1.2292* | -1.2383* | -0.6289*** | -0.6272*** | -2.9015** | -2.8559** |
| | (-1.71) | (-1.73) | (-2.66) | (-2.66) | (-2.23) | (-2.30) |
| Industry | 是 | 是 | 是 | 是 | 是 | 是 |
| Yes | 是 | 是 | 是 | 是 | 是 | 是 |
| $R^2$ | 0.061 | 0.065 | 0.058 | 0.058 | 0.164 | 0.190 |
| F值 | 3.827 | 3.875 | 2.829 | 2.645 | 5.382 | 5.927 |
| 样本量 | 1781 | 1781 | 1179 | 1179 | 602 | 602 |

注：（1）*表示10%的显著性水平，**表示5%的显著性水平，***表示1%的显著性水平。

（2）括号内是t值。

表4-9　　　　　　　　晋升激励与投资不足

| 变量 | 全样本 | | 国有公司样本 | | 非国有公司样本 | |
| --- | --- | --- | --- | --- | --- | --- |
| | (1) | (2) | (3) | (4) | (5) | (6) |
| | UI | UI | UI | UI | UI | UI |
| ln(PI) | | 0.0138*** | | 0.0005*** | | 0.0466*** |
| | | (2.69) | | (2.95) | | (2.80) |
| Gshare | -0.0018 | -0.0014 | 0.0026 | 0.0023 | -0.0037 | -0.0048 |
| | (-0.12) | (-0.09) | (0.38) | (0.33) | (-0.14) | (-0.19) |
| Cent | -0.1125 | -0.0675 | 0.0744 | 0.0710 | -0.7032 | -0.7563 |
| | (-0.24) | (-0.14) | (1.35) | (1.28) | (-0.58) | (-0.63) |
| Ddsize | 1.8141*** | 1.8255*** | 0.0282 | 0.0245 | 5.0691*** | 5.2134*** |
| | (3.09) | (3.13) | (0.41) | (0.35) | (2.87) | (2.99) |
| ROE | 0.2281 | 0.2448 | 0.1096*** | 0.1101*** | 0.1835 | 0.3977 |
| | (0.98) | (1.06) | (4.18) | (4.20) | (0.29) | (0.64) |

续表

| 变量 | 全样本 | | 国有公司样本 | | 非国有公司样本 | |
|---|---|---|---|---|---|---|
| | (1) UI | (2) UI | (3) UI | (4) UI | (5) UI | (6) UI |
| Debt | -0.0213 (-0.08) | 0.0001 (0.00) | 0.0973*** (3.13) | 0.0979*** (3.15) | -0.3060 (-0.46) | -0.2086 (-0.32) |
| Growth | 0.0893*** (5.57) | 0.0870*** (5.44) | 0.0023 (1.26) | 0.0023 (1.27) | 0.2008*** (4.76) | 0.1801*** (4.26) |
| ln(Size) | -0.0830 (-1.28) | -0.0805 (-1.25) | -0.0167** (-2.43) | -0.0167** (-2.42) | -0.3193* (-1.66) | -0.2639 (-1.38) |
| Property | -0.0338 (-0.27) | -0.0257 (-0.21) | — — | — — | — — | — — |
| Constant | 1.2452 (0.81) | 0.6470 (0.44) | 0.2369 (1.50) | 0.2231 (1.38) | 5.6623 (1.40) | 3.8581 (0.95) |
| Industry | 是 | 是 | 是 | 是 | 是 | 是 |
| Year | 是 | 是 | 是 | 是 | 是 | 是 |
| $R^2$ | 0.052 | 0.061 | 0.062 | 0.063 | 0.120 | 0.145 |
| F值 | 3.205 | 3.495 | 2.855 | 2.704 | 4.082 | 4.550 |
| 样本量 | 1561 | 1561 | 1030 | 1030 | 531 | 531 |

注：(1) *表示10%的显著性水平，**表示5%的显著性水平，***表示1%的显著性水平。

(2) 括号内是t值。

## 四 稳健性检验

为了保证上述研究结论的可靠性，本书的稳健性检验从如下几个方面展开：

### (一) 变量替换

由于按理查森模型计算的过度投资会受到公司整体投资水平的影响，可能出现系统性偏差，因此，本书借鉴比德尔等（2009）的思想，将投资过度按大小分成四组，然后取最大的三组作为投资过度组，重新对模型（4.2）进行了回归。对投资不足组也进行了类似的处理，取最小的三组作为投资不足组。回归结果如表4-10所示。另外，

表 4-10　　　　　　　　晋升激励与非效率投资（1）

| 变量 | 投资过度组 | | | 投资不足组 | | |
|---|---|---|---|---|---|---|
| | 全样本 | 国有公司样本 | 非国有公司样本 | 全样本 | 国有公司样本 | 非国有公司样本 |
| | (1) | (2) | (3) | (4) | (5) | (6) |
| | OI | OI | OI | UI | UI | UI |
| ln(PI) | -0.0139*** | -0.0025* | -0.0346*** | 0.0194*** | 0.0003* | 0.1117*** |
| | (-3.13) | (-1.70) | (-3.94) | (2.62) | (1.77) | (3.75) |
| Gshare | 0.0335*** | -0.0025 | 0.0352*** | -0.0094 | -0.0040 | -0.0234 |
| | (4.05) | (-0.38) | (3.15) | (-0.32) | (-0.45) | (-0.47) |
| Cent | -0.3223 | 0.4639*** | -1.3252*** | -0.3671 | 0.0278 | -0.9876 |
| | (-1.24) | (4.22) | (-2.89) | (-0.49) | (0.42) | (-0.55) |
| Ddsize | -0.2156 | -0.0727 | -0.2037 | 2.4267*** | -0.0315 | 7.5492*** |
| | (-0.54) | (-0.57) | (-0.17) | (2.89) | (-0.45) | (2.87) |
| ROE | 0.4554** | 0.1466** | 0.8472* | 0.3499 | 0.1043*** | 0.8747 |
| | (2.38) | (2.26) | (1.86) | (1.02) | (3.87) | (0.86) |
| Debt | 0.1021 | 0.0417 | 0.3551 | -0.2008 | 0.0450 | -1.2494 |
| | (0.59) | (0.66) | (0.95) | (-0.53) | (1.36) | (-1.31) |
| Growth | -0.0357*** | 0.0013 | -0.0363*** | 0.1452*** | 0.0008 | 0.2985*** |
| | (-7.02) | (0.59) | (-4.24) | (5.86) | (0.36) | (4.71) |
| ln(Size) | 0.0899*** | 0.0499*** | 0.1286 | -0.1259 | -0.0111 | -0.5386* |
| | (2.65) | (4.05) | (1.64) | (-1.35) | (-1.55) | (-1.93) |
| Property | 0.0564 | — | — | -0.0073 | — | — |
| | (0.60) | — | — | (-0.04) | — | — |
| Constant | -2.2407** | -1.1570*** | -2.2504 | 1.9671 | 0.1694 | 7.6104 |
| | (-2.55) | (-4.05) | (-1.25) | (0.92) | (1.03) | (1.27) |
| Industry | 是 | 是 | 是 | 是 | 是 | 是 |
| Year | 是 | 是 | 是 | 是 | 是 | 是 |
| $R^2$ | 0.130 | 0.111 | 0.264 | 0.093 | 0.055 | 0.255 |
| F 值 | 6.235 | 4.201 | 5.570 | 3.773 | 1.623 | 5.887 |
| 样本量 | 1335 | 896 | 439 | 1171 | 780 | 391 |

注：(1) *表示10%的显著性水平，**表示5%的显著性水平，***表示1%的显著性水平。

(2) 括号内是 t 值。

参考 Kato 和 Long（2011）的做法，选用前三位高管的平均薪酬与其余高管的平均薪酬之差的自然对数来重新衡量了晋升激励强度，回归结果如表 4-11 所示。

表 4-11    晋升激励与非效率投资（2）

| 变量 | 投资过度组 | | | 投资不足组 | | |
|---|---|---|---|---|---|---|
| | 全样本 | 国有公司样本 | 非国有公司样本 | 全样本 | 国有公司样本 | 非国有公司样本 |
| | (1) | (2) | (3) | (4) | (5) | (6) |
| | OI | OI | OI | UI | UI | UI |
| ln(PI) | -0.0640*** | -0.0371* | -0.1055*** | 0.0008*** | 0.0030* | 0.0139** |
| | (-3.40) | (-1.71) | (-2.76) | (3.02) | (1.88) | (2.12) |
| Gshare | 0.0198*** | -0.0018 | 0.0209*** | -0.0018 | 0.0026 | -0.0034 |
| | (3.53) | (-0.09) | (3.22) | (-0.12) | (0.37) | (-0.14) |
| Cent | -0.2803 | 0.3175 | -0.8373** | -0.1123 | 0.0727 | -0.7042 |
| | (-1.30) | (1.09) | (-2.38) | (-0.24) | (1.31) | (-0.58) |
| Ddsize | -0.2405 | -0.0827 | -0.3108 | 1.8129*** | 0.0252 | 5.1092*** |
| | (-0.74) | (-0.23) | (-0.40) | (3.08) | (0.36) | (2.84) |
| ROE | 0.4794*** | 0.3303** | 0.6637** | 0.2271 | 0.1151*** | 0.1890 |
| | (3.33) | (2.02) | (2.21) | (0.96) | (4.27) | (0.30) |
| Debt | 0.2435* | 0.0104 | 0.4860** | -0.0204 | 0.0932*** | -0.3117 |
| | (1.80) | (0.06) | (1.97) | (-0.08) | (2.97) | (-0.47) |
| Growth | -0.0242*** | -0.0144** | -0.0314*** | 0.0893*** | 0.0023 | 0.2009*** |
| | (-5.69) | (-2.28) | (-4.80) | (5.57) | (1.27) | (4.76) |
| ln(Size) | 0.1001*** | 0.0434 | 0.1856*** | -0.0834 | -0.0151** | -0.3139 |
| | (3.45) | (1.24) | (3.21) | (-1.25) | (-2.11) | (-1.59) |
| Property | 0.0607 | — | — | -0.0338 | — | — |
| | (0.75) | — | — | (-0.27) | — | — |
| Constant | -1.2140* | -0.5580 | -2.5881** | 1.2448 | 0.2399 | 5.7037 |
| | (-1.70) | (-0.72) | (-2.08) | (0.81) | (1.52) | (1.40) |
| Industry | 是 | 是 | 是 | 是 | 是 | 是 |
| Year | 是 | 是 | 是 | 是 | 是 | 是 |
| $R^2$ | 0.072 | 0.020 | 0.183 | 0.052 | 0.063 | 0.120 |
| F 值 | 4.295 | 0.858 | 5.653 | 2.987 | 2.693 | 3.662 |
| 样本量 | 1781 | 1179 | 602 | 1561 | 1030 | 531 |

注：（1）*表示10%的显著性水平，**表示5%的显著性水平，***表示1%的显著性水平。

（2）括号内是 t 值。

## (二) 内生性问题

现有研究表明,管理者激励能够缓解代理问题,激发管理者更加努力地工作,进行更有效的投资,从而有效地提升公司的业绩(Jensen and Meckling, 1976)。反过来,较好的公司业绩又有助于管理者的晋升,如杨瑞龙等(2013)的研究表明,企业营业收入增长率的增加会提高中央企业领导升迁的概率。由此可见,晋升激励可能存在内生性问题。因此,本书借鉴伍德里奇(2002)的做法,采用工具变量法来加以处理。参考Lev和Sougiannis(1996)以及Palia(2001)的思路,本书选择公司风险系数($\beta$)和同行业管理者晋升激励的平均数(MPI)作为晋升激励的工具变量。一方面,公司风险系数和同行业管理者晋升激励的平均数这两个变量与公司的投资没有直接的相互影响,且与模型(4.2)的残差不相关,即满足工具变量必须是外生的要求;另一方面,由于市场竞争的压力会促使公司参照同行业平均水平来设定晋升激励强度,因此,公司的晋升激励强度与同行业高管晋升激励强度平均水平显著相关,这又能满足工具变量必须与内生解释变量相关的要求。因此,本书采用两阶段最小二乘法(TSLS)来重新检验晋升激励对非效率投资的影响。检验结果如表4-12所示。

表4-12　　　　　　　　晋升激励与非效率投资(3)

| 变量 | 投资过度组 | | | 投资不足组 | | |
|---|---|---|---|---|---|---|
| | 全样本 | 国有公司样本 | 非国有公司样本 | 全样本 | 国有公司样本 | 非国有公司样本 |
| | (1) | (2) | (3) | (4) | (5) | (6) |
| | OI | OI | OI | UI | UI | UI |
| ln(PI) | -0.0001* | -0.0006* | -0.0010** | 0.0009* | 0.0005* | 0.0011*** |
| | (-1.86) | (-1.78) | (-2.20) | (1.75) | (1.74) | (2.68) |
| Gshare | -0.0001 | -0.0045 | 0.0000 | 0.0005 | 0.0015 | 0.0007** |
| | (-0.30) | (-1.18) | (0.08) | (1.61) | (0.46) | (2.05) |
| Cent | 0.0206 | 0.0376 | 0.0172 | 0.0135 | 0.0158 | 0.0094 |
| | (0.91) | (1.44) | (0.39) | (1.41) | (1.50) | (0.46) |
| Ddsize | -0.0580 | -0.0468 | -0.1156 | -0.0077 | 0.0113 | -0.0370 |
| | (-1.37) | (-0.88) | (-1.56) | (-0.40) | (0.49) | (-1.02) |

续表

| 变量 | 投资过度组 | | | 投资不足组 | | |
|---|---|---|---|---|---|---|
| | 全样本 | 国有公司样本 | 非国有公司样本 | 全样本 | 国有公司样本 | 非国有公司样本 |
| | (1) | (2) | (3) | (4) | (5) | (6) |
| | OI | OI | OI | UI | UI | UI |
| ROE | 0.0659*** | 0.0946*** | 0.0255 | 0.0678*** | 0.0638*** | 0.0528** |
| | (2.81) | (3.37) | (0.61) | (5.88) | (4.35) | (2.48) |
| Debt | 0.0108 | 0.0521*** | -0.0569** | 0.0684*** | 0.0783*** | 0.0390*** |
| | (0.76) | (2.92) | (-2.38) | (9.88) | (9.27) | (2.90) |
| Growth | 0.0071*** | 0.0079*** | 0.0058*** | 0.0008 | 0.0007 | 0.0013 |
| | (7.91) | (6.33) | (4.62) | (0.85) | (0.63) | (0.78) |
| ln(Size) | -0.0010 | -0.0008 | -0.0018 | -0.0047*** | -0.0065*** | 0.0023 |
| | (-0.50) | (-0.32) | (-0.31) | (-4.05) | (-5.16) | (0.78) |
| Property | -0.0013 | — | — | 0.0049* | — | — |
| | (-0.22) | — | — | (1.77) | — | — |
| Constant | 0.0902* | 0.0211 | 0.1848* | 0.0131 | 0.0392 | -0.0970* |
| | (1.93) | (0.36) | (1.91) | (0.59) | (1.55) | (-1.74) |
| Industry | 是 | 是 | 是 | 是 | 是 | 是 |
| Year | 是 | 是 | 是 | 是 | 是 | 是 |
| $R^2$ | 0.074 | 0.086 | 0.105 | 0.110 | 0.084 | 0.097 |
| Wald $\chi^2$ | 142.72*** | 113.60*** | 72.85*** | 202.15 | 149.51 | 81.68 |
| Prob > $\chi^2$ | 0.0000 | 0.0000 | 0.0000 | 0.0000 | 0.0000 | 0.0000 |
| 样本量 | 1781 | 1179 | 602 | 1561 | 1030 | 531 |

注：（1）*表示10%的显著性水平，**表示5%的显著性水平，***表示1%的显著性水平。

（2）括号内是t值。

除上述检验外，本书还做了以下稳健性检验：①群聚调整。考虑到前文分析中的样本期较短和每年观测值较多，可能出现低估标准误差，从而高估显著性水平，因此，本书借鉴彼得森（2009）的做法，对标准误差进行了群聚调整。②考虑到管制行业的特殊性，本书再剔除电力、煤气、供水等管制性行业后，重新进行了检验。

上述几个方面的稳健性检验结果均与前文的回归结果保持一致，表明本书的结论是较为稳健的。

# 第五章　管理者背景特征与晋升激励的实证研究

　　上一章对晋升激励影响管理者非效率投资的研究，其实隐含地假设了管理者是同质的，这显然与现实不符。高层梯队理论指出，不同背景特征的管理者（如不同性别、年龄、学历、教育背景等）会对企业战略和业绩产生不同的影响（Hambrick and Mason，1984）。大量实证研究也表明，不同背景特征的管理者对企业绩效（Boone et al.，2004；徐细雄，2012）、企业战略（Tihanyi et al.，2000）、企业创新（Camelo–Ordaz et al.，2005）、企业避税（Dyreng et al.，2010）、企业投资（姜付秀等，2009）和会计稳健性（张兆国等，2011）等均会存在不一样的看法和影响。行为金融学认为，其原因就在于：实际生活中，每个管理者的行为方式都会受到心理偏差的影响，如嫉妒心理、过度自信、规避损失心理等，他们并非都是理性的。同时，管理者的这些心理偏差又与其背景特征相联系（Fraser and Greene，2006）。由此便不难认为，不同背景特征的管理者会对晋升激励有不同的看法或敏感性，从而使晋升激励对企业决策和企业绩效产生不同的影响。因此，第五章和第六章将从管理者团队背景特征的视角，重新考察晋升激励对非效率投资的影响。而本章的主要任务是考察管理者团队背景特征与晋升激励问题，以判断不同背景特征的管理者团队对晋升激励的看法或敏感性是否存在差异，也为第六章的研究打下了坚实的基础。

## 第一节 理论分析与研究假设

1984年，汉布里克和梅森提出了著名的高层梯队理论。该理论的核心思想是：（1）管理者的一些心理特征以及团队的沟通和冲突等过程能够很好地被管理者的人口统计特征（如性别、年龄、学历、工作经历等）所反映；（2）组织的战略决策和业绩会受到管理者人口统计特征和其作用过程的影响。这与传统的战略管理理论存在较大差异，该理论以更为符合实际的有限理性假设为基础，将决策者的爱好、偏见和性格等因素纳入决策形成的全过程，使问题处理的全过程均打下了决策者各种特征的烙印。

图5-1是高层梯队理论的核心思路即有限理性下的战略选择。该理论指出，外部环境必须通过组织中的人（尤其是决策者），才能对组织的战略决策以及业绩产生影响。而作为战略制定和实施的决策者，他们的社会资本以及人力资本无疑会影响他们的行为。因此，高层梯队理论强调了管理者特质（如知识、价值观等）在战略决策过程中的重要作用。从图5-1可以看到，决策者所处的内外部决策环境位于图的最左边，中间是决策者对战略环境信息的层层过滤与处理环节，最右边是决策的选择。虽然模型最重要的组成部分是中间的过滤和处理环节，但是，汉布里克和梅森指出，由于中间部分的决策者行为和心理过程是很难进行准确衡量的，所以，在进行实际研究时，可以不直接对其进行研究，而是可以通过一条捷径来研究，即通过考察决策者的人口统计特征来反映决策者的战略决策全过程。基于此，汉布里克和梅森对图5-1的模型进行了简化，从而得到了高层梯队理论实际研究时遵循的模型即高层梯队理论研究模型，如图5-2所示。简化后的模型较之前模型的最大差别就是把中间各个环节省去，从而更加突出了决策者背景特征这一变量。这为日后从易于测量和获取的人口统计特征来考量管理者的心理特征打下了坚实的基础。

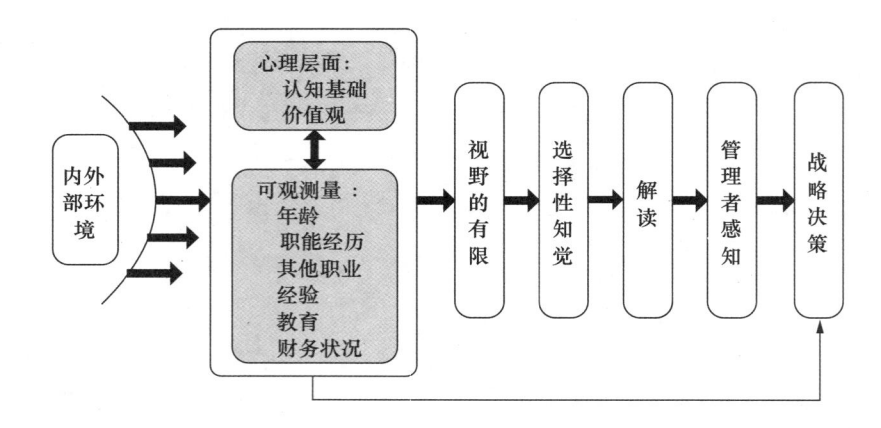

图 5-1 有限理性下的战略选择

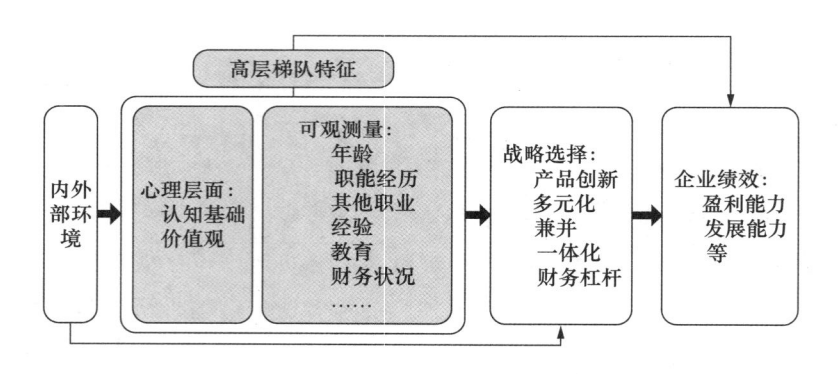

图 5-2 汉布里克和梅森（1984）的高层梯队理论研究模型

在随后的近 30 年里，高层梯队理论无论是在公司治理领域还是人力资源管理领域都得到了迅速的发展。一些新模型的提出更是让高层梯队理论得到了进一步的完善。如 Wiersema 和 Bird（1993）提出的跨文化情景模型，该模型强调民族文化差异在人口统计特征和企业绩效关系中的重要作用。卡彭特等（2004）提出了多理论整合模型，强调高层梯队理论应该和代理理论适当地融合，以便更好地研究高管团队对企业战略的影响。这些新思想的陆续出现，使高层梯队理论研究的深度和广度得到不断的扩展。如在深度方面，将高层梯队理论拓展为战略领导力，并开始直接检验高管的心理特征（如个性、认知、价值观等）对信息收集处理以及战略决策的影响；在广度方面，高层梯队理论的研究对象从资深高管向管理者团队扩展，进而对团队结构特征进行考察，如团队人口统计特征的平均水平、异质性和"垂直对"等。

按照高层梯队理论的思想，不同背景特征的管理者团队对晋升激励等内外部环境的"刺激"会有不同的"反应"。这是因为，管理者的行为选择要受到其认知能力和价值取向的影响，而管理者的认知能力和价值取向则与管理者的这些背景特征紧密相连。大量相关研究表明，不同背景特征的管理者具有不同的心理预期和行为选择。例如，女性管理者和年龄越大管理者的战略决策更为保守（Tihanyi et al.，2000）；年龄越小、学历越高的管理者更易做出战略变革，他们的适应能力和创新能力也越强（Wiersema and Bantel，1992；Camelo-Ordaz et al.，2005）；有国际经历的管理者开展国际化经营的可能性越大（Carpenter et al.，2004；Lee and Park，2006）；学历越高、年龄越大的管理者越能够抑制过度投资的冲动（姜付秀等，2009）；任期越长的管理者越愿意增加研发投入（刘运国和刘雯，2007）；管理者的性别、年龄、学历、任期等背景特征均与企业绩效存在显著的相关性（Boone et al.，2004；徐细雄，2012）。所以，管理者背景特征对企业行为及绩效的影响深远而广泛。由此便可以推断，不同背景特征的管理者对晋升激励可能有不同的看法或敏感性。因此，本章选取性别、年龄、学历、既有任期和预期任期五大背景特征，从管理者团队背景特征的平均水平、异质性和"垂直对"三个方面来系统考察管理者团队背景特征与晋升激励的关系。

## 一 平均水平

管理者团队背景特征的平均水平通常是指管理者团队在一些背景特征上的平均状况，如平均性别、年龄、学历、任期等，它在一定程度上体现了管理者团队在这些人口特征变量上的总体水平。

### （一）平均性别

心理学研究发现，女性比男性更为谨慎和保守（Zuckerman，

1994；Byrnes et al.，1999）。这既有生理上的原因，如女性单胺氧化酶高（Zuckerman，1994）、要生育和哺乳孩子、寿命预期时间更长等，也有社会文化的原因，如从幼儿开始，教育就会影响男性和女性对待风险的态度，一般认为，男性应该承担更多的风险（Slovic，1966；Felton et al.，2003）。行为财务学将心理学的研究成果应用于企业财务决策的分析中，也发现，在企业财务决策中女性管理者比男性管理者更为谨慎和保守（Barber and Odean，2001；Watson and McNaughton，2007；谭松涛和王亚平，2006），男性管理者则往往表现出过度自信（Huang and Kisgen，2013）。上述差异通常导致男性的行为更激进，更愿意冒险，更渴望获得事业上的成功和职位上的晋升。因此，男性对晋升激励更加敏感，而女性管理者则相对较低。另外，由于我国长期存在着女性晋升"玻璃天花板现象"（颜士梅等，2008）和职位晋升的性别歧视（卿石松，2011），这在很大程度上打击了女性晋升的积极性，从而使其对晋升激励的敏感性进一步降低。综上所述，本章提出如下假设：

假设5-1：男性比例越高的管理者团队对晋升激励的敏感性越大。

（二）平均年龄

在我国，年轻化是选拔党政干部的要求之一。近年来，党政干部和国有企业管理者明显地呈年轻化趋势。因此，年龄越大的管理者被提拔的可能性就越小。这实际上也符合人们的生命周期规律。从这一规律来看，不同年龄的管理者在管理经验、知识结构、认知能力、进取精神、风险倾向等方面都存在着差异，从而使他们在工作中表现出不同的价值取向和行为选择。大量研究表明，与年轻管理者相比，由于年长管理者的体力、精力、学习能力和认知能力的下降以及处于职业和收入相对稳定的事业阶段，因此，其适应能力和进取精神较差，倾向于维持现状，规避风险（Taylor，1975；Hambrick and Mason，1984；陈传明和孙俊华，2008；何霞和苏晓华，2012）。年长管理者的这种心理及行为特征就会使他们对晋升激励的敏感性下降。按照心理契约理论，当年龄较大的管理者意识到自己晋升的可能性较小时，就会把注意力转移到其他利益方面（Robinson，1996）。卡尔等（2009）也发现，管理者越接近退休年龄，对晋升激励的敏感性越不明显。

当然，管理者年龄的增长与管理者对晋升激励敏感性的下降之间的关系可能不是一种线性关系。在一个管理者的生命周期中，从一个低级职位开始他的职业生涯，并通过努力工作，逐步晋升到一个高级职位上。在这个生命周期中，假设存在一个年龄的拐点。在这个拐点之前，由于管理者年轻，体力精力充沛，有强烈的上进心，因此，随着年龄的增长以及经验的积累和能力的提高，管理者对晋升的欲望也会随之增强。相反，到了这个拐点之后，随着年龄的增长，就会逐渐表现出上述年长管理者的心理及行为特征，从而使他们对晋升的欲望减弱。综上所述，本章提出如下假设：

假设5-2：随着管理者团队平均年龄的增加，管理者对晋升激励的敏感性呈倒"U"形关系。

（三）平均学历

学历可以在一定程度上反映一个人的知识和能力。因此，学历越高的管理者通常意味着他们的学习能力、认知能力、适应能力以及信息整合能力都更强，面临复杂多变的环境时，更能保持清晰的思路，从而做出正确的决策。相关实证研究发现，管理者的受教育程度对企业战略定位（Kimberly and Evanisko，1981）、企业管理与技术创新（Bantel and Jackson，1989）、企业多元化经营（Wiersema and Bantel，1992；陈传明和孙俊华，2008）、企业投资决策（姜付秀等，2009；何霞和苏晓华，2012）、企业社会网络建设（胡荣，2003）等方面都有着积极的影响。因此，按照锦标赛理论——只有相对业绩更佳的管理者才能在竞争中获胜的思想（Lazear and Rosen，1981），受教育程度越高的管理者更具有获得晋升的机会和优势，从而便更容易产生谋求晋升的动机。这在我国也有相应的制度背景，即知识化是选拔干部的要求之一。近年来，我国党政干部和国有企业管理者明显呈现出知识化趋势，高学历的管理者所占比重越来越大。综上所述，本章提出如下假设：

假设5-3：平均学历越高的管理者团队对晋升激励的敏感性

越大。

(四) 平均既有任期

管理者既有任期是指管理者已履职的年限,它被看作是管理者的管理生命周期。有研究表明,既有任期在一定程度上反映出管理者的经营阅历、认知水平、风险倾向、思维方式和工作态度等心理想法和管理素质 (Allen, 1981; Hambrick and Fukutomi, 1991; Miller and Shamsie, 2001)。显然,这些心理想法和管理素质都会影响管理者对其战略观点和行为选择。按照预期理论,随着既有任期的延长、管理能力的提高,管理者的预期可能不仅仅是报酬的提高,还有一些非报酬性的追求,特别是对晋升的追求。因为晋升既可以带来报酬的提高,也可以带来更大的控制权,以控制更多的资源,还可以带来社会声誉及地位的提高。所以,随着既有任期的延长,管理者对晋升激励的敏感性会增大。与既有任期较长的管理者相比,当既有任期较短时,管理者通常处于任职初期,面临着知识的积累、工作环境的熟悉、人际关系的重构以及声誉的建立等问题。此时的管理者虽然急于做出成绩,建立自己的声誉,实现个人财富和成就感的增加,但受限于自身能力与经验以及较少的功绩,管理者对晋升虽有渴望,但缺乏自信,因此,他们对晋升激励的敏感性较弱。

当然,当管理者在某一职位上任期过长、长期不能被提拔时,也可能影响他的创新与进取精神,从而降低他对晋升的追求。相关实证研究表明,既有任期越长的管理者在企业经营决策与管理中的行为特征更多地表现为维持现状,缺乏创新精神,不愿意改革企业已有的战略和经营模式 (Hambrick and Mason, 1984; Finkelstein and Hambrick, 1996; Boeker, 1997; 何霞和苏晓华, 2012)。因此,管理者既有任期过长,会使他们对晋升不再抱有希望,从而使其对晋升激励的敏感性降低。综上所述,本章提出如下假设:

假设5-4:随着管理者团队平均既有任期的延长,管理者对晋升激励的敏感性呈倒"U"形关系。

(五) 平均预期任期

预期任期是指在综合分析管理者年龄、既有任期以及所处行业特点等信息的基础之上,对管理者未来任职时间做出的合理估计。管理者的预期任期短,表明其继续任职的时间就短,管理者获得晋升的机会就越少。按照时限问题的理论分析,预期任期长的管理者由于距离卸任还远,所以,其声誉效应更显著,更注重自身地位等利益的获取,对晋升表现出极高的渴求。相反,当预期任期较短时,由于继续任职的时间较短,管理者虽仍渴望获得晋升,但自知晋升成本的巨大和机会的渺茫。且此时的管理者,通常会出现强烈的短视行为,更加关注短期经济利益的获得。因此,他们对晋升激励的敏感性较低。综上所述,本章提出如下假设:

假设5-5:平均预期任期越长的管理者团队对晋升激励的敏感性越大。

### 二 异质性

管理者团队背景特征的异质性是指管理者团队在一些背景特征上的差异性,如性别、年龄、学历以及任期差异等。相似吸引理论和社会认同理论认为,管理者团队异质性越小,就越容易在团队内形成一致的认识、偏好和信念,从而有助于战略决策质量的提高(Zenger and Lawrence, 1989; Smith et al., 1994)。但信息决策理论的观点却与此相反(Cox, 1994; Jehn, 1997)。该理论强调信息在战略决策中的重要地位,指出团队成员之间的信息是可以相互弥补的,而个体的信息则是非常有限的。因此,异质性大的团队更能够获得更多不同的信息,从而为决策提供丰富的依据。上述两种理论对异质性的解释看似矛盾,其实不然,对于不同的背景特征,两种理论的解释力是不尽相同的。通常由背景特征的异质性而导致的团队内的"冲突"被分为认知冲突和情绪冲突(Amason, 1996)。其中,管理者团队的认知冲突通常是指其成员在认知发展过程中原有的概念或认知结构与现实环境的不相符而在心理上所产生的冲突;情绪冲突则强调成员由于客观外部环境或主观内心活动的刺激所产生的较为强烈的态度体验而导致的冲突。认知冲突通常能激发不同观点的碰撞,信息决策理论所强调的信息、观点等的互补在此时更具解释力,因此,认知冲突有助于决策质量的提高。而情绪冲突通常表现为矛盾、紧张、激动、抵触等，因此，会降低管理者团队成员的满意度，进而降低高管团队的效率和凝聚力，这更倾向于社会认同理论的观点。

### （一）性别异质性

性别异质性是管理者团队背景特征中最基本的一个特征。性别的差异是根深蒂固的，几乎不可能从根本上进行改变。而从前面的分析可以知道，不同性别的管理者在风险意识、认知能力等诸多方面都存在较大差异。因此，性别异质性导致的管理者团队内部的冲突更多地表现为情绪冲突。尤其在我国，男尊女卑、重男轻女等思想由来已久，这无形中增加了不同性别管理者间交流与合作的难度，降低了团队的凝聚力。此时的团队，对外界的各种刺激均表现出较低的"反应"。对晋升激励等激励机制同样难以形成较为统一的看法，从而表现出低敏感性。综上所述，本章提出如下假设：

假设5-6：性别异质性越大的管理者团队对晋升激励的敏感性越低。

### （二）年龄异质性

年龄特征通常蕴含着强烈的时代和历史背景。由于历史的不可重复性，使不同年龄的管理者形成了不同的具有时代特征的价值观和意识形态。而且随着时间的推移，这种差异将长期存在甚至逐步扩大。因此，年龄异质性大的管理者团队更容易发生内部的情绪冲突。班特尔和杰克逊（1989）、Wiersema和Bird（1993）的研究发现，年龄差异大的管理者之间更容易发生价值观、认知的冲突，从而造成对公司发展战略、经营决策上的严重分歧。这不仅会导致团队成员人际关系的不稳定以及工作配合的低效，还会占用和浪费过多的能量及资源进行团队维护，使团队对外部激励难以做出反应。相反，年龄相近的管理者通常有着类似的经历、价值观以及信仰，更容易产生人际吸引，更好地进行沟通与交流。这不仅有助于管理者团队在重大决策上形成较为统一的看法，也能保持团队的和谐。因此，相比年龄异质性大的团队而言，异质性小的团队更能对晋升等激励机制产生显著的一致反应。综上所述，本章提出如下假设：

假设5-7：年龄异质性越大的管理者团队对晋升激励的敏感性越低。

（三）学历异质性

由于学历可以在一定程度上反映管理者的知识和能力，因此，学历差异会导致管理者认知水平的差异，即导致团队内部的认知冲突。这种冲突能够带来不同观点的碰撞，而这一过程恰恰是不同学历管理者相互学习的过程。这一学习过程将能够强化学历异质性的积极影响，使团队成员遇到新的观点、信息时会重新审视自己的观点和进行深入思考，最终提升团队整体发展战略、经营决策的正确性。如史密斯等（1994）、卡彭特（2002）发现，学历异质性有助于获得多元化信息，对战略的制定和评估会更加准确，从而会提高企业业绩。Tihanyi等（2000）、梅洛和拉克斯（2006）也发现，学历差异性较大的管理者团队，其经验会更丰富，能力会更强，对战略的理解会更深入，控制风险的能力也会更强。所以，总体而言，学历的异质性对管理者团队发挥了积极的影响。这使团队整体保持着活力，能够对内外部的刺激产生迅速而较为一致的反应。综上所述，本章提出如下假设：

假设5-8：学历异质性越大的管理者团队对晋升激励的敏感性越大。

（四）既有任期异质性

一般认为，当管理者的既有任期不相同时，他们经历的企业发展阶段和事件就会各异，就会导致他们对组织的发展战略和经营决策产生不同的解读，而团队既有任期的同质性则可以促进团队内部的整合，提高了团队的凝聚力。另外，管理者团队既有任期的异质性还易导致团队内部沟通障碍（Ancona and Caldwell，1992），降低交流频率（Zenger and Lawrence，1989），甚至造成管理者之间的不信任和价值观的差异（Katz，1982），使管理者离职率上升（Boone et al.，2004）。尽管也有文献指出，管理者任期的异质性可以使管理者团队打破企业原有经营模式、重塑企业战略（Boeker，1997），以及形成多元化的观点（Smith et al.，1994），从而有利于企业绩效的提升和持续发展。但是，由于企业发展通常面临着高风险和不确定性，当这种复杂的环境达到一定的程度时，既有任期的异质性不仅很难带来信息的分享、团队的密切合作，而且增加了内部发生冲突的可能性。可想而知，对于既有任期异质性大的管理者团队，晋升等激励机制不仅难以发挥其应有的激励作用，甚至可能增加团队内部的冲突与矛盾，使团队整体对晋升激励不敏感。综上所述，本章提出如下假设：

假设5-9：既有任期异质性越大的管理者团队对晋升激励的敏感性越低。

(五) 预期任期异质性

预期任期是管理者对未来任职时间的合理估计，因此，预期任期的长短并不暗含管理者经验、能力、价值观等方面的信息，而仅仅反映出管理者的继续任职时间以及根据继续任职时间推测出管理者可能的经营目标。通常预期任期不同，其经营的目标将存在很大的差异，而且这种差异很难进行调和。因此，预期任期异质性大将使管理者团队的经营目标不一致、不协调。这种不协调将蔓延到管理者团队行为的方方面面，包括对晋升激励的敏感性上。综上所述，本章提出如下假设：

假设5-10：既有任期异质性越大的管理者团队对晋升激励的敏感性越低。

## 三　垂直对

管理者团队背景特征的"垂直对"是指管理者团队中上下级之间在某些特征上的差异，如管理者团队与董事长或总经理的性别、年龄、学历以及任期差异等（张龙和刘洪，2009）。它与管理者团队异质性特征有区别也有类似之处。区别在于，"垂直对"强调团队的层级关系，即团队中的管理者实际拥有不同的地位和权利，而异质性则是隐含地假设管理者团队成员的地位、权利相同，即每个成员在管理者团队中的权重相同；类似之处在于，两者均是对管理者背景特征差异程度的衡量。组织结构理论指出，个体在组织中的角色定位在很大程度上取决于其在组织内部的正式职位，因此，对管理者团队"垂直对"差异的考察将能够从另一角度揭示出团队背景特征的整体差异，以及反映出高管团队内部的构成和运作状况。由于在平均水平和异质性的理论分析中，已经从性别、年龄、学历、既有任期和预期任期五方面对不同背景特征管理者的行为差异进行了详细论述。因此，为了避免重复以及突出"垂直对"特征分析的特点，本部分对"垂直对"的分析将重点从组织结构和我国制度和文化背景来加以论述。

从现有文献看，对"垂直对"的解释主要依赖于相似理论。该理论的核心观点是：人际吸引是人与人进行交往与互动的内在动力，而人际吸引的重要诱因是相似性。因此，易于识别和准确测量的人口背景特征的相似性或相异性能够增加或降低人际互动与效能。如格林等（1996）发现，当上下级性别不同时会导致上下级关系质量的下降。Epitropaki 和 Martin（1999）发现，任期"垂直对"差异越大，团队成员的心理归属感更低。Werbel 和 Henriques（2009）也发现，上下级状态差异会动摇彼此间的信任，从而进一步影响彼此间的关系质量。还有研究表明，管理团队的"垂直对"差异过大会提高高管离职概率（张龙和刘洪，2009）。总体来看，由于不同背景特征的管理者具有不同的认知能力、价值观、态度和信念，"垂直对"差异将增加成员之间沟通的难度，增加角色冲突发生的概率，使团队整体的决策能力、和谐程度以及凝聚力等均受到负面的影响。上述影响在我国可能更为显著，这与我国制度和文化背景有关。

首先，在我国长期存在"官本位"思想，即以官为本、以官为贵、以官为尊的价值观。这种价值观直接导致了下级对上级的绝对服从以及上级对下级的绝对领导，两者之间不再是双向互动的工作关系。显然，在这一关系中，与上级有更多相似之处的下属更易得到上级的认可，从而形成和谐稳定的上下级关系。外显于人口统计特征则表现为与上级人口背景特征相似的下级更能与上级形成融洽的关系。

其次，我国上市公司高管选拔没有完全市场化，国有公司的行政任命与非国有公司的实际控制人提拔都影响着高管间的权利配置，也影响着上下级的关系。这不仅使管理层对等级非常敏感，更使上下级的关系变得复杂。根据相似相吸的原理，在复杂的关系中，"垂直对"差异小的上下级将更能建立良好的关系。总体而言，"垂直对"差异越大，管理者团队越难形成和谐稳定的关系，因而越难在发展战略经营决策以及激励机制上形成一致的看法，对激励的敏感性也将更低。

当前，我国上市公司的管理层中，董事长通常处于核心地位，对公司的经营决策等拥有最大的决策权（Wong et al., 2004）。这一方面是因为我国《公司法》对董事长的法人代表地位进行了明确规定；另一方面是因为我国普遍存在的"一股独大"现象，使作为控股股东代表的董事长拥有比其他董事更大的权力。因此，其他管理者与董事长的差异成为最为典型和最受关注的管理者"垂直对"（张龙和刘洪，2009；何威风和刘启亮，2010；杨林，2014；刘永丽，2014）。本书也将选择管理者与董事长"垂直对"来进行考察。综上所述，本章提出如下假设：

假设5-11：管理者团队与董事长性别"垂直对"越大的团队对晋升激励的敏感性越低。

假设5-12：管理者团队与董事长年龄"垂直对"越大的团队对晋升激励的敏感性越低。

假设5-13：管理者团队与董事长学历"垂直对"越大的团队对晋升激励的敏感性越低。

假设5-14：管理者团队与董事长既有任期"垂直对"越大的团队对晋升激励的敏感性越低。

假设5-15：管理者团队与董事长预期任期"垂直对"越大的团队对晋升激励的敏感性越低。

此外，由于目前我国资本市场存在国有公司和非国有公司两类产权性质不同的公司，因此，在这两类不同的公司中，不同背景特征的管理者对晋升激励的敏感性可能存在一定的差异。对国有上市公司而言，在市场化改革进程中，仍或多或少地要受到政府的干预，特别是分权化改革增强了地方政府的干预力度（陈信元等，2009）。在管理者激励方面，管理者的任免和薪酬都要受到政府管制。在这种制度背景下，一方面，管理者晋升与管理者努力之间的因果关系会变得复杂，因为受政府干预，企业要服从多重目标，从而使管理者在晋升竞争中不仅要考虑企业绩效，还要考虑就业、社会稳定、经济发展、政府官员晋升等非利润因素；另一方面，管理者通过市场化薪酬契约而获得薪酬的渠道会受到限制，因而会更加依靠晋升带来更大权力、身份荣耀、更多薪酬与在职消费，甚至是权力寻租机会等利益（陈冬华等，2005；辛清泉和谭伟强，2009；徐细雄，2012）。与国有上市公司相比，非国有上市公司管理者激励不受政府的管制，其任免和薪酬都是按市场化原则确定的，因此，管理者薪酬与企业绩效的联系会相对紧密，管理者对晋升的客观需求与依赖程度会相对降低（徐细雄，2012）。综上所述，本章提出如下假设：

假设5-16：与非国有上市公司相比，国有上市公司的管理者对晋升激励的敏感性可能相对更大。

## 第二节　研究设计

### 一　样本选择与数据来源

本章的样本选择和数据来源与第四章相同，这里不赘述。

### 二　变量设计

（一）晋升激励

该指标的衡量与第四章相一致。

（二）管理者背景特征

在充分考虑数据的可获得性和借鉴现有文献的基础上（Daboub et al.，1995；Certo et al.，2006；Antia et al.，2010；张龙和刘洪，2009；姜付秀等，2009；何威风和刘启亮，2010；李焰等，2011；刘永丽，2014），本书决定选取管理者性别、年龄、学历、既有任期和预期任期五大特征来进行考察。首先，在管理者性别方面，本书按男性为1、女性为0来对性别进行赋值；年龄方面，按照截止统计日时的实际年龄进行计算；学历方面，按照博士学历取值5、硕士学历取值4、本科学历取值3、大专学历取值2、高中或中专以下学历取值1来进行赋值；既有任期按截止统计日时管理者在公司的实际任职年限来计算；管理者预期任期则借鉴 Antia 等（2010）的做法，采用公式（5.1）来进行衡量：

$$EGtenure_{i,t} = (Gtenure_{industry,t} - Gtenure_{i,t}) + (Age_{industry,t} - Age_{i,t}) \quad (5.1)$$

式中，$Gtenure_{i,t}$ 表示 $i$ 公司管理者截至第 $t$ 年时的既有任期；$Gtenure_{industry,t}$ 表示 $i$ 公司所属行业的所有管理者截至第 $t$ 年时的平均既有任期；$Gtenure_{industry,t}$ 与 $Gtenure_{i,t}$ 之差表示在既有任职年限维度上的管理者的任职预期。$Age_{i,t}$ 表示 $i$ 公司管理者截至第 $t$ 年时的年龄；$Age_{industry,t}$ 表示 $i$ 公司所属行业的所有管理者截至第 $t$ 年时的平均年龄。$Age_{industry,t}$ 与 $Age_{i,t}$ 之差表示在年龄维度上的管理者的任职预期。上述两维度的任职预期之和即为管理者预期任期（$EGtenure_{i,t}$）。

根据本书的研究思路，本书将从管理者团队背景特征的平均水平、异质性和"垂直对"三个方面来对管理者背景特征进行考察。在平均水平的衡量方面，主要是用管理者团队背景特征的均值来表示。在异质性的衡量方面，对年龄、既有任期和预期任期等连续变量，采用变异系数（即标准差与均值的比值）来衡量；对于性别、学历等分类变量，采用赫芬达尔—赫希曼（Herfindal - Hirschman）指数（赫芬达尔指数或 HHI 指数）来衡量，具体算法是：$HHI = 1 - \sum_{i=1}^{n} P_i^2$。其中，$P_i$ 表示团队中第 $i$ 类成员占团队总人数的比例。HHI 取值区间为 0—1，该值越大表示团队的异质性越大。在"垂直对"的衡量方面，本书选取高管团队与董事长这一典型的"垂直对"差异来进行考察。具体系用管理者团队的平均年龄、平均性别、平均学历、平均既有任期和平均预期任期及董事长个人年龄、性别、学历、既有任期和预期任期的差距来衡量。

（三）控制变量

借鉴卡尔等（2009）、何威风等（2013）等的做法，本书选用股权集中度、资产负债率、管理者持股比例、董事会结构、盈利水平、成长机会、公司规模以及行业和年度作为控制变量。这些控制变量的定义见表 5 - 1。

表 5-1　　　　　　　　　　变量定义一览

| 变量类型 | 变量 | | 符号 | 变量定义 |
|---|---|---|---|---|
| 因变量 | 晋升激励强度 | | PI | 非董事长高管平均薪酬与董事长薪酬之差[回归分析时取其自然对数，用 ln(PI) 表示] |
| 自变量 | 平均水平 | 性别 | Mgender | 管理者性别的平均数，其中男性取值为1，女性取值为0 |
| | | 年龄 | Mage | 管理者年龄之和/管理者团队总人数 |
| | | 学历 | Meducation | 管理者学历水平之和/管理者团队总人数，其中高中或中专以下为1、大专为2、本科为3、硕士为4、博士为5 |
| | | 既有任期 | Mtenure | 管理者既有任期之和/管理者团队总人数 |
| | | 预期任期 | MEtenure | 管理者预期任期之和/管理者团队总人数 |
| | 异质性 | 性别 | Hgender | 采用赫芬达尔指数来计算 |
| | | 年龄 | Hage | 管理者团队年龄的标准差/管理者团队年龄的均值 |
| | | 学历 | Heducation | 采用赫芬达尔指数来计算 |
| | | 既有任期 | Htenure | 管理者团队既有任期的标准差/管理者团队既有任期的均值 |
| | | 预期任期 | HEtenure | 管理者团队预期任期的标准差/管理者团队预期任期的均值 |
| | 垂直对 | 性别 | Vgender | 董事长性别与管理者团队性别均值之差的绝对值 |
| | | 年龄 | Vage | 董事长年龄与管理者团队年龄均值之差的绝对值 |
| | | 学历 | Veducation | 董事长学历与管理者团队学历均值之差的绝对值 |
| | | 既有任期 | Vtenure | 董事长既有任期与管理者团队既有任期均值之差的绝对值 |
| | | 预期任期 | VEtenure | 董事长预期任期与管理者团队预期任期均值之差的绝对值 |

续表

| 变量类型 | 变量 | 符号 | 变量定义 |
|---|---|---|---|
| 控制变量 | 股权集中度 | Cent | 第一大股东持股比例 |
| | 资产负债率 | Debt | 年末债务账面总价值与资产账面总价值之比 |
| | 管理者持股比例 | Gshare | 管理层持有公司股票与公司股票总数之比 |
| | 董事会结构 | Dsize | 董事会中独立董事的比例 |
| | 盈利水平 | ROE | 净资产收益率＝净利润/净资产 |
| | 成长机会 | Growth | 营业收入增长率＝（t年营业收入－t－1年营业收入）/t－1年营业收入 |
| | 公司规模 | Size | 资产总额［回归分析时取其自然对数，用ln(Size)表示］ |
| | 行业虚拟变量 | $\sum$Industry | 根据中国证监会颁布的《上市公司行业分类指引》划分上市公司所属行业。本书样本公司分属于13个行业 |
| | 年度虚拟变量 | $\sum$Year | 以2009年为基准，设立4个虚拟变量 |

### 三　模型建立

根据本书的研究思路，为了从平均水平、异质性和"垂直对"三个方面来考察不同背景特征的管理者对晋升激励的敏感性，建立如下模型：

$$\ln(PI)_{i,t} = \beta_1 Mgender_{i,t} + \beta_2 Mage_{i,t} + \beta_3 Mage^2_{i,t} + \beta_4 Meducation_{i,t} + \beta_5 Mtenure_{i,t} + \beta_6 Mtenure^2_{i,t} + \beta_7 MEtenure_{i,t} + \sum_{k=8}^{n} \beta_k ControlVariables_{i,t} + \mu_i + \mu_t + \varepsilon_{i,t} \quad (5.2)$$

$$\ln(PI)_{i,t} = \beta_1 Hgender_{i,t} + \beta_2 Hage_{i,t} + \beta_3 Heducation_{i,t} + \beta_4 Htenure_{i,t} + \beta_5 HEtenure_{i,t} + \sum_{k=6}^{n} \beta_k ControlVariables_{i,t} + \mu_i + \mu_t + \varepsilon_{i,t} \quad (5.3)$$

$$\ln(PI)_{i,t} = \beta_1 Vgender_{i,t} + \beta_2 Vage_{i,t} + \beta_3 Veducation_{i,t} + \beta_4 Vtenure_{i,t} + \beta_5 VEtenure_{i,t} + \sum_{k=6}^{n} \beta_k ControlVariables_{i,t} + \mu_i + \mu_t + \varepsilon_{i,t} \quad (5.4)$$

与第四章的做法相同,在对上述模型进行回归前,本书使用豪斯曼检验对模型在固定效应和随机效应之间做出选择,检验结果表明固定效应更适合。因此,本章采用固定效应估计法来对上述模型进行回归。i 代表行业个体,t 表示年度标识,$\mu_i$ 和 $\mu_t$ 分别表示企业的个体效应和年度效应,$\varepsilon_{i,t}$ 为随机扰动项。

## 第三节 实证分析

### 一 描述性统计与差异性检验

由于本章所使用的样本与第四章的完全相同,故不再对晋升激励和控制变量进行描述性统计及差异性检验,而仅对管理者背景特征进行描述性统计和差异性检验。表 5-2 是投资过度组的各变量描述性统计,表 5-3 是国有公司与非国有公司的差异性检验。

在平均水平方面,从全样本看,管理者团队的平均性别为 0.8598,有的公司甚至为 1,说明管理者团队以男性为主,男女比例不协调;管理者团队的平均年龄约为 48 岁,标准差为 3.0793,说明我国管理者团队的年龄普遍较大,且各公司间的差异较大;管理者团队的平均学历为 3.3709,说明学历主要集中于本科;管理者团队的平均既有任期为 4.2511 年,说明整体既有任期不长;管理者团队的平均预期任期偏低,其均值为 0.0576 年,而且差异十分明显,从最小的 -7.3554 年到最大的 8.3965 年。其中,-7.3554 年意味着相对于行业平均水平而言,该管理者早在 7 年多前就该离任了,而 8.3965 年则意味着该管理者还可以继续留任这么多年。[①] 这些管理者团队背景特征的数据与何威风和刘启亮(2010)的研究基本相似。从国有公司和非国有公司的比较看,国有公司管理者的性别、年龄和学历均值均显著高于

---

① 由于此数据只是本书对预期任期的一种合理估计,因此得出的数值更多的是代表一种相对的趋势和可能性,其绝对意义的含义相对较弱。

非国有公司，而既有任期均值、预期任期均值则显著低于非国有公司。

表 5-2　　　　　　　　描述性统计（投资过度组）

Panel A：全样本

| | 变量 | 样本量 | 最小值 | 均值 | 中位数 | 最大值 | 标准差 |
|---|---|---|---|---|---|---|---|
| 平均水平 | Mgender | 1781 | 0.4706 | 0.8598 | 0.8824 | 1.0000 | 0.1187 |
| | Mage | 1781 | 39.9412 | 47.9011 | 48.0000 | 55.0909 | 3.0793 |
| | Meducation | 1781 | 2.2632 | 3.3709 | 3.4118 | 4.1860 | 0.4004 |
| | Mtenure | 1781 | 1.7220 | 4.2511 | 4.1417 | 7.8981 | 1.2669 |
| | MEtenure | 1781 | -7.3554 | 0.0576 | 0.0252 | 8.3965 | 3.2726 |
| 异质性 | Hgender | 1781 | 0.0000 | 0.2128 | 0.2076 | 0.4983 | 0.1461 |
| | Hage | 1781 | 0.0604 | 0.1440 | 0.1397 | 0.2557 | 0.0390 |
| | Heducation | 1781 | 0.1975 | 0.5612 | 0.5781 | 0.7356 | 0.1094 |
| | Htenure | 1781 | 0.1717 | 0.5662 | 0.5486 | 1.1279 | 0.1916 |
| | HEtenure | 1781 | -86.2832 | 0.7713 | 0.5310 | 109.4055 | 19.4071 |
| 垂直对 | Vgender | 1781 | 0.0000 | 0.1676 | 0.1250 | 0.8462 | 0.1731 |
| | Vage | 1781 | 0.0667 | 5.5498 | 4.5882 | 19.1875 | 4.2774 |
| | Veducation | 1781 | 0.0000 | 0.6456 | 0.5625 | 1.9286 | 0.4422 |
| | Vtenure | 1781 | 0.0327 | 2.8869 | 1.8990 | 10.8534 | 2.6247 |
| | VEtenure | 1781 | 0.1221 | 7.3482 | 6.0135 | 24.3214 | 5.7829 |

Panel B：国有公司样本

| | 变量 | 样本量 | 最小值 | 均值 | 中位数 | 最大值 | 标准差 |
|---|---|---|---|---|---|---|---|
| 平均水平 | Mgender | 1179 | 0.4706 | 0.8736 | 0.8947 | 1.0000 | 0.1099 |
| | Mage | 1179 | 39.9412 | 48.4356 | 48.5333 | 55.0909 | 2.7954 |
| | Meducation | 1179 | 2.2632 | 3.4216 | 3.4545 | 4.1860 | 0.3788 |
| | Mtenure | 1179 | 1.7220 | 4.1956 | 4.0944 | 7.8981 | 1.2237 |
| | MEtenure | 1179 | -7.3554 | -0.3487 | -0.3663 | 8.3965 | 2.9679 |
| 异质性 | Hgender | 1179 | 0.0000 | 0.1967 | 0.1884 | 0.4983 | 0.1409 |
| | Hage | 1179 | 0.0604 | 0.1366 | 0.1338 | 0.2557 | 0.0344 |
| | Heducation | 1179 | 0.1975 | 0.5550 | 0.5694 | 0.7356 | 0.1095 |
| | Htenure | 1179 | 0.1717 | 0.5740 | 0.5557 | 1.1279 | 0.1942 |
| | HEtenure | 1179 | -86.2832 | 0.3849 | -1.3377 | 109.4055 | 20.6701 |

续表

Panel B：国有公司样本

| | 变量 | 样本量 | 最小值 | 均值 | 中位数 | 最大值 | 标准差 |
|---|---|---|---|---|---|---|---|
| 垂直对 | Vgender | 1179 | 0.0000 | 0.1512 | 0.1111 | 0.8462 | 0.1644 |
| | Vage | 1179 | 0.0667 | 5.2100 | 4.5313 | 19.1875 | 3.8317 |
| | Veducation | 1179 | 0.0000 | 0.6074 | 0.5200 | 1.9286 | 0.4289 |
| | Vtenure | 1179 | 0.0327 | 2.6943 | 1.7849 | 10.8534 | 2.5371 |
| | VEtenure | 1179 | 0.1221 | 6.7607 | 5.5418 | 24.3214 | 5.2862 |

Panel C：非国有公司样本

| | 变量 | 样本量 | 最小值 | 均值 | 中位数 | 最大值 | 标准差 |
|---|---|---|---|---|---|---|---|
| 平均水平 | Mgender | 602 | 0.4706 | 0.8329 | 0.8571 | 1.0000 | 0.1302 |
| | Mage | 602 | 39.9412 | 46.8541 | 46.8403 | 55.0909 | 3.3330 |
| | Meducation | 602 | 2.2632 | 3.2717 | 3.3060 | 4.1860 | 0.4228 |
| | Mtenure | 602 | 1.7220 | 4.3598 | 4.2329 | 7.8981 | 1.3418 |
| | MEtenure | 602 | -7.3554 | 0.8533 | 0.8767 | 8.3965 | 3.6739 |
| 异质性 | Hgender | 602 | 0.0000 | 0.2443 | 0.2449 | 0.4983 | 0.1511 |
| | Hage | 602 | 0.0604 | 0.1587 | 0.1581 | 0.2557 | 0.0433 |
| | Heducation | 602 | 0.1975 | 0.5733 | 0.5938 | 0.7356 | 0.1082 |
| | Htenure | 602 | 0.1717 | 0.5509 | 0.5373 | 1.1279 | 0.1856 |
| | HEtenure | 602 | -86.2832 | 1.5281 | 1.1756 | 109.4055 | 16.6488 |
| 垂直对 | Vgender | 602 | 0.0000 | 0.1999 | 0.1547 | 0.8462 | 0.1848 |
| | Vage | 602 | 0.0667 | 6.2153 | 4.6742 | 19.1875 | 4.9741 |
| | Veducation | 602 | 0.0000 | 0.7203 | 0.6429 | 1.9286 | 0.4585 |
| | Vtenure | 602 | 0.0327 | 3.2641 | 2.3499 | 10.8534 | 2.7517 |
| | VEtenure | 602 | 0.1221 | 8.4990 | 7.2401 | 24.3214 | 6.5016 |

在异质性方面，从全样本看，管理者团队预期任期的异质性最大（均值为0.7713），且不同公司间的差异极大（标准差为19.4071）；年龄的异质性最小（均值为0.1440），且公司间的差异较小（标准差为0.0390），这可能与我国上市公司管理者年龄普遍偏大有一定的关系。从国有公司和非国有公司的比较看，国有公司管理者的性别、年龄和学历异质性均值均显著低于非国有公司，既

有任期均值则显著高于非国有公司,预期任期的异质性在两类公司间无显著差异。

表 5-3  差异性检验(投资过度组)

| | 变量 | T值 | | 变量 | T值 | | 变量 | T值 |
|---|---|---|---|---|---|---|---|---|
| 平均水平 | Mgender | 6.574*** | 异质性 | Hgender | -6.435*** | 垂直对 | Vgender | -5.460*** |
| | Mage | 9.986*** | | Hage | -10.906*** | | Vage | -4.344*** |
| | Meducation | 7.329*** | | Heducation | -3.356*** | | Veducation | -5.021*** |
| | Mtenure | -2.516** | | Htenure | 2.409** | | Vtenure | -4.243*** |
| | MEtenure | -6.952*** | | HEtenure | -1.260 | | VEtenure | -5.672*** |

注:*表示10%的显著性水平,**表示5%的显著性水平,***表示1%的显著性水平。

在"垂直对"方面,从全样本看,管理者团队性别"垂直对"的均值为0.1676,说明整体而言,董事长与管理者团队的性别差异并不大,但从最大值0.8462可以看到,个别公司的差异则非常大。管理者团队的年龄、学历和既有任期"垂直对"也都存在类似的情况。预期任期则与上述情况不同,从均值(7.3482)、最大值(24.3214)、最小值(0.1221)和标准差(5.7829)可以看出,样本公司董事长与管理者团队的预期任期差异普遍较大,且公司间的差异也很大。从国有公司和非国有公司的比较看,国有公司管理者性别、年龄、学历、既有任期和预期任期"垂直对"的均值均显著低于非国有公司,说明在非国有公司里,董事长与管理者团队的背景特征差异更大。

表5-4是投资不足组的各变量描述性统计,表5-5是国有公司和非国有公司的差异性检验。表5-4和表5-5中各变量数值的意义与表5-2、表5-3相同,数据的整体分布状况也与投资过度组的类似,因此,这里不再赘述。

表 5-4　　描述性统计（投资不足组）

Panel A：全样本

| | 变量 | 样本量 | 最小值 | 均值 | 中位数 | 最大值 | 标准差 |
|---|---|---|---|---|---|---|---|
| 平均水平 | Mgender | 1561 | 0.5000 | 0.8450 | 0.8667 | 1.0000 | 0.1154 |
| | Mage | 1561 | 40.1250 | 48.6498 | 48.5500 | 57.3000 | 3.4199 |
| | Meducation | 1561 | 2.3125 | 3.4214 | 3.4444 | 4.2647 | 0.4119 |
| | Mtenure | 1561 | 1.8047 | 4.2499 | 4.1404 | 7.9393 | 1.3022 |
| | MEtenure | 1561 | -9.5384 | -0.5482 | -0.6037 | 8.7615 | 3.6814 |
| 异质性 | Hgender | 1561 | 0.0000 | 0.2351 | 0.2311 | 0.4991 | 0.1397 |
| | Hage | 1561 | 0.0715 | 0.1463 | 0.1422 | 0.2553 | 0.0389 |
| | Heducation | 1561 | 0.2188 | 0.5692 | 0.5877 | 0.7390 | 0.1061 |
| | Htenure | 1561 | 0.1600 | 0.5880 | 0.5790 | 1.0919 | 0.2014 |
| | HEtenure | 1561 | -60.7726 | 0.7971 | -1.2027 | 99.6762 | 16.5926 |
| 垂直对 | Vgender | 1561 | 0.0000 | 0.1777 | 0.1429 | 0.8158 | 0.1583 |
| | Vage | 1561 | 0.0769 | 5.9426 | 4.7419 | 20.0000 | 4.7278 |
| | Veducation | 1561 | 0.0000 | 0.6275 | 0.5385 | 1.9412 | 0.4456 |
| | Vtenure | 1561 | 0.0402 | 3.1216 | 2.0748 | 10.9594 | 2.8245 |
| | VEtenure | 1561 | 0.0843 | 7.9522 | 6.3758 | 26.4353 | 6.4386 |

Panel B：国有公司样本

| | 变量 | 样本量 | 最小值 | 均值 | 中位数 | 最大值 | 标准差 |
|---|---|---|---|---|---|---|---|
| 平均水平 | Mgender | 1030 | 0.5000 | 0.8575 | 0.8750 | 1.0000 | 0.1088 |
| | Mage | 1030 | 40.1250 | 49.1526 | 49.0000 | 57.3000 | 3.1927 |
| | Meducation | 1030 | 2.3125 | 3.4748 | 3.5000 | 4.2647 | 0.3971 |
| | Mtenure | 1030 | 1.8047 | 4.1945 | 4.0814 | 7.9393 | 1.2581 |
| | MEtenure | 1030 | -9.5384 | -0.9313 | -0.8274 | 8.7615 | 3.4117 |
| 异质性 | Hgender | 1030 | 0.0000 | 0.2207 | 0.2188 | 0.4991 | 0.1384 |
| | Hage | 1030 | 0.0715 | 0.1368 | 0.1356 | 0.2427 | 0.0324 |
| | Heducation | 1030 | 0.2188 | 0.5639 | 0.5855 | 0.7390 | 0.1079 |
| | Htenure | 1030 | 0.1600 | 0.5884 | 0.5807 | 1.0919 | 0.2031 |
| | HEtenure | 1030 | -60.7726 | 0.6795 | -1.3334 | 99.6762 | 16.9951 |
| 垂直对 | Vgender | 1030 | 0.0000 | 0.1664 | 0.1282 | 0.8158 | 0.1584 |
| | Vage | 1030 | 0.0769 | 5.2924 | 4.5320 | 19.9444 | 3.9529 |
| | Veducation | 1030 | 0.0000 | 0.5882 | 0.5217 | 1.9412 | 0.4108 |
| | Vtenure | 1030 | 0.0402 | 2.8990 | 1.9504 | 10.9594 | 2.6751 |
| | VEtenure | 1030 | 0.0843 | 6.9996 | 5.8608 | 26.4353 | 5.6402 |

续表

Panel C：非国有公司样本

| | 变量 | 样本量 | 最小值 | 均值 | 中位数 | 最大值 | 标准差 |
|---|---|---|---|---|---|---|---|
| 平均水平 | Mgender | 531 | 0.5000 | 0.8208 | 0.8462 | 1.0000 | 0.1238 |
| | Mage | 531 | 40.1250 | 47.6745 | 47.6364 | 57.3000 | 3.6319 |
| | Meducation | 531 | 2.3125 | 3.3180 | 3.3636 | 4.2647 | 0.4209 |
| | Mtenure | 531 | 1.8047 | 4.3572 | 4.2607 | 7.9393 | 1.3784 |
| | MEtenure | 531 | -9.5384 | 0.1951 | 0.1632 | 8.7615 | 4.0564 |
| 异质性 | Hgender | 531 | 0.0000 | 0.2630 | 0.260 | 0.499 | 0.1381 |
| | Hage | 531 | 0.0715 | 0.1647 | 0.1603 | 0.2553 | 0.0437 |
| | Heducation | 531 | 0.2188 | 0.5796 | 0.5941 | 0.7390 | 0.1020 |
| | Htenure | 531 | 0.1600 | 0.5872 | 0.5730 | 1.0919 | 0.1983 |
| | HEtenure | 531 | -60.7726 | 1.0253 | 0.7869 | 99.6762 | 15.7958 |
| 垂直对 | Vgender | 531 | 0.0000 | 0.1996 | 0.1667 | 0.8158 | 0.1559 |
| | Vage | 531 | 0.0769 | 7.2039 | 5.6000 | 20.0000 | 5.7478 |
| | Veducation | 531 | 0.0000 | 0.7038 | 0.5882 | 1.9412 | 0.4979 |
| | Vtenure | 531 | 0.0402 | 3.5535 | 2.5093 | 10.9594 | 3.0505 |
| | VEtenure | 531 | 0.0843 | 9.8000 | 8.2515 | 26.4353 | 7.4210 |

表 5-5　　　　　　　差异性检验（投资不足组）

| | 变量 | T值 | | 变量 | T值 | | 变量 | T值 |
|---|---|---|---|---|---|---|---|---|
| 平均水平 | Mgender | 5.789*** | 异质性 | Hgender | -5.730*** | 垂直对 | Vgender | -3.946*** |
| | Mage | 7.930*** | | Hage | -12.978*** | | Vage | -6.871*** |
| | Meducation | 7.237*** | | Heducation | -2.776*** | | Veducation | -4.603*** |
| | Mtenure | -2.275** | | Htenure | 0.112 | | Vtenure | -4.184*** |
| | MEtenure | -5.477*** | | HEtenure | -0.390 | | VEtenure | -7.633*** |

注：*表示10%的显著性水平，**表示5%的显著性水平，***表示1%的显著性水平。

## 二　相关性分析

表 5-6 和表 5-7 分别是投资过度组和投资不足组的相关系数检验。从两表可以看出，管理者团队性别和年龄的平均水平、异质性与

"垂直对"与晋升激励的相关性不显著；管理者团队平均学历、平均既有任期和平均预期任期均与晋升激励呈显著正相关；管理者团队学历、既有任期和预期任期的异质性和"垂直对"均与晋升激励呈显著负相关。这些分析结论初步表明，管理者团队背景特征与晋升激励之间存在一定的相关性，与前文的理论分析基本一致。另外，由于管理者团队背景特征的部分变量相互显著相关，因此，为了降低多重共线性，回归中背景特征变量将分别进入回归模型。

表 5-6  变量间的相关系数检验（投资过度组）

| 变量 | PI（万元） | Mgender | Mage | Meducation | Mtenure | MEtenure | Hgender | Hage |
|---|---|---|---|---|---|---|---|---|
| PI（万元） | **1.000** | -0.080 | -0.063 | 0.155*** | 0.138*** | 0.010** | 0.080 | 0.150 |
| Mgender | -0.113 | **1.000** | 0.176*** | 0.055** | 0.008 | -0.139*** | -1.000*** | -0.171*** |
| Mage | -0.030 | 0.183*** | **1.000** | 0.073*** | 0.112*** | -0.838*** | -0.175*** | -0.154*** |
| Meducation | 0.093*** | 0.073*** | 0.073*** | **1.000** | -0.189*** | 0.077*** | -0.055*** | -0.147*** |
| Mtenure | 0.106*** | -0.001 | 0.124*** | -0.192*** | **1.000** | -0.481*** | -0.008 | -0.069*** |
| MEtenure | 0.015* | -0.140*** | -0.851*** | 0.082*** | -0.494*** | **1.000** | 0.139*** | 0.139*** |
| Hgender | 0.104 | -0.965*** | -0.183*** | -0.060** | -0.005 | 0.141*** | **1.000** | 0.171*** |
| Hage | 0.121 | -0.146*** | -0.159*** | -0.155*** | -0.074*** | 0.143*** | 0.153*** | **1.000** |
| Heducation | -0.019*** | 0.022 | 0.127*** | -0.132*** | -0.060** | -0.069*** | -0.003 | 0.048** |
| Htenure | -0.012*** | -0.039 | 0.127*** | 0.187*** | -0.329*** | 0.081*** | 0.048*** | 0.027 |
| HEtenure | -0.035*** | -0.035 | -0.114*** | 0.016 | -0.052** | 0.119*** | 0.035 | 0.049** |
| Vgender | 0.108 | -0.812*** | -0.140*** | -0.079*** | -0.006 | 0.110*** | 0.799*** | 0.116*** |
| Vage | 0.103 | -0.036 | -0.022 | -0.143*** | 0.138*** | -0.065*** | 0.047** | 0.414*** |
| Veducation | -0.039* | -0.014 | -0.010 | -0.154*** | 0.028 | -0.019 | 0.032 | 0.001 |
| Vtenure | -0.141*** | -0.043* | 0.137*** | -0.052*** | 0.250*** | -0.192*** | 0.044* | 0.072*** |
| VEtenure | -0.160*** | -0.051** | 0.034 | -0.146*** | 0.220*** | -0.129*** | 0.064*** | 0.340*** |

| 变量 | Heducation | Htenure | HEtenure | Vgender | Vage | Veducation | Vtenure | VEtenure |
|---|---|---|---|---|---|---|---|---|
| PI（万元） | -0.053** | -0.015*** | -0.005*** | 0.087 | 0.093* | -0.043* | -0.167*** | -0.149*** |
| Mgender | -0.004 | -0.048** | -0.082*** | -0.985*** | -0.057*** | -0.040* | -0.037 | -0.078*** |
| Mage | 0.115*** | 0.120*** | -0.416*** | -0.172*** | 0.010 | -0.017 | 0.104*** | 0.043* |
| Meducation | -0.153*** | 0.186*** | 0.046* | -0.063** | -0.104*** | -0.189*** | -0.043* | -0.110*** |
| Mtenure | -0.061*** | -0.316*** | -0.213*** | -0.007 | 0.142*** | 0.042* | 0.305*** | 0.231*** |

续表

| 变量 | Heducation | Htenure | HEtenure | Vgender | Vage | Veducation | Vtenure | VEtenure |
|---|---|---|---|---|---|---|---|---|
| MEtenure | -0.060** | 0.087*** | 0.512*** | 0.134*** | -0.088*** | -0.016 | -0.186*** | -0.141*** |
| Hgender | 0.003 | 0.048** | 0.082*** | 0.985*** | 0.057** | 0.040* | 0.037 | 0.078*** |
| Hage | 0.038 | 0.022 | 0.072*** | 0.170*** | 0.348*** | 0.015 | 0.061*** | 0.283*** |
| Heducation | 1.000 | 0.054** | -0.045* | 0.005 | -0.058** | 0.404*** | 0.045* | -0.007 |
| Htenure | 0.060** | 1.000 | 0.020 | 0.042* | -0.058** | -0.033 | 0.331*** | 0.054** |
| HEtenure | -0.033 | 0.002 | 1.000 | 0.078*** | -0.063*** | 0.013 | -0.058** | -0.081*** |
| Vgender | -0.016 | 0.021 | -0.002 | 1.000 | 0.062*** | 0.033 | 0.029 | 0.074*** |
| Vage | -0.049** | -0.076*** | -0.011 | 0.035 | 1.000 | -0.091*** | 0.162*** | 0.795*** |
| Veducation | 0.405*** | -0.036 | 0.014 | -0.015 | -0.089*** | 1.000 | 0.013 | -0.062*** |
| Vtenure | 0.061** | 0.333*** | -0.006 | 0.004 | 0.180*** | 0.020 | 1.000 | 0.475*** |
| VEtenure | -0.008 | 0.062*** | -0.011 | 0.024 | 0.838*** | -0.063*** | 0.579*** | 1.000 |

注：（1）表的右上方是 Spearman 相关系数，左下方是 Pearson 相关系数。
（2）*表示10%的显著性水平，**表示5%的显著性水平，***表示1%的显著性水平。

表5-7 　　　　变量间的相关系数检验（投资不足组）

| 变量 | PI（万元） | Mgender | Mage | Meducation | Mtenure | MEtenure | Hgender | Hage |
|---|---|---|---|---|---|---|---|---|
| PI（万元） | 1.000 | -0.129 | 0.054* | 0.061** | 0.122*** | 0.089*** | 0.128 | 0.058 |
| Mgender | -0.101 | 1.000 | 0.180*** | 0.131*** | -0.036 | -0.136*** | -1.000*** | -0.166*** |
| Mage | 0.027 | 0.176*** | 1.000 | 0.099*** | 0.149*** | -0.855*** | -0.180*** | -0.103*** |
| Meducation | 0.046* | 0.129*** | 0.105*** | 1.000 | -0.195*** | 0.030 | -0.130*** | -0.227*** |
| Mtenure | 0.085*** | -0.023 | 0.158*** | -0.185*** | 1.000 | -0.495*** | 0.035 | -0.023 |
| MEtenure | 0.061** | -0.138*** | -0.869*** | 0.016 | -0.512*** | 1.000 | 0.135*** | 0.085*** |
| Hgender | 0.093 | -0.967*** | -0.182*** | -0.116*** | 0.018 | 0.140*** | 1.000 | 0.166*** |
| Hage | 0.078 | -0.141*** | -0.094*** | -0.233*** | -0.011 | 0.081*** | 0.153*** | 1.000 |
| Heducation | -0.018** | 0.009 | 0.095*** | -0.073*** | -0.076*** | -0.035 | 0.003 | 0.100*** |
| Htenure | -0.005** | -0.043* | 0.109*** | 0.151*** | -0.334*** | 0.083*** | 0.054** | 0.000 |
| HEtenure | -0.003*** | -0.011 | -0.125*** | 0.019 | -0.063** | 0.136*** | 0.003 | 0.044* |
| Vgender | 0.078 | -0.856*** | -0.157*** | -0.108*** | 0.027 | 0.121*** | 0.833*** | 0.129*** |
| Vage | 0.071 | -0.103*** | 0.035 | -0.190*** | 0.138*** | -0.106*** | 0.101*** | 0.497*** |
| Veducation | -0.028* | 0.039 | 0.004 | -0.117*** | 0.072*** | -0.041 | -0.029 | 0.016 |
| Vtenure | -0.148*** | -0.097*** | 0.141*** | -0.060** | 0.255*** | -0.207*** | 0.099*** | 0.144*** |
| VEtenure | -0.136*** | -0.114*** | 0.092*** | -0.170*** | 0.220*** | -0.180*** | 0.110*** | 0.443*** |

续表

| 变量 | Heducation | Htenure | HEtenure | Vgender | Vage | Veducation | Vtenure | VEtenure |
|---|---|---|---|---|---|---|---|---|
| PI（万元） | -0.041*** | -0.002*** | -0.056*** | 0.125* | 0.030 | -0.004*** | -0.109*** | -0.078*** |
| Mgender | 0.007 | -0.050** | -0.016 | -0.989*** | -0.099*** | 0.030 | -0.084*** | -0.109*** |
| Mage | 0.092*** | 0.109*** | -0.397*** | -0.181*** | 0.059** | 0.000 | 0.124*** | 0.087*** |
| Meducation | -0.067*** | 0.152*** | 0.046* | -0.126*** | -0.148*** | -0.118*** | -0.061** | -0.138*** |
| Mtenure | -0.081*** | -0.328*** | -0.243*** | 0.042* | 0.101*** | 0.069*** | 0.308*** | 0.195*** |
| MEtenure | -0.027 | 0.080*** | 0.494*** | 0.133*** | -0.106*** | -0.029 | -0.212*** | -0.170*** |
| Hgender | -0.007 | 0.050** | 0.016 | 0.989*** | 0.099*** | -0.031 | 0.083*** | 0.108*** |
| Hage | 0.094*** | 0.022 | 0.011 | 0.166*** | 0.425*** | 0.005 | 0.134*** | 0.402*** |
| Heducation | **1.000** | 0.015 | -0.006 | -0.003 | 0.020 | 0.393*** | -0.023 | 0.003 |
| Htenure | 0.000 | **1.000** | 0.005 | 0.044* | -0.045* | -0.090*** | 0.335*** | 0.055** |
| HEtenure | 0.024 | 0.010 | **1.000** | 0.012 | -0.042* | -0.002 | -0.113*** | -0.080*** |
| Vgender | 0.007 | 0.034 | 0.007 | **1.000** | 0.100*** | -0.032 | 0.081*** | 0.106*** |
| Vage | 0.032 | -0.062** | 0.028 | 0.103*** | **1.000** | -0.022 | 0.183*** | 0.820*** |
| Veducation | 0.402*** | -0.096*** | 0.023 | -0.045* | 0.005 | **1.000** | -0.030 | -0.032 |
| Vtenure | -0.014 | 0.331*** | -0.018 | 0.085*** | 0.235*** | -0.027 | **1.000** | 0.487*** |
| VEtenure | 0.012 | 0.062** | 0.011 | 0.106*** | 0.858*** | -0.016 | 0.614*** | **1.000** |

注：(1) 表的右上方是 Spearman 相关系数，左下方是 Pearson 相关系数。

(2) *表示10%的显著性水平，**表示5%的显著性水平，***表示1%的显著性水平。

## 三 回归分析

（一）管理者团队背景特征平均水平与晋升激励

表5-8是投资过度组的回归分析。其中，Panel A 是全样本公司的回归分析；Panel B 是国有公司样本的回归分析；Panel C 是非国有公司样本的回归分析。

（1）管理者团队性别平均水平与晋升激励呈不显著负相关，这说明不同性别的管理者对晋升激励的敏感性无显著差异，这与假设5-1不一致。其原因可能是现代女性管理者的思想观念及行为方式逐渐趋向男性特征，从而缩小了不同性别管理者间的差异。例如，有研究发现，中国女性管理者与男性管理者对事业的追求程度是相同的（北京大学光华管理学院女性领导力研究课题组，2006）。因此，她们对晋升也有着较高的追求和敏感性。

表 5-8　管理者背景特征平均水平与晋升激励（投资过度组）

Panel A：全样本

| 变量 | (1) ln(PI) | (2) ln(PI) | (3) ln(PI) | (4) ln(PI) | (5) ln(PI) | (6) ln(PI) | (7) ln(PI) |
|---|---|---|---|---|---|---|---|
| Mgender | -0.0294 (-0.11) | | | | | | |
| Mage | | 0.0016 (0.18) | 0.0604** (2.40) | | | | |
| Mage$^2$ | | | -0.0006*** (-3.41) | | | | |
| Meducation | | | | 0.0588*** (3.65) | | | |
| Mtenure | | | | 0.0127* (1.78) | -0.2235 (-1.02) | | |
| Mtenure$^2$ | | | | | | 0.0262 (1.27) | |
| MEtenure | | | | | | | 0.0008** (2.10) |
| Gshare | -0.0017 (-0.19) | -0.0015 (-0.17) | -0.0020 (-0.22) | -0.0018 (-0.20) | -0.0020 (-0.22) | -0.0002 (-0.02) | -0.0017 (-0.18) |
| Cent | -0.4947 (-1.41) | -0.4955 (-1.41) | -0.4993 (-1.42) | -0.4787 (-1.36) | -0.4774 (-1.36) | -0.5198 (-1.48) | -0.4952 (-1.41) |
| Ddsize | 0.8888* (1.67) | 0.8879* (1.67) | 0.8773* (1.65) | 0.8949* (1.68) | 0.8765* (1.65) | 0.8822* (1.67) | 0.8887* (1.67) |
| ROE | 1.0143*** (4.36) | 1.0194*** (4.34) | 1.0204*** (4.34) | 0.9962*** (4.26) | 1.0031*** (4.31) | 1.0436*** (4.50) | 1.0138*** (4.36) |
| Debt | 0.0921 (0.42) | 0.0924 (0.42) | 0.0870 (0.39) | 0.0905 (0.41) | 0.0904 (0.41) | 0.0774 (0.35) | 0.0914 (0.41) |
| Growth | -0.0083 (-1.20) | -0.0084 (-1.21) | -0.0084 (-1.21) | -0.0087 (-1.25) | -0.0085 (-1.23) | -0.0072 (-1.05) | -0.0084 (-1.21) |
| ln(Size) | 0.4726*** (10.50) | 0.4693*** (9.61) | 0.4694*** (9.61) | 0.4853*** (9.95) | 0.4714*** (10.49) | 0.4488*** (9.92) | 0.4728*** (10.53) |

续表

Panel A：全样本

| 变量 | (1) ln(PI) | (2) ln(PI) | (3) ln(PI) | (4) ln(PI) | (5) ln(PI) | (6) ln(PI) | (7) ln(PI) |
|---|---|---|---|---|---|---|---|
| Property | 0.0597 (0.45) | 0.0627 (0.47) | 0.0633 (0.47) | 0.0570 (0.43) | 0.0647 (0.49) | 0.0485 (0.37) | 0.0608 (0.46) |
| Constant | 0.7487 (0.62) | 2.0840* (1.76) | 3.5704 (0.94) | 0.6213 (0.53) | 0.6763 (0.58) | 1.7637 (1.46) | 2.0858* (1.76) |
| Industry | 是 | 是 | 是 | 是 | 是 | 是 | 是 |
| Year | 是 | 是 | 是 | 是 | 是 | 是 | 是 |
| $R^2$ | 0.145 | 0.145 | 0.145 | 0.145 | 0.145 | 0.154 | 0.145 |
| F 值 | 9.390 | 9.392 | 8.899 | 9.417 | 9.429 | 9.584 | 9.390 |
| 样本量 | 1781 | 1781 | 1781 | 1781 | 1781 | 1781 | 1781 |

Panel B：国有公司样本

| 变量 | (1) ln(PI) | (2) ln(PI) | (3) ln(PI) | (4) ln(PI) | (5) ln(PI) | (6) ln(PI) | (7) ln(PI) |
|---|---|---|---|---|---|---|---|
| Mgender | 0.0534 (0.15) | | | | | | |
| Mage | | 0.0112 (0.92) | 0.2968*** (3.31) | | | | |
| $Mage^2$ | | | −0.0028*** (−4.36)*** | | | | |
| Meducation | | | | 0.0186** (2.16) | | | |
| Mtenure | | | | | 0.0063** (2.31) | −0.2389 (−1.51) | |
| $Mtenure^2$ | | | | | | 0.0277 (0.64) | |
| MEtenure | | | | | | | 0.0007** (2.06) |
| Gshare | 0.0235 (0.66) | 0.0233 (0.65) | 0.0225 (0.63) | 0.0236 (0.66) | 0.0240 (0.67) | 0.0256 (0.72) | 0.0236 (0.66) |

续表

Panel B：国有公司样本

| 变量 | (1) ln(PI) | (2) ln(PI) | (3) ln(PI) | (4) ln(PI) | (5) ln(PI) | (6) ln(PI) | (7) ln(PI) |
|---|---|---|---|---|---|---|---|
| Cent | -0.7656 (-1.49) | -0.7837 (-1.53) | -0.7936 (-1.55) | -0.7689 (-1.50) | -0.7584 (-1.47) | -0.7969 (-1.56) | -0.7704 (-1.50) |
| Ddsize | 0.5065 (0.81) | 0.4818 (0.77) | 0.4587 (0.73) | 0.4996 (0.80) | 0.4964 (0.79) | 0.4893 (0.79) | 0.5003 (0.80) |
| ROE | 1.2334*** (4.36) | 1.2732*** (4.46) | 1.2882*** (4.51) | 1.2406*** (4.37) | 1.2303*** (4.34) | 1.2820*** (4.54) | 1.2362*** (4.37) |
| Debt | 0.2774 (0.94) | 0.2555 (0.86) | 0.2606 (0.88) | 0.2792 (0.95) | 0.2750 (0.93) | 0.2767 (0.94) | 0.2775 (0.93) |
| Growth | -0.0381*** (-3.44) | -0.0388*** (-3.50) | -0.0377*** (-3.40) | -0.0379*** (-3.42) | -0.0382*** (-3.45) | -0.0360*** (-3.26) | -0.0381*** (-3.42) |
| ln(Size) | 0.4427*** (7.49) | 0.4175*** (6.44) | 0.4151*** (6.41) | 0.4374*** (6.64) | 0.4420*** (7.49) | 0.4133*** (6.92) | 0.4423*** (7.49) |
| Constant | 1.6606 (1.17) | 1.7652 (1.29) | 9.1296 (1.60) | 1.7567 (1.27) | 1.5303 (1.07) | 2.8599** (2.00) | 1.5583 (1.10) |
| Industry | 是 | 是 | 是 | 是 | 是 | 是 | 是 |
| Year | 是 | 是 | 是 | 是 | 是 | 是 | 是 |
| $R^2$ | 0.130 | 0.131 | 0.133 | 0.130 | 0.130 | 0.139 | 0.130 |
| F值 | 6.362 | 6.425 | 6.147 | 6.362 | 6.367 | 6.462 | 6.361 |
| 样本量 | 1179 | 1179 | 1179 | 1179 | 1179 | 1179 | 1179 |

Panel C：非国有公司样本

| 变量 | (1) ln(PI) | (2) ln(PI) | (3) ln(PI) | (4) ln(PI) | (5) ln(PI) | (6) ln(PI) | (7) ln(PI) |
|---|---|---|---|---|---|---|---|
| Mgender | -0.1558 (-0.37) | | | | | | |
| Mage | | -0.0016 (-0.12) | 0.2444 (1.12) | | | | |
| $Mage^2$ | | | -0.0026 (-1.13) | | | | |

续表

Panel C：非国有公司样本

| 变量 | (1) ln(PI) | (2) ln(PI) | (3) ln(PI) | (4) ln(PI) | (5) ln(PI) | (6) ln(PI) | (7) ln(PI) |
|---|---|---|---|---|---|---|---|
| Meducation | | | | 0.1381 | | | |
| | | | | (0.91) | | | |
| Mtenure | | | | | 0.0218*** | -0.1923 | |
| | | | | | (2.82) | (-1.56) | |
| Mtenure$^2$ | | | | | | 0.0228 | |
| | | | | | | (0.78) | |
| MEtenure | | | | | | | -0.0064 |
| | | | | | | | (-0.50) |
| Gshare | -0.0016 | -0.0016 | -0.0001 | -0.0017 | -0.0021 | -0.0002 | -0.0011 |
| | (-0.17) | (-0.17) | (-0.01) | (-0.19) | (-0.23) | (-0.02) | (-0.12) |
| Cent | 0.0392 | 0.0336 | 0.0387 | 0.0986 | 0.0632 | 0.0221 | 0.0416 |
| | (0.08) | (0.07) | (0.08) | (0.20) | (0.13) | (0.04) | (0.08) |
| Ddsize | 2.4517** | 2.4414** | 2.5005** | 2.3937** | 2.3782** | 2.4741** | 2.4168** |
| | (2.26) | (2.25) | (2.30) | (2.21) | (2.19) | (2.28) | (2.23) |
| ROE | 0.2740 | 0.2602 | 0.2874 | 0.2303 | 0.2507 | 0.2861 | 0.2740 |
| | (0.65) | (0.61) | (0.67) | (0.54) | (0.59) | (0.68) | (0.65) |
| Debt | -0.0612 | -0.0685 | -0.0193 | -0.0713 | -0.0295 | -0.1010 | -0.0308 |
| | (-0.18) | (-0.19) | (-0.05) | (-0.20) | (-0.08) | (-0.29) | (-0.09) |
| Growth | 0.0120 | 0.0118 | 0.0125 | 0.0114 | 0.0119 | 0.0121 | 0.0118 |
| | (1.30) | (1.28) | (1.35) | (1.23) | (1.30) | (1.32) | (1.28) |
| ln(Size) | 0.4890*** | 0.4949*** | 0.4850*** | 0.5133*** | 0.4806*** | 0.4793*** | 0.4863*** |
| | (6.37) | (5.91) | (5.76) | (6.38) | (6.19) | (6.20) | (6.30) |
| Constant | 0.7688 | 1.8953 | -3.7713 | 0.5589 | 0.7361 | 1.2079 | 2.0189 |
| | (0.41) | (1.07) | (-0.71) | (0.31) | (0.40) | (0.66) | (1.14) |
| Industry | 是 | 是 | 是 | 是 | 是 | 是 | 是 |
| Year | 是 | 是 | 是 | 是 | 是 | 是 | 是 |
| $R^2$ | 0.171 | 0.171 | 0.174 | 0.173 | 0.173 | 0.181 | 0.172 |
| F值 | 5.235 | 5.224 | 4.945 | 5.299 | 5.284 | 5.166 | 5.246 |
| 样本量 | 602 | 602 | 602 | 602 | 602 | 602 | 602 |

注：(1) *表示10%的显著性水平，**表示5%的显著性水平，***表示1%的显著性水平。

(2) 括号内是t值。

(2) 管理者团队年龄平均水平与晋升激励呈倒"U"形关系,这说明随着年龄的增长,管理者对晋升激励的敏感性先增后减。这与假设 5-2 相一致。在统计分析中发现,这种倒"U"形关系的年龄拐点可能出现在 50—53 岁。

(3) 管理者团队学历平均水平与晋升激励呈显著正相关,这说明学历越高的管理者团队对晋升激励的敏感性越大,这与假设 5-3 相一致。据此,我们有理由相信,管理者学历越高,其学习和认知能力越强,对激励的感知和反应会更加敏感和理性。

(4) 管理者团队既有任期平均水平与晋升激励的一次项呈显著正相关,而与二次项的系数不显著,这说明随着既有任期的增加,管理者对晋升激励的敏感性会增强。这与 Allen (1981)、Eisenhardt 和 Schoonhoven (1990) 所得出的管理者既有任期的增加不仅可以提升管理者的经营阅历和协作水平,而且能增强管理者对晋升的敏感性的研究结论相一致,但与假设 5-4 不一致,即管理者团队既有任期平均水平与晋升激励并不呈倒"U"形关系。这可能与我国上市公司管理者既有任期普遍较短有关。

(5) 管理者团队预期任期平均水平与晋升激励呈显著正相关,这说明预期任期越短,管理者对晋升激励的敏感性越小。这符合现实情况,即管理者在临退休时,通常会因为晋升的希望渺小、晋升成本过高而对晋升激励毫无兴趣。

从国有公司与非国有公司的比较看:

(1) 在国有公司和非国有公司中,管理者团队性别平均水平与晋升激励的相关性均不显著。这说明在考虑了产权性质之后,不同性别的管理者对晋升激励的敏感性也均无显著差异,这与假设 5-16 不一致。其可能的原因应该仍是前文所提到的男女性管理者差异在逐渐缩小。

(2) 在国有公司中,管理者团队年龄平均水平与晋升激励呈显著倒"U"形关系,这说明在国有公司中随着年龄的增长,管理者对晋升激励的敏感性先增后减。但在非国有公司中这种倒"U"形关系却不显著,这与假设 5-16 相一致。这可能是因为,与非国有公司相比,国有公司往往对管理者的晋升和退休都有严格的年龄门槛,进而就会使管理者对晋升激励的敏感性随年龄增长而改变的现象更明显。

（3）管理者团队学历平均水平与晋升激励的正相关性仅在国有公司显著。这说明学历越高的管理者对晋升激励的敏感性在国有公司比非国有公司高，这与假设 5-16 相一致。这可能是因为，与非国有公司相比，由于国有公司管理者的薪酬要受到政府的严格管制，因此，国有公司管理者会更有欲望通过晋升来获得更多利益。

（4）管理者团队既有任期平均水平与晋升激励的正相关性在非国有公司比国有公司更显著。这说明不同任期的管理者对晋升激励的敏感性在非国有公司更显著，这与假设 5-16 不一致。这可能是因为，与非国有公司相比，国有公司管理者更换频繁，既有任期较短，致使既有任期的影响难以凸显。

（5）管理者团队预期任期平均水平与晋升激励的正相关性在国有公司显著，而在非国有公司不显著，这说明不同预期任期的管理者对晋升激励的敏感性在国有公司里更显著，这与假设 5-16 相一致。这可能与非国有公司的退休制度更加灵活有关。

表 5-9 是投资不足组的回归分析。其回归结果与投资过度组的基本一致，因此，这里不再赘述。

表 5-9  管理者背景特征平均水平与晋升激励（投资不足组）

Panel A：全样本

| 变量 | (1) ln(PI) | (2) ln(PI) | (3) ln(PI) | (4) ln(PI) | (5) ln(PI) | (6) ln(PI) | (7) ln(PI) |
| --- | --- | --- | --- | --- | --- | --- | --- |
| Mgender | -0.2059 (-0.74) | | | | | | |
| Mage | | 0.0120 (1.36) | 0.2816* (1.84) | | | | |
| $Mage^2$ | | | -0.0028* (-1.93) | | | | |
| Meducation | | | | 0.0866*** (3.87) | | | |

续表

Panel A：全样本

| 变量 | (1) ln(PI) | (2) ln(PI) | (3) ln(PI) | (4) ln(PI) | (5) ln(PI) | (6) ln(PI) | (7) ln(PI) |
|---|---|---|---|---|---|---|---|
| Mtenure | | | | | 0.0381** (2.19) | −0.0473 (−0.60) | |
| $Mtenure^2$ | | | | | | 0.0094 (1.11) | |
| MEtenure | | | | | | | 0.0059*** (3.66) |
| Gshare | 0.0111 (0.71) | 0.0105 (0.67) | 0.0110 (0.71) | 0.0106 (0.68) | 0.0120 (0.77) | 0.0123 (0.79) | 0.0108 (0.69) |
| Cent | −0.3558 (−0.71) | −0.2506 (−0.50) | −0.2691 (−0.54) | −0.3015 (−0.60) | −0.2314 (−0.46) | −0.2461 (−0.49) | −0.3037 (−0.61) |
| Ddsize | 1.6119*** (2.59) | 1.6536*** (2.66) | 1.5771** (2.53) | 1.6138*** (2.60) | 1.5863** (2.56) | 1.6264*** (2.62) | 1.6135*** (2.59) |
| ROE | 1.3480*** (5.47) | 1.4312*** (5.67) | 1.4262*** (5.66) | 1.3699*** (5.55) | 1.3639*** (5.55) | 1.3753*** (5.59) | 1.3770*** (5.54) |
| Debt | −1.1466*** (−4.16) | −1.1186*** (−4.05) | −1.1013*** (−3.99) | −1.1312*** (−4.09) | −1.1366*** (−4.14) | −1.1327*** (−4.12) | −1.1530*** (−4.19) |
| Growth | 0.0057 (0.34) | 0.0068 (0.40) | 0.0051 (0.30) | 0.0056 (0.33) | 0.0070 (0.41) | 0.0068 (0.40) | 0.0066 (0.39) |
| ln(Size) | 0.4985*** (7.27) | 0.4632*** (6.32) | 0.4616*** (6.31) | 0.4769*** (6.55) | 0.4905*** (7.16) | 0.4858*** (7.08) | 0.4966*** (7.23) |
| Property | −0.0242 (−0.18) | −0.0178 (−0.14) | −0.0179 (−0.14) | −0.0254 (−0.19) | −0.0285 (−0.22) | −0.0287 (−0.22) | −0.0264 (−0.20) |
| Constant | 0.6087 (0.37) | 0.5438 (0.34) | 7.3195* (1.89) | 1.7149 (1.09) | 0.3149 (0.19) | 1.8212 (1.15) | 1.5934 (1.02) |
| Industry | 是 | 是 | 是 | 是 | 是 | 是 | 是 |
| Year | 是 | 是 | 是 | 是 | 是 | 是 | 是 |
| $R^2$ | 0.126 | 0.127 | 0.131 | 0.126 | 0.131 | 0.132 | 0.126 |
| F值 | 7.824 | 7.923 | 7.686 | 7.841 | 8.150 | 7.720 | 7.816 |
| 样本量 | 1561 | 1561 | 1561 | 1561 | 1561 | 1561 | 1561 |

续表

Panel B：国有公司样本

| 变量 | (1) ln(PI) | (2) ln(PI) | (3) ln(PI) | (4) ln(PI) | (5) ln(PI) | (6) ln(PI) | (7) ln(PI) |
| --- | --- | --- | --- | --- | --- | --- | --- |
| Mgender | -0.3476 (-0.92) | | | | | | |
| Mage | | 0.0067 (0.54) | 0.3442* (1.70) | | | | |
| Mage$^2$ | | | -0.0033* (-1.74) | | | | |
| Meducation | | | | 0.0902*** (3.66) | | | |
| Mtenure | | | | | 0.0359** (2.02) | -0.1332 (-1.30) | |
| Mtenure$^2$ | | | | | | 0.0202 (0.79) | |
| MEtenure | | | | | | | 0.0025** (2.20) |
| Gshare | -0.0227 (-0.25) | -0.0287 (-0.32) | -0.0254 (-0.28) | -0.0252 (-0.28) | -0.0399 (-0.45) | -0.0350 (-0.39) | -0.0293 (-0.32) |
| Cent | -0.6304 (-0.88) | -0.5606 (-0.78) | -0.5091 (-0.71) | -0.5669 (-0.79) | -0.4788 (-0.67) | -0.4883 (-0.68) | -0.5792 (-0.81) |
| Ddsize | -0.9136 (-1.02) | -0.9357 (-1.04) | -0.9523 (-1.06) | -0.9696 (-1.08) | -1.1286 (-1.26) | -1.0409 (-1.17) | -0.9815 (-1.10) |
| ROE | 1.8469*** (5.45) | 1.8785*** (5.42) | 1.8733*** (5.42) | 1.8459*** (5.45) | 1.8299*** (5.42) | 1.8451*** (5.47) | 1.8454*** (5.43) |
| Debt | -1.3474*** (-3.35) | -1.3571*** (-3.37) | -1.3252*** (-3.30) | -1.3691*** (-3.41) | -1.3956*** (-3.48) | -1.4272*** (-3.57) | -1.3717*** (-3.41) |
| Growth | 0.0041 (0.17) | 0.0034 (0.15) | 0.0033 (0.14) | 0.0029 (0.13) | 0.0046 (0.20) | 0.0039 (0.17) | 0.0038 (0.16) |
| ln(Size) | 0.5539*** (6.21) | 0.5261*** (5.35) | 0.5345*** (5.44) | 0.5255*** (5.49) | 0.5412*** (6.09) | 0.5419*** (6.11) | 0.5473*** (6.13) |

续表

Panel B：国有公司样本

| 变量 | (1) ln(PI) | (2) ln(PI) | (3) ln(PI) | (4) ln(PI) | (5) ln(PI) | (6) ln(PI) | (7) ln(PI) |
|---|---|---|---|---|---|---|---|
| Constant | 1.1824 (0.58) | 1.1570 (0.56) | 8.7256* (1.65) | 0.3662 (0.17) | 0.0875 (0.04) | 1.3685 (0.67) | 0.1847 (0.09) |
| Industry | 是 | 是 | 是 | 是 | 是 | 是 | 是 |
| Year | 是 | 是 | 是 | 是 | 是 | 是 | 是 |
| $R^2$ | 0.137 | 0.136 | 0.141 | 0.136 | 0.142 | 0.148 | 0.136 |
| F值 | 6.377 | 6.328 | 6.114 | 6.341 | 6.665 | 6.445 | 6.306 |
| 样本量 | 1030 | 1030 | 1030 | 1030 | 1030 | 1030 | 1030 |

Panel C：非国有公司样本

| 变量 | (1) ln(PI) | (2) ln(PI) | (3) ln(PI) | (4) ln(PI) | (5) ln(PI) | (6) ln(PI) | (7) ln(PI) |
|---|---|---|---|---|---|---|---|
| Mgender | 0.0995 (0.26) | | | | | | |
| Mage | | 0.0019 (0.16) | -0.1167 (-0.62) | | | | |
| $Mage^2$ | | | 0.0012 (0.63) | | | | |
| Meducation | | | | 0.0164 (0.12) | | | |
| Mtenure | | | | | 0.0491*** (3.52) | 0.1202 (1.04) | |
| $Mtenure^2$ | | | | | | -0.0086 (-0.72) | |
| MEtenure | | | | | | | 0.0015 (0.12) |
| Gshare | 0.0154 (1.13) | 0.0154 (1.13) | 0.0156 (1.14) | 0.0154 (1.13) | 0.0169 (1.24) | 0.0167 (1.23) | 0.0155 (1.14) |
| Cent | -0.0583 (-0.09) | -0.0583 (-0.09) | -0.0986 (-0.15) | -0.0701 (-0.11) | 0.0534 (0.08) | 0.0647 (0.10) | -0.0796 (-0.12) |

续表

Panel C：非国有公司样本

| 变量 | (1) ln(PI) | (2) ln(PI) | (3) ln(PI) | (4) ln(PI) | (5) ln(PI) | (6) ln(PI) | (7) ln(PI) |
|---|---|---|---|---|---|---|---|
| Ddsize | 2.8965*** | 2.9042*** | 2.8641*** | 2.9059*** | 2.9347*** | 2.8952*** | 2.8964*** |
|  | (3.05) | (3.06) | (3.01) | (3.06) | (3.10) | (3.05) | (3.05) |
| ROE | 0.4120 | 0.4152 | 0.4128 | 0.4071 | 0.4331 | 0.4213 | 0.3937 |
|  | (1.22) | (1.20) | (1.19) | (1.20) | (1.29) | (1.25) | (1.15) |
| Debt | −0.4151 | −0.4050 | −0.3980 | −0.4041 | −0.3652 | −0.3778 | −0.4114 |
|  | (−1.17) | (−1.14) | (−1.12) | (−1.13) | (−1.03) | (−1.07) | (−1.16) |
| Growth | 0.0050 | 0.0053 | 0.0042 | 0.0049 | 0.0058 | 0.0055 | 0.0046 |
|  | (0.22) | (0.23) | (0.18) | (0.22) | (0.26) | (0.24) | (0.20) |
| ln(Size) | 0.3936*** | 0.3868*** | 0.3863*** | 0.3877*** | 0.3816*** | 0.3928*** | 0.3915*** |
|  | (3.79) | (3.61) | (3.60) | (3.59) | (3.70) | (3.76) | (3.79) |
| Constant | 2.8574 | 3.1326 | 6.0075 | 3.0137 | 2.9369 | 2.5217 | 3.1318 |
|  | (1.28) | (1.42) | (1.18) | (1.38) | (1.35) | (1.12) | (1.42) |
| Industry | 是 | 是 | 是 | 是 | 是 | 是 | 是 |
| Year | 是 | 是 | 是 | 是 | 是 | 是 | 是 |
| $R^2$ | 0.142 | 0.142 | 0.143 | 0.142 | 0.149 | 0.151 | 0.142 |
| F 值 | 4.430 | 4.425 | 4.050 | 4.424 | 4.692 | 4.305 | 4.424 |
| 样本量 | 531 | 531 | 531 | 531 | 531 | 531 | 531 |

注：(1) *表示10%的显著性水平，**表示5%的显著性水平，***表示1%的显著性水平。

(2) 括号内是 t 值。

(二) 管理者团队背景特征异质性与晋升激励

表 5-10 是投资过度组的回归分析。其中，Panel A 是全样本公司的回归分析；Panel B 是国有公司样本的回归分析；Panel C 是非国有公司样本的回归分析。从全样本看：①管理者团队性别异质性与晋升激励的相关性不显著，这说明性别异质性并不会对管理者团队的晋升激励敏感性产生影响，这与假设 5-6 不一致。这可能仍与前文提到的现代女性管理者的思想观念及行为方式逐渐趋向男性特征的现象有关。②管

表 5-10　管理者背景特征异质性与晋升激励（投资过度组）

Panel A：全样本

| 变量 | (1) ln(PI) | (2) ln(PI) | (3) ln(PI) | (4) ln(PI) | (5) ln(PI) |
| --- | --- | --- | --- | --- | --- |
| Hgender | 0.0003 | | | | |
| | (0.00) | | | | |
| Hage | | | -1.8119 | | |
| | | | (-0.78) | | |
| Heducation | | | | -0.0734*** | |
| | | | | (-3.32) | |
| Htenure | | | | | -0.0684*** |
| | | | | | (-2.74) |
| HEtenure | -0.0001** | | | | |
| | (-2.14) | | | | |
| Gshare | -0.0017 | -0.0017 | -0.0005 | -0.0017 | -0.0018 |
| | (-0.18) | (-0.19) | (-0.05) | (-0.19) | (-0.20) |
| Cent | -0.4956 | -0.4946 | -0.5561 | -0.4953 | -0.5010 |
| | (-1.41) | (-1.41) | (-1.59) | (-1.41) | (-1.43) |
| Ddsize | 0.8872* | 0.8902* | 0.8180 | 0.8911* | 0.8788* |
| | (1.67) | (1.67) | (1.54) | (1.68) | (1.65) |
| ROE | 1.0130*** | 0.9650*** | 1.0146*** | 0.9933*** | 1.0127*** |
| | (4.36) | (4.35) | (4.16) | (4.37) | (4.25) |
| Debt | 0.0922 | 0.0916 | 0.0592 | 0.0909 | 0.0856 |
| | (0.42) | (0.41) | (0.27) | (0.41) | (0.39) |
| Growth | -0.0084 | -0.0084 | -0.0083 | -0.0085 | -0.0085 |
| | (-1.21) | (-1.20) | (-1.20) | (-1.22) | (-1.23) |
| ln(Size) | 0.4726*** | 0.4729*** | 0.4703*** | 0.4724*** | 0.4824*** |
| | (10.52) | (10.50) | (10.51) | (10.51) | (10.32) |
| Property | 0.0595 | 0.0595 | 0.0758 | 0.0613 | 0.0574 |
| | (0.45) | (0.45) | (0.57) | (0.46) | (0.43) |
| Constant | 2.0833* | 0.7167 | 1.0838 | 0.6867 | 1.8750 |
| | (1.76) | (0.61) | (0.93) | (0.59) | (1.54) |

续表

Panel A：全样本

| 变量 | (1) ln (PI) | (2) ln (PI) | (3) ln (PI) | (4) ln (PI) | (5) ln (PI) |
|---|---|---|---|---|---|
| Industry | 是 | 是 | 是 | 是 | 是 |
| Year | 是 | 是 | 是 | 是 | 是 |
| $R^2$ | 0.145 | 0.151 | 0.145 | 0.145 | 0.145 |
| F 值 | 9.389 | 9.891 | 9.396 | 9.425 | 9.391 |
| 样本量 | 1781 | 1781 | 1781 | 1781 | 1781 |

Panel B：国有公司样本

| 变量 | (1) ln (PI) | (2) ln (PI) | (3) ln (PI) | (4) ln (PI) | (5) ln (PI) |
|---|---|---|---|---|---|
| Hgender | -0.1035 (-0.39) | | | | |
| Hage | | -1.4566 (-0.70) | | | |
| Heducation | | | -0.6840* (-1.71) | | |
| Htenure | | | | -0.0501*** (-4.43) | |
| HEtenure | | | | | -0.0002*** (-3.17) |
| Gshare | 0.0236 (0.66) | 0.0267 (0.75) | 0.0208 (0.58) | 0.0231 (0.64) | 0.0233 (0.65) |
| Cent | -0.7620 (-1.48) | -0.8161 (-1.59) | -0.8368 (-1.63) | -0.7646 (-1.49) | -0.7688 (-1.50) |
| Ddsize | 0.5129 (0.82) | 0.4343 (0.69) | 0.5005 (0.80) | 0.5126 (0.82) | 0.5054 (0.81) |
| ROE | 1.2291*** (4.34) | 1.1643*** (4.08) | 1.2493*** (4.43) | 1.2509*** (4.39) | 1.2357*** (4.37) |
| Debt | 0.2729 (0.92) | 0.2548 (0.86) | 0.2862 (0.97) | 0.2847 (0.97) | 0.2772 (0.94) |

续表

Panel B：国有公司样本

| 变量 | (1) ln(PI) | (2) ln(PI) | (3) ln(PI) | (4) ln(PI) | (5) ln(PI) |
|---|---|---|---|---|---|
| Growth | -0.0383*** | -0.0380*** | -0.0397*** | -0.0379*** | -0.0379*** |
|  | (-3.45) | (-3.44) | (-3.58) | (-3.42) | (-3.43) |
| ln(Size) | 0.4437*** | 0.4352*** | 0.4421*** | 0.4346*** | 0.4425*** |
|  | (7.50) | (7.38) | (7.51) | (7.07) | (7.50) |
| Constant | 1.5425 | 2.0779 | 1.5109 | 1.7048 | 1.5494 |
|  | (1.08) | (1.51) | (1.11) | (1.17) | (1.09) |
| Industry | 是 | 是 | 是 | 是 | 是 |
| Year | 是 | 是 | 是 | 是 | 是 |
| $R^2$ | 0.130 | 0.134 | 0.134 | 0.130 | 0.130 |
| F值 | 6.372 | 6.582 | 6.585 | 6.375 | 6.362 |
| 样本量 | 1179 | 1179 | 1179 | 1179 | 1179 |

Panel C：非国有公司样本

| 变量 | (1) ln(PI) | (2) ln(PI) | (3) ln(PI) | (4) ln(PI) | (5) ln(PI) |
|---|---|---|---|---|---|
| Hgender | 0.1634 |  |  |  |  |
|  | (0.48) |  |  |  |  |
| Hage |  | -2.8239 |  |  |  |
|  |  | (-0.71) |  |  |  |
| Heducation |  |  | -0.4445 |  |  |
|  |  |  | (-1.62) |  |  |
| Htenure |  |  |  | -0.0267** |  |
|  |  |  |  | (-2.02) |  |
| HEtenure |  |  |  |  | -0.0021 |
|  |  |  |  |  | (-1.36) |
| Gshare | -0.0016 | -0.0002 | -0.0016 | -0.0024 | -0.0010 |
|  | (-0.17) | (-0.02) | (-0.17) | (-0.27) | (-0.11) |
| Cent | 0.0386 | -0.0800 | -0.0032 | -0.0181 | 0.0041 |
|  | (0.08) | (-0.16) | (-0.01) | (-0.04) | (0.01) |

续表

Panel C：非国有公司样本

| 变量 | (1)<br>ln(PI) | (2)<br>ln(PI) | (3)<br>ln(PI) | (4)<br>ln(PI) | (5)<br>ln(PI) |
| --- | --- | --- | --- | --- | --- |
| Ddsize | 2.4515**<br>(2.26) | 2.3507**<br>(2.19) | 2.3964**<br>(2.22) | 2.3912**<br>(2.22) | 2.3693**<br>(2.19) |
| ROE | 0.2778<br>(0.66) | 0.2902<br>(0.69) | 0.2479<br>(0.59) | 0.2013<br>(0.48) | 0.2404<br>(0.57) |
| Debt | -0.0561<br>(-0.16) | -0.0790<br>(-0.23) | -0.0441<br>(-0.13) | -0.0512<br>(-0.15) | -0.0710<br>(-0.20) |
| Growth | 0.0120<br>(1.30) | 0.0111<br>(1.21) | 0.0117<br>(1.28) | 0.0117<br>(1.27) | 0.0121<br>(1.31) |
| ln(Size) | 0.4875***<br>(6.34) | 0.4924***<br>(6.50) | 0.5001***<br>(6.53) | 0.5374***<br>(6.75) | 0.4826***<br>(6.30) |
| Constant | 0.6336<br>(0.35) | 1.0757<br>(0.60) | 0.7335<br>(0.40) | -0.1767<br>(-0.10) | 2.1637<br>(1.23) |
| Industry | 是 | 是 | 是 | 是 | 是 |
| Year | 是 | 是 | 是 | 是 | 是 |
| $R^2$ | 0.172 | 0.189 | 0.178 | 0.181 | 0.176 |
| F值 | 5.244 | 5.906 | 5.465 | 5.602 | 5.394 |
| 样本量 | 602 | 602 | 602 | 602 | 602 |

注：(1) *表示10%的显著性水平，**表示5%的显著性水平，***表示1%的显著性水平。

(2) 括号内是t值。

理者团队年龄异质性与晋升激励的关系不显著，这与假设5-7不一致。究其原因，本书认为，这可能与管理者团队平均年龄与晋升激励呈倒"U"形关系有关。管理者团队年龄与晋升激励的这种非线性关系会导致年龄异质性与晋升激励之间的关系变得模糊。③管理者团队学历异质性与晋升激励呈显著负相关，这说明学历异质性越大，管理者团队对晋升激励的敏感性反而越小，这与假设5-8不一致。这似乎表明，在我国上市公司中学历异质性导致的冲突更可能是情绪冲突而非认知冲突,因此,学历异质性并未带动团队成员的相互学习与沟通,反而使成员间的协作与团结受到了破坏,从而对晋升激励表现出低敏感性。结合我国的教育现状,也能从一个侧面对上述现象给出一定的解释。长期以来,我国的素质教育一直处于一个较低的水平,而应试教育则处于主导地位,这使高学历的人可能拥有较强的信息处理、决策等能力,但缺乏与人沟通、合作的能力,这就导致了情绪冲突占据了上风。另外,我国长期存在"知识改变命运"的思想也在一定程度上使学历成为炫耀的资本,出现了"学历歧视",这也使不同学历管理者间的融合与协作变得越发困难。这些因素均降低了管理者团队的凝聚力,使其对晋升激励的敏感性较低。④管理者团队既有任期异质性与晋升激励呈显著负相关,说明既有任期异质性越大,管理者团队对晋升激励的敏感性越低,这与假设5-9相一致。⑤管理者团队预期任期异质性与晋升激励呈显著负相关,这说明预期任期异质性越大,管理者对晋升激励的敏感性越低,这与假设5-10相一致。

从国有公司与非国有公司的比较看:①在国有公司和非国有公司中,管理者团队性别异质性与晋升激励的相关性均不显著。这说明,在考虑了产权性质之后,不同性别异质性的管理者团队对晋升激励的敏感性也均无显著差异。②管理者团队年龄异质性与晋升激励的相关性在两类公司中也都不显著。③管理者团队学历异质性与晋升激励的负相关性在国有公司显著而在非国有公司不显著。这说明学历异质性不同的管理者团队对晋升激励的敏感性在国有公司比非国有公司高,这与假设5-16相一致。④管理者团队既有任期异质性与晋升激励的负相关性在国有公司比非国有公司更显著,这也与假设5-16相一致。⑤管理者团队预期任期异质性与晋升激励的负相关性在国有公司显著,而在非国有公司不显著,这说明不同预期任期异质性的管理者团队对晋升激励的敏感性在国有公司里更显著,这也与假设5-16相一致。

表5-11是投资不足组的回归分析。其回归结果与投资过度组的基本一致,因此,这里不再赘述。

表 5-11　管理者背景特征异质性与晋升激励（投资不足组）

Panel A：全样本

| 变量 | （1）ln（PI） | （2）ln（PI） | （3）ln（PI） | （4）ln（PI） | （5）ln（PI） |
| --- | --- | --- | --- | --- | --- |
| Hgender | 0.1015<br>(0.45) | | | | |
| Hage | | -0.4345<br>(-0.54) | | | |
| Heducation | | | -0.7197***<br>(-2.79) | | |
| Htenure | | | | -0.0231**<br>(-2.25) | |
| HEtenure | | | | | -0.0007***<br>(-4.69) |
| Gshare | 0.0110<br>(0.70) | 0.0106<br>(0.68) | 0.0107<br>(0.69) | 0.0108<br>(0.69) | 0.0110<br>(0.70) |
| Cent | -0.3301<br>(-0.66) | -0.3362<br>(-0.67) | -0.2313<br>(-0.46) | -0.3226<br>(-0.64) | -0.3230<br>(-0.65) |
| Ddsize | 1.6083***<br>(2.58) | 1.6115***<br>(2.59) | 1.4556**<br>(2.35) | 1.5847**<br>(2.55) | 1.5977**<br>(2.57) |
| ROE | 1.3518***<br>(5.48) | 1.3552***<br>(5.50) | 1.3131***<br>(5.34) | 1.3615***<br>(5.50) | 1.3549***<br>(5.50) |
| Debt | -1.1509***<br>(-4.18) | -1.1505***<br>(-4.17) | -1.1528***<br>(-4.20) | -1.1511***<br>(-4.17) | -1.1580***<br>(-4.20) |
| Growth | 0.0058<br>(0.34) | 0.0055<br>(0.32) | 0.0050<br>(0.30) | 0.0059<br>(0.35) | 0.0063<br>(0.37) |
| ln（Size） | 0.4971***<br>(7.24) | 0.4963***<br>(7.22) | 0.5186***<br>(7.55) | 0.4948***<br>(7.07) | 0.4984***<br>(7.26) |
| Property | -0.0242<br>(-0.18) | -0.0290<br>(-0.22) | -0.0541<br>(-0.41) | -0.0237<br>(-0.18) | -0.0226<br>(-0.17) |
| Constant | 0.4369<br>(0.27) | 0.5274<br>(0.32) | 0.4658<br>(0.29) | 1.6396<br>(1.03) | 0.4210<br>(0.26) |

续表

Panel A：全样本

| 变量 | (1) ln (PI) | (2) ln (PI) | (3) ln (PI) | (4) ln (PI) | (5) ln (PI) |
| --- | --- | --- | --- | --- | --- |
| Industry | 是 | 是 | 是 | 是 | 是 |
| Year | 是 | 是 | 是 | 是 | 是 |
| $R^2$ | 0.126 | 0.126 | 0.134 | 0.126 | 0.126 |
| F 值 | 7.799 | 7.805 | 8.378 | 7.788 | 7.819 |
| 样本量 | 1561 | 1561 | 1561 | 1561 | 1561 |

Panel B：国有公司样本

| 变量 | (1) ln (PI) | (2) ln (PI) | (3) ln (PI) | (4) ln (PI) | (5) ln (PI) |
| --- | --- | --- | --- | --- | --- |
| Hgender | 0.2799 (0.96) | | | | |
| Hage | | -0.4374 (-0.39) | | | |
| Heducation | | | -0.9803** (-2.39) | | |
| Htenure | | | | -0.0003** (-2.00) | |
| HEtenure | | | | | -0.0003** (-2.27) |
| Gshare | -0.0227 (-0.25) | -0.0270 (-0.30) | -0.0252 (-0.28) | -0.0268 (-0.30) | -0.0275 (-0.31) |
| Cent | -0.5993 (-0.84) | -0.5885 (-0.82) | -0.4078 (-0.57) | -0.5852 (-0.82) | -0.5869 (-0.82) |
| Ddsize | -0.9120 (-1.02) | -0.9786 (-1.09) | -1.1437 (-1.28) | -0.9902 (-1.11) | -0.9879 (-1.11) |
| ROE | 1.8500*** (5.46) | 1.8281*** (5.37) | 1.7876*** (5.29) | 1.8400*** (5.41) | 1.8411*** (5.43) |
| Debt | -1.3350*** (-3.31) | -1.3677*** (-3.40) | -1.4393*** (-3.59) | -1.3683*** (-3.40) | -1.3675*** (-3.40) |

续表

Panel B：国有公司样本

| 变量 | (1) ln(PI) | (2) ln(PI) | (3) ln(PI) | (4) ln(PI) | (5) ln(PI) |
|---|---|---|---|---|---|
| Growth | 0.0040 (0.17) | 0.0029 (0.12) | 0.0028 (0.12) | 0.0037 (0.16) | 0.0043 (0.18) |
| ln(Size) | 0.5508*** (6.18) | 0.5474*** (6.14) | 0.5823*** (6.49) | 0.5485*** (6.02) | 0.5494*** (6.16) |
| Constant | 0.8735 (0.43) | 1.1147 (0.54) | 0.8274 (0.41) | 1.0281 (0.50) | 1.0066 (0.49) |
| Industry | 是 | 是 | 是 | 是 | 是 |
| Year | 是 | 是 | 是 | 是 | 是 |
| $R^2$ | 0.137 | 0.136 | 0.145 | 0.136 | 0.136 |
| F值 | 6.385 | 6.316 | 6.811 | 6.302 | 6.309 |
| 样本量 | 1030 | 1030 | 1030 | 1030 | 1030 |

Panel C：非国有公司样本

| 变量 | (1) ln(PI) | (2) ln(PI) | (3) ln(PI) | (4) ln(PI) | (5) ln(PI) |
|---|---|---|---|---|---|
| Hgender | −0.2200 (−0.66) | | | | |
| Hage | | −0.4295 (−0.39) | | | |
| Heducation | | | −0.7325** (−2.23) | | |
| Htenure | | | | −0.0820 (−0.59) | |
| HEtenure | | | | | −0.0015 (−0.98) |
| Gshare | 0.0152 (1.11) | 0.0151 (1.11) | 0.0151 (1.12) | 0.0150 (1.10) | 0.0160 (1.18) |
| Cent | −0.0616 (−0.09) | −0.0984 (−0.15) | −0.0413 (−0.06) | −0.0739 (−0.11) | −0.0558 (−0.09) |

续表

Panel C：非国有公司样本

| 变量 | (1) ln(PI) | (2) ln(PI) | (3) ln(PI) | (4) ln(PI) | (5) ln(PI) |
| --- | --- | --- | --- | --- | --- |
| Ddsize | 2.8811*** | 2.9190*** | 2.7205*** | 2.8689*** | 2.9602*** |
|  | (3.04) | (3.07) | (2.88) | (3.02) | (3.12) |
| ROE | 0.4263 | 0.4160 | 0.3764 | 0.4191 | 0.3994 |
|  | (1.26) | (1.23) | (1.13) | (1.24) | (1.19) |
| Debt | -0.4078 | -0.4021 | -0.3241 | -0.3934 | -0.4293 |
|  | (-1.15) | (-1.14) | (-0.92) | (-1.11) | (-1.21) |
| Growth | 0.0052 | 0.0051 | 0.0046 | 0.0056 | 0.0039 |
|  | (0.23) | (0.22) | (0.21) | (0.25) | (0.17) |
| ln(Size) | 0.4009*** | 0.3868*** | 0.3976*** | 0.3790*** | 0.3866*** |
|  | (3.84) | (3.72) | (3.88) | (3.60) | (3.74) |
| Constant | 2.8346 | 3.1418 | 3.5444 | 3.2161 | 3.0786 |
|  | (1.29) | (1.42) | (1.63) | (1.45) | (1.41) |
| Industry | 是 | 是 | 是 | 是 | 是 |
| Year | 是 | 是 | 是 | 是 | 是 |
| $R^2$ | 0.143 | 0.142 | 0.157 | 0.143 | 0.145 |
| F 值 | 4.473 | 4.440 | 5.002 | 4.463 | 4.533 |
| 样本量 | 531 | 531 | 531 | 531 | 531 |

注：(1) *表示10%的显著性水平，**表示5%的显著性水平，***表示1%的显著性水平。

(2) 括号内是 t 值。

### （三）管理者团队背景特征"垂直对"与晋升激励

表5-12是投资过度组的回归分析。其中，Panel A 是全样本公司的回归分析；Panel B 是国有公司样本的回归分析；Panel C 是非国有公司样本的回归分析。从全样本看：①管理者团队性别"垂直对"与晋升激励的相关性不显著，这说明性别"垂直对"并不会对管理者团队的晋升激励敏感性产生影响，这与假设5-11不一致。这应该仍然与前文提到的现代女性管理者的思想观念及行为方式逐渐趋向男性特征的现象

表 5-12　管理者背景特征"垂直对"与晋升激励（投资过度组）

Panel A：全样本

| 变量 | (1) ln(PI) | (2) ln(PI) | (3) ln(PI) | (4) ln(PI) | (5) ln(PI) |
| --- | --- | --- | --- | --- | --- |
| Vgender | 0.1550<br>(0.75) | | | | |
| Vage | | -0.0028<br>(-0.39) | | | |
| Veducation | | | -0.0449***<br>(-3.65) | | |
| Vtenure | | | | -0.0048**<br>(-2.45) | |
| VEtenure | | | | | -0.0045*<br>(-1.87) |
| Gshare | -0.0019<br>(-0.20) | -0.0013<br>(-0.14) | -0.0019<br>(-0.20) | -0.0016<br>(-0.17) | -0.0010<br>(-0.11) |
| Cent | -0.5053<br>(-1.44) | -0.4955<br>(-1.41) | -0.4976<br>(-1.42) | -0.5000<br>(-1.42) | -0.4971<br>(-1.42) |
| Ddsize | 0.8636<br>(1.62) | 0.8914*<br>(1.68) | 0.8777*<br>(1.65) | 0.8850*<br>(1.66) | 0.8941*<br>(1.68) |
| ROE | 1.0221***<br>(4.39) | 1.0110***<br>(4.35) | 1.0034***<br>(4.31) | 1.0029***<br>(4.30) | 1.0065***<br>(4.33) |
| Debt | 0.0988<br>(0.45) | 0.0890<br>(0.40) | 0.0952<br>(0.43) | 0.0899<br>(0.41) | 0.0908<br>(0.41) |
| Growth | -0.0082<br>(-1.17) | -0.0084<br>(-1.21) | -0.0085<br>(-1.23) | -0.0083<br>(-1.20) | -0.0082<br>(-1.18) |
| ln(Size) | 0.4715***<br>(10.49) | 0.4714***<br>(10.46) | 0.4757***<br>(10.54) | 0.4784***<br>(10.28) | 0.4752***<br>(10.56) |
| Property | 0.0611<br>(0.46) | 0.0589<br>(0.44) | 0.0618<br>(0.47) | 0.0534<br>(0.40) | 0.0527<br>(0.40) |
| Constant | 0.7301<br>(0.63) | 0.7718<br>(0.66) | 0.6110<br>(0.52) | 0.6172<br>(0.52) | 2.0330*<br>(1.72) |

续表

Panel A：全样本

| 变量 | (1) ln（PI） | (2) ln（PI） | (3) ln（PI） | (4) ln（PI） | (5) ln（PI） |
|---|---|---|---|---|---|
| Industry | 是 | 是 | 是 | 是 | 是 |
| Year | 是 | 是 | 是 | 是 | 是 |
| $R^2$ | 0.145 | 0.145 | 0.145 | 0.145 | 0.145 |
| F 值 | 9.426 | 9.399 | 9.417 | 9.403 | 9.439 |
| 样本量 | 1781 | 1781 | 1781 | 1781 | 1781 |

Panel B：国有公司样本

| 变量 | (1) ln（PI） | (2) ln（PI） | (3) ln（PI） | (4) ln（PI） | (5) ln（PI） |
|---|---|---|---|---|---|
| Vgender | 0.3150 (1.24) | | | | |
| Vage | | -0.0034 (-0.39) | | | |
| Veducation | | | -0.1282** (-2.48) | | |
| Vtenure | | | | -0.0142*** (-4.12) | |
| VEtenure | | | | | -0.0032** (-2.32) |
| Gshare | 0.0229 (0.64) | 0.0246 (0.68) | 0.0192 (0.53) | 0.0225 (0.63) | 0.0252 (0.70) |
| Cent | -0.8137 (-1.58) | -0.7700 (-1.50) | -0.8572* (-1.66) | -0.7541 (-1.47) | -0.7732 (-1.51) |
| Ddsize | 0.4084 (0.65) | 0.5086 (0.81) | 0.4499 (0.72) | 0.4968 (0.80) | 0.5158 (0.82) |
| ROE | 1.2535*** (4.43) | 1.2304*** (4.35) | 1.2065*** (4.27) | 1.2622*** (4.46) | 1.2325*** (4.36) |
| Debt | 0.3127 (1.06) | 0.2802 (0.95) | 0.2932 (1.00) | 0.2732 (0.93) | 0.2821 (0.96) |

续表

Panel B：国有公司样本

| 变量 | (1) ln(PI) | (2) ln(PI) | (3) ln(PI) | (4) ln(PI) | (5) ln(PI) |
|---|---|---|---|---|---|
| Growth | -0.0376*** (-3.40) | -0.0380*** (-3.44) | -0.0389*** (-3.52) | -0.0386*** (-3.49) | -0.0379*** (-3.43) |
| ln(Size) | 0.4402*** (7.47) | 0.4392*** (7.38) | 0.4522*** (7.63) | 0.4286*** (7.12) | 0.4426*** (7.50) |
| Constant | 1.7224 (1.26) | 1.7997 (1.30) | 1.4953 (1.09) | 1.9800 (1.43) | 1.7289 (1.27) |
| Industry | 是 | 是 | 是 | 是 | 是 |
| Year | 是 | 是 | 是 | 是 | 是 |
| $R^2$ | 0.132 | 0.130 | 0.133 | 0.131 | 0.130 |
| F值 | 6.478 | 6.372 | 6.527 | 6.457 | 6.381 |
| 样本量 | 1179 | 1179 | 1179 | 1179 | 1179 |

Panel C：非国有公司样本

| 变量 | (1) ln(PI) | (2) ln(PI) | (3) ln(PI) | (4) ln(PI) | (5) ln(PI) |
|---|---|---|---|---|---|
| Vgender | -0.0589 (-0.15) | | | | |
| Vage | | -0.0067 (-0.51) | | | |
| Veducation | | | -0.0707 (-0.57) | | |
| Vtenure | | | | -0.0009*** (-2.60) | |
| VEtenure | | | | | -0.0126 (-1.24) |
| Gshare | -0.0014 (-0.15) | -0.0005 (-0.05) | -0.0014 (-0.15) | -0.0000 (-0.00) | 0.0004 (0.04) |
| Cent | 0.0402 (0.08) | 0.0329 (0.07) | 0.0058 (0.01) | -0.0533 (-0.11) | 0.0353 (0.07) |

续表

Panel C：非国有公司样本

| 变量 | (1) ln（PI） | (2) ln（PI） | (3) ln（PI） | (4) ln（PI） | (5) ln（PI） |
| --- | --- | --- | --- | --- | --- |
| Ddsize | 2.4354** (2.24) | 2.4353** (2.25) | 2.4719** (2.28) | 2.0967* (1.94) | 2.3257** (2.14) |
| ROE | 0.2612 (0.62) | 0.2713 (0.64) | 0.2791 (0.66) | 0.1700 (0.40) | 0.2287 (0.54) |
| Debt | -0.0619 (-0.18) | -0.0732 (-0.21) | -0.0579 (-0.17) | -0.1413 (-0.41) | -0.0644 (-0.18) |
| Growth | 0.0118 (1.28) | 0.0118 (1.28) | 0.0119 (1.29) | 0.0109 (1.19) | 0.0126 (1.36) |
| ln（Size） | 0.4913*** (6.41) | 0.4883*** (6.36) | 0.4827*** (6.20) | 0.5957*** (6.93) | 0.5058*** (6.53) |
| Constant | 0.6461 (0.35) | 1.9814 (1.12) | 0.8516 (0.46) | -0.0385 (-0.02) | 1.6957 (0.96) |
| Industry | 是 | 是 | 是 | 是 | 是 |
| Year | 是 | 是 | 是 | 是 | 是 |
| $R^2$ | 0.171 | 0.172 | 0.172 | 0.188 | 0.175 |
| F 值 | 5.225 | 5.247 | 5.253 | 5.851 | 5.365 |
| 样本量 | 602 | 602 | 602 | 602 | 602 |

注：(1) *表示10%的显著性水平，**表示5%的显著性水平，***表示1%的显著性水平。

(2) 括号内是 t 值。

有关。②管理者团队年龄"垂直对"与晋升激励的关系不显著，这与假设5-12不一致。这可能与我国上市公司年龄"垂直对"普遍不大有关（均值约为6年）。③管理者团队学历"垂直对"与晋升激励呈显著负相关，这说明学历"垂直对"越大，管理者团队对晋升激励的敏感性越低，这与假设5-13相一致。④管理者团队既有任期"垂直对"与晋升激励呈显著负相关，说明既有任期"垂直对"越大，管理者团队对晋升激励的敏感性越低，这与假设5-14相一致。⑤管理者团队预期任期"垂直对"与晋升激励呈显著负相关，这说明预期任期"垂直对"越大，管理者对晋升激励的敏感性越低，这与假设5-15相一致。

从国有公司与非国有公司的比较看：①在国有公司和非国有公司中，管理者团队性别"垂直对"与晋升激励的相关性均不显著。这说明在考虑了产权性质之后，不同性别"垂直对"的管理者团队对晋升激励的敏感性也均无显著差异。②管理者团队年龄"垂直对"与晋升激励的相关性在两类公司中也都不显著。③管理者团队学历"垂直对"与晋升激励的负相关性在国有公司显著而在非国有公司不显著。这说明学历"垂直对"不同的管理者团队对晋升激励的敏感性在国有公司比非国有公司高，这与假设5-16相一致。④管理者团队既有任期"垂直对"与晋升激励的负相关性在国有公司比非国有公司更显著，这与假设5-16相一致。⑤管理者团队预期任期"垂直对"与晋升激励的负相关性在国有公司显著，而在非国有公司不显著，这说明不同预期任期"垂直对"的管理者团队对晋升激励的敏感性在国有公司里更显著，这与假设5-16相一致。

表5-13是投资不足组的回归分析。其回归结果与投资过度组的基本一致，因此，这里不再赘述。

表5-13 管理者背景特征"垂直对"与晋升激励（投资不足组）

| Panel A：全样本 | | | | | |
|---|---|---|---|---|---|
| 变量 | (1) | (2) | (3) | (4) | (5) |
| | ln(PI) | ln(PI) | ln(PI) | ln(PI) | ln(PI) |
| Vgender | 0.2161 (1.17) | | | | |
| Vage | | -0.0074 (-1.06) | | | |
| Veducation | | | -0.0693*** (-3.92) | | |

续表

Panel A：全样本

| 变量 | (1) ln(PI) | (2) ln(PI) | (3) ln(PI) | (4) ln(PI) | (5) ln(PI) |
| --- | --- | --- | --- | --- | --- |
| Vtenure |  |  |  | -0.0108*** (-2.91) |  |
| VEtenure |  |  |  |  | -0.0010** (-2.18) |
| Gshare | 0.0114 (0.73) | 0.0108 (0.69) | 0.0108 (0.69) | 0.0103 (0.66) | 0.0110 (0.70) |
| Cent | -0.3559 (-0.71) | -0.2915 (-0.58) | -0.3044 (-0.61) | -0.2396 (-0.47) | -0.3211 (-0.64) |
| Ddsize | 1.6213*** (2.61) | 1.6250*** (2.61) | 1.6613*** (2.66) | 1.5782** (2.54) | 1.5944** (2.57) |
| ROE | 1.3398*** (5.43) | 1.3645*** (5.54) | 1.3564*** (5.51) | 1.3749*** (5.56) | 1.3552*** (5.50) |
| Debt | -1.1473*** (-4.17) | -1.1693*** (-4.24) | -1.1430*** (-4.15) | -1.1375*** (-4.12) | -1.1588*** (-4.19) |
| Growth | 0.0065 (0.38) | 0.0061 (0.36) | 0.0044 (0.26) | 0.0057 (0.34) | 0.0061 (0.36) |
| ln(Size) | 0.4969*** (7.24) | 0.4955*** (7.22) | 0.4909*** (7.11) | 0.4816*** (6.79) | 0.4991*** (7.25) |
| Property | -0.0224 (-0.17) | -0.0291 (-0.22) | -0.0221 (-0.17) | -0.0174 (-0.13) | -0.0267 (-0.20) |
| Constant | 0.4319 (0.27) | 0.4917 (0.30) | 0.6211 (0.38) | 0.7330 (0.44) | 0.4157 (0.26) |
| Industry | 是 | 是 | 是 | 是 | 是 |
| Year | 是 | 是 | 是 | 是 | 是 |
| $R^2$ | 0.127 | 0.127 | 0.126 | 0.126 | 0.126 |
| F 值 | 7.887 | 7.869 | 7.848 | 7.846 | 7.785 |
| 样本量 | 1561 | 1561 | 1561 | 1561 | 1561 |

续表

| Panel B：国有公司样本 | | | | | |
|---|---|---|---|---|---|
| 变量 | (1) ln(PI) | (2) ln(PI) | (3) ln(PI) | (4) ln(PI) | (5) ln(PI) |
| Vgender | 0.2725 (1.16) | | | | |
| Vage | | -0.0022 (-0.23) | | | |
| Veducation | | | -0.0422** (-2.41) | | |
| Vtenure | | | | -0.0024** (-2.16) | |
| VEtenure | | | | | -0.0022** (-2.30) |
| Gshare | -0.0196 (-0.22) | -0.0269 (-0.30) | -0.0256 (-0.29) | -0.0268 (-0.30) | -0.0264 (-0.30) |
| Cent | -0.6335 (-0.89) | -0.5834 (-0.82) | -0.6012 (-0.84) | -0.5663 (-0.78) | -0.5868 (-0.82) |
| Ddsize | -0.9142 (-1.02) | -0.9793 (-1.09) | -1.0502 (-1.16) | -0.9903 (-1.11) | -0.9916 (-1.11) |
| ROE | 1.8413*** (5.44) | 1.8407*** (5.43) | 1.8456*** (5.44) | 1.8431*** (5.43) | 1.8435*** (5.44) |
| Debt | -1.3357*** (-3.32) | -1.3673*** (-3.40) | -1.3592*** (-3.38) | -1.3661*** (-3.40) | -1.3606*** (-3.38) |
| Growth | 0.0053 (0.22) | 0.0036 (0.15) | 0.0044 (0.19) | 0.0036 (0.15) | 0.0034 (0.15) |
| ln(Size) | 0.5535*** (6.21) | 0.5448*** (6.01) | 0.5533*** (6.16) | 0.5449*** (5.93) | 0.5494*** (6.16) |
| Constant | 0.8448 (0.41) | 0.2547 (0.12) | 0.9175 (0.45) | 0.2294 (0.11) | 0.9888 (0.48) |
| Industry | 是 | 是 | 是 | 是 | 是 |
| Year | 是 | 是 | 是 | 是 | 是 |

续表

Panel B：国有公司样本

| 变量 | (1) ln(PI) | (2) ln(PI) | (3) ln(PI) | (4) ln(PI) | (5) ln(PI) |
|---|---|---|---|---|---|
| $R^2$ | 0.138 | 0.136 | 0.136 | 0.136 | 0.136 |
| F 值 | 6.421 | 6.307 | 6.318 | 6.304 | 6.310 |
| 样本量 | 1030 | 1030 | 1030 | 1030 | 1030 |

Panel C：非国有公司样本

| 变量 | (1) ln(PI) | (2) ln(PI) | (3) ln(PI) | (4) ln(PI) | (5) ln(PI) |
|---|---|---|---|---|---|
| Vgender | 0.0395 (0.14) | | | | |
| Vage | | -0.0037 (-0.40) | | | |
| Veducation | | | -0.1677 (-1.60) | | |
| Vtenure | | | | 0.0079 (0.45) | |
| VEtenure | | | | | -0.0027 (-0.33) |
| Gshare | 0.0156 (1.14) | 0.0154 (1.13) | 0.0152 (1.12) | 0.0150 (1.10) | 0.0156 (1.15) |
| Cent | -0.0748 (-0.11) | -0.0585 (-0.09) | -0.0538 (-0.08) | -0.0156 (-0.02) | -0.0834 (-0.13) |
| Ddsize | 2.9015*** (3.06) | 2.9144*** (3.07) | 2.9888*** (3.16) | 2.8995*** (3.06) | 2.9116*** (3.07) |
| ROE | 0.3962 (1.17) | 0.4115 (1.22) | 0.4470 (1.33) | 0.4229 (1.25) | 0.4027 (1.20) |
| Debt | -0.4118 (-1.16) | -0.4335 (-1.21) | -0.3298 (-0.93) | -0.3993 (-1.13) | -0.4309 (-1.20) |
| Growth | 0.0050 (0.22) | 0.0051 (0.22) | -0.0003 (-0.01) | 0.0051 (0.23) | 0.0053 (0.24) |

续表

Panel C：非国有公司样本

| 变量 | (1) ln (PI) | (2) ln (PI) | (3) ln (PI) | (4) ln (PI) | (5) ln (PI) |
| --- | --- | --- | --- | --- | --- |
| ln (Size) | 0.3895*** | 0.3980*** | 0.3763*** | 0.3779*** | 0.3999*** |
|  | (3.74) | (3.80) | (3.64) | (3.51) | (3.76) |
| Constant | 3.0225 | 3.0159 | 3.4034 | 3.2299 | 2.8205 |
|  | (1.38) | (1.36) | (1.56) | (1.44) | (1.26) |
| Industry | 是 | 是 | 是 | 是 | 是 |
| Year | 是 | 是 | 是 | 是 | 是 |
| $R^2$ | 0.142 | 0.142 | 0.150 | 0.142 | 0.142 |
| F值 | 4.424 | 4.441 | 4.721 | 4.446 | 4.435 |
| 样本量 | 531 | 531 | 531 | 531 | 531 |

注：(1) *表示10%的显著性水平，**表示5%的显著性水平，***表示1%的显著性水平。

(2) 括号内是t值。

### 四 稳健性检验

本章的稳健性检验参照第四章来进行，主要包括：①选用前三位高管的平均薪酬与其余高管的平均薪酬之差的自然对数来重新衡量晋升激励强度。②群聚调整。考虑到前文分析中的样本期较短和每年观测值较多，可能出现低估标准误差，从而高估显著性水平，因此，本书借鉴彼得森（2009）的做法，对标准误差进行了群聚调整。③考虑到受管制行业与其他行业可能存在差异性，因此，本书剔除了电力、煤气、供水等管制性行业。

为了节省篇幅，此部分没有列出上述稳健性检验的结果，但上述稳健性检验结果表明，本书得到的结论是较为可靠的。

# 第六章 管理者背景特征下晋升激励影响非效率投资的实证研究

第四章和第五章的研究结论已经表明，晋升激励能够对非效率投资产生一定的抑制作用，而不同背景特征的管理者团队对晋升激励的敏感性又不尽相同。因此，不同背景特征的管理者团队在晋升激励的作用下可能产生不同的反应，从而对非效率投资产生不同的影响。本章从管理者团队背景特征的视角，进一步考察不同背景特征的管理者团队在晋升激励的作用下对非效率投资的影响是否存在差异。

## 第一节 理论分析与研究假设

本章是基于前两章内容的进一步研究，相关的理论推导已在前两章进行了详细的阐述，因此，本章将直接在第四章和第五章的理论分析及研究假设基础上提出本章的研究假设。

### 一 平均水平

根据第五章的理论分析，由于相比男性，女性往往更加谨慎和保守，对晋升的敏感性更低，因此，男性比例高的管理者团队对晋升激励的敏感性更大，据此可以推断，随着管理者团队男性比例的增长，晋升激励对非效率投资的抑制作用将更显著；在管理者年龄方面，由于随着管理者团队平均年龄的增加，管理者对晋升激励的敏感性呈倒"U"形关系，因此可以推断，随着管理者团队平均年龄的增长，晋升激励对非效率投资的抑制作用也呈倒"U"形关系；在管理者学历方面，由于平均学历越高的管理者团队对晋升激励的敏感性越大，因此可以推断，随着管理者团队平均学历的增长，晋升激励对非效率投资的抑制作用也更显著；在管理者既有任期方面，由于随着管理者团队平均既有任期的延长，管理者对晋升激励的敏感性呈倒"U"形关系，因此可以推断，随着管理者团队平均既有任期的增长，晋升激励对非效率投资的抑制作用也呈倒"U"形关系；在管理者预期任期方面，由于平均预期任期越长的管理者团队对晋升激励的敏感性越大，因此可以推断，随着管理者团队平均预期任期越长，晋升激励对非效率投资的抑制作用也越显著。综上所述，本书提出如下假设：

假设6-1：随着管理者团队男性比例的增长，晋升激励对非效率投资的抑制作用将更显著。

假设6-2：随着管理者团队平均年龄的增长，晋升激励对非效率投资的抑制作用呈倒"U"形关系。

假设6-3：随着管理者团队平均学历的增长，晋升激励对非效率投资的抑制作用更显著。

假设6-4：随着管理者团队平均既有任期的增长，晋升激励对非效率投资的抑制作用呈倒"U"形关系。

假设6-5：随着管理者团队平均预期任期越长，晋升激励对非效率投资的抑制作用越显著。

### 二 异质性

从第五章的分析可知，团队背景特征的异质性会带来团队内的认知冲突和情绪冲突（Amason，1996）。上述冲突会在团队的决策能力、凝聚力、满意度等方面产生不同的影响，从而影响管理者团队对晋升激励的敏感性。第五章的理论分析已经推导出：性别异质性越大的管理者团队对晋升激励的敏感性越低；年龄异质性越大的管理者团队对晋升激励的敏感性越低；学历异质性越大的管理者团队对晋升激励的敏感性越大；既有任期异质性越大的管理者团队对晋升激励的敏感性越低；既有任期异质性越大的管理者团队对晋升激励的敏感性越低。据此本书提出如下假设：

假设6-6：随着管理者团队性别异质性的增长，晋升激励对非效率投资的抑制作用将更不显著。

假设6-7：随着管理者团队年龄异质性的增长，晋升激励对非效率投资的抑制作用将更不显著。

假设6-8：随着管理者团队学历异质性的增长，晋升激励对非效率投资的抑制作用更显著。

假设6-9：随着管理者团队既有任期异质性的增长，晋升激励对非效率投资的抑制作用将更不显著。

假设6-10：随着管理者团队预期任期异质性的增长，晋升激励对非效率投资的抑制作用将更不显著。

### 三 垂直对

第五章已经指出，对"垂直对"的解释主要依赖于相似理论。即人际吸引是人与人进行交往和互动的内在动力，而人际吸引的重要诱因是相似性。因此，易于识别和准确测量的人口背景特征的相似性或相异性能增加或降低人际互动与效能。并据此已经推导出：管理者团队与董事长在性别、年龄、学历、既有任期和预期任期方面的"垂直对"过大均会使管理者团队对晋升激励的敏感性降低。据此本章提出如下假设：

假设6-11：随着管理者团队与董事长性别"垂直对"的增加，晋升激励对非效率投资的抑制作用将更不显著。

假设6-12：随着管理者团队与董事长年龄"垂直对"的增加，晋升激励对非效率投资的抑制作用将更不显著。

假设6-13：随着管理者团队与董事长学历"垂直对"的增加，晋升激励对非效率投资的抑制作用将更不显著。

假设6-14：随着管理者团队与董事长既有任期"垂直对"的增加，晋升激励对非效率投资的抑制作用将更不显著。

假设6-15：随着管理者团队与董事长预期任期"垂直对"的增加，晋升激励对非效率投资的抑制作用将更不显著。

# 第六章 管理者背景特征下晋升激励影响非效率投资的实证研究

同样,本章也要分产权性质对上述研究进行考察。由于国有企业要受到更多的政府干预,他们要服从多重目标,从而使管理者在晋升竞争中不仅要考虑企业绩效,还要考虑就业、社会稳定、经济发展、政府官员晋升等非利润因素。因此会使管理者晋升与管理者努力之间的因果关系变得复杂,从而降低晋升激励的激励作用。据此,本章提出如下假设:

假设6-16:与非国有上市公司相比,上述抑制作用均是在国有上市公司中相对较弱。

## 第二节 研究设计

### 一 样本选择与数据来源

本章的样本选择和数据来源与第四章相同,这里不再赘述。

### 二 变量设计

(1) 非效率投资。该指标的衡量与第四章一致。
(2) 晋升激励。该指标的衡量与第四章一致。
(3) 管理者背景特征。该指标的衡量与第五章一致。
(4) 控制变量。控制变量的选择与第五章一致。

### 三 模型建立

根据本书的研究思路,为了考察不同背景特征的管理者团队在晋升激励的作用下对非效率投资的影响是否存在差异,建立如下模型:

$$OI_{i,t} 或 UI_{i,t} = \beta_1 \ln(PI)_{i,t} + \beta_2 Mgender_{i,t} + \beta_3 Mage_{i,t} + \beta_4 Mage^2_{i,t} +$$
$$\beta_5 Meducation_{i,t} + \beta_6 Mtenure_{i,t} + \beta_7 Mtenure^2_{i,t} +$$
$$\beta_8 MEtenure_{i,t} + \beta_9 Mgender_{i,t} \times \ln(PI)_{i,t} +$$
$$\beta_{10} Mage_{i,t} \times \ln(PI)_{i,t} + \beta_{11} Mage^2_{i,t} \times \ln(PI)_{i,t} +$$
$$\beta_{12} Meducation_{i,t} \times \ln(PI)_{i,t} + \beta_{13} Mtenure_{i,t} \times \ln(PI)_{i,t} +$$

$$\beta_{14} Mtenure_{i,t}^2 \times \ln(PI)_{i,t} + \beta_{15} MEtenure_{i,t} \times \ln(PI)_{i,t} +$$
$$\sum_{k=16}^{n} \beta_k ControlVariables_{i,t} + \mu_i + \mu_t + \varepsilon_{i,t} \quad (6.1)$$

$$OI_{i,t} \text{ 或 } UI_{i,t} = \beta_1 \ln(PI)_{i,t} + \beta_2 Hgender_{i,t} + \beta_3 Hage_{i,t} +$$
$$\beta_4 Heducation_{i,t} + \beta_5 Htenure_{i,t} + \beta_6 HEtenure_{i,t} +$$
$$\beta_7 Hgender_{i,t} \times \ln(PI)_{i,t} + \beta_8 Hage_{i,t} \times \ln(PI)_{i,t} +$$
$$\beta_9 Heducation_{i,t} \times \ln(PI)_{i,t} + \beta_{10} Htenure_{i,t} \times \ln(PI)_{i,t} +$$
$$\beta_{11} HEtenure_{i,t} \times \ln(PI)_{i,t} + \sum_{k=12}^{n} \beta_k ControlVariables_{i,t} +$$
$$\mu_i + \mu_t + \varepsilon_{i,t} \quad (6.2)$$

$$OI_{i,t} \text{ 或 } UI_{i,t} = \beta_1 \ln(PI)_{i,t} + \beta_2 Vgender_{i,t} + \beta_3 Vage_{i,t} +$$
$$\beta_4 Veducation_{i,t} + \beta_5 Vtenure_{i,t} + \beta_6 VEtenure_{i,t} +$$
$$\beta_7 Vgender_{i,t} \times \ln(PI)_{i,t} + \beta_8 Vage_{i,t} \times \ln(PI)_{i,t} +$$
$$\beta_9 Veducation_{i,t} \times \ln(PI)_{i,t} + \beta_{10} Vtenure_{i,t} \times \ln(PI)_{i,t} +$$
$$\beta_{11} VEtenure_{i,t} \times \ln(PI)_{i,t} + \sum_{k=12}^{n} \beta_k ControlVariables_{i,t} +$$
$$\mu_i + \mu_t + \varepsilon_{i,t} \quad (6.3)$$

模型（6.1）考察背景特征的平均水平，模型（6.2）考察背景特征的异质性特征，模型（6.3）考察背景特征的"垂直对"特征。与前两章的做法相同，在对上述模型进行回归前，本书使用豪斯曼检验对模型在固定效应和随机效应之间做出选择，检验的结果表明，固定效应更适合。因此，本章采用固定效应估计法来对上述模型进行回归。i 代表行业个体，t 表示年度标识，$\mu_i$ 和 $\mu_t$ 分别表示企业的个体效应和年度效应，$\varepsilon_{i,t}$ 为随机扰动项。根据伍德里奇（2009）对交叉项的解释，在模型（6.1）、模型（6.2）和模型（6.3）中设立了交叉项，以考察不同背景特征的管理者团队在晋升激励的作用下对非效率投资的影响是否存在差异。考虑到交叉项可能给模型带来严重的多重共线性问题，我们对交叉项进行了残差中心化处理（De Jong et al., 2005; Zhang et al., 2007）。

## 第三节 实证分析

### 一 描述性统计与差异性检验

文章涉及的所有变量均已在第四章和第五章进行了描述性统计和差异性检验，因此，此处不再重复进行考察。

### 二 相关性分析

第四章和第五章已经分别对晋升激励与非效率投资的相关性和管理者团队背景特征与晋升激励的相关性进行了考察。因此，这里仅对前两章未涉及的管理者团队背景特征与非效率投资的相关性进行考察。表6-1是投资过度组和投资不足组的相关系数检验。从投资过度组可以看到，管理者团队性别、年龄和预期任期的平均水平与投资过度呈显著正相关；管理者团队学历和既有任期的平均水平与投资过度呈显著负相关；管理者团队性别和年龄异质性与投资过度的关系不显著；管理者团队学历、既有任期和预期任期的异质性与投资过度呈显著正相关；管理者团队性别和年龄"垂直对"与投资过度的关系不显著；管理者团队学历、既有任期和预期任期的"垂直对"与投资过度呈显著正相关。从投资不足组可以看到，管理者团队性别、年龄和预期任期的平均水平与投资不足呈显著正相关；管理者团队学历和既有任期的平均水平与投资不足呈显著负相关；管理者团队性别和年龄异质性与投资不足的关系不显著；管理者团队学历、既有任期和预期任期的异质性与投资不足呈显著负相关；管理者团队性别和年龄"垂直对"与投资不足的关系不显著；管理者团队学历、既有任期和预期任期的"垂直对"与投资不足呈显著负相关。

表 6-1　　变量间的相关系数检验

| | | | | | | | | | |
|---|---|---|---|---|---|---|---|---|---|
| 投资过度组 | Pearson | | Mgender | Mage | Meducation | Mtenure | MEtenure | Hgender | Hage | Heducation |
| | | OI | 0.009*** | 0.035** | -0.024** | -0.070*** | 0.071*** | -0.007 | -0.021 | 0.028** |
| | | | Htenure | HEtenure | Vgender | Vage | Veducation | Vtenure | VEtenure | |
| | | OI | 0.019*** | 0.024* | 0.001 | -0.054 | 0.008** | 0.047** | 0.075*** | |
| | Spearman | | Mgender | Mage | Meducation | Mtenure | MEtenure | Hgender | Hage | Heducation |
| | | OI | 0.031** | 0.005*** | -0.043* | -0.003** | 0.010** | -0.031 | -0.050 | 0.024* |
| | | | Htenure | HEtenure | Vgender | Vage | Veducation | Vtenure | VEtenure | |
| | | OI | 0.005** | 0.022** | -0.032 | -0.023 | 0.016* | 0.020** | 0.048** | |
| 投资不足组 | Pearson | | Mgender | Mage | Meducation | Mtenure | MEtenure | Hgender | Hage | Heducation |
| | | UI | 0.035** | 0.002*** | -0.013** | -0.044** | 0.023** | -0.034 | 0.000 | -0.009*** |
| | | | Htenure | HEtenure | Vgender | Vage | Veducation | Vtenure | VEtenure | |
| | | UI | -0.011* | -0.051** | -0.011 | -0.009 | -0.019*** | -0.074** | -0.038** | |
| | Spearman | | Mgender | Mage | Meducation | Mtenure | MEtenure | Hgender | Hage | Heducation |
| | | UI | 0.037** | 0.054** | -0.003** | -0.023** | 0.027*** | -0.038 | 0.016 | -0.000* |
| | | | Htenure | HEtenure | Vgender | Vage | Veducation | Vtenure | VEtenure | |
| | | UI | -0.008** | -0.009** | -0.031 | -0.018 | -0.016** | -0.030** | -0.018** | |

注：（1）为了节省篇幅，上表只披露了管理者团队背景特征与非效率投资之间的相关系数，其他变量间的相关系数可以从前几章查到。

（2）*表示10%的显著性水平，**表示5%的显著性水平，***表示1%的显著性水平。

## 三　回归分析

（一）管理者团队背景特征平均水平、晋升激励与非效率投资

表6-2是投资过度组的回归分析。其中，Panel A是全样本公司的回归分析；Panel B是国有公司样本的回归分析；Panel C是非国有公司样本的回归分析。

表 6-2　　管理者团队背景特征平均水平、晋升激励与投资过度

| Panel A：全样本 | | | | | | | |
|---|---|---|---|---|---|---|---|
| 变量 | (1) | (2) | (3) | (4) | (5) | (6) | (7) |
| | OI | OI | OI | OI | OI | OI | OI |
| ln(PI) | -0.0011** | -0.0057*** | -0.0088** | -0.0001** | -0.0024*** | -0.0024** | -0.0004** |
| | (-2.22) | (-3.58) | (-2.22) | (-2.01) | (-3.15) | (-2.52) | (-2.43) |

续表

| Panel A：全样本 | | | | | | | |
|---|---|---|---|---|---|---|---|
| 变量 | (1) | (2) | (3) | (4) | (5) | (6) | (7) |
| | OI | OI | OI | OI | OI | OI | OI |
| Mgender | -0.0144 | | | | | | |
| | (-0.20) | | | | | | |
| ln(PI)×Mgender | 0.0008 | | | | | | |
| | (0.14) | | | | | | |
| Mage | | -0.0038* | 0.0086 | | | | |
| | | (-1.68) | (0.30) | | | | |
| ln(PI)×Mage | | 0.0002*** | -0.0005 | | | | |
| | | (3.53) | (-0.30) | | | | |
| Mage² | | | -0.0001 | | | | |
| | | | (-0.43) | | | | |
| ln(PI)×Mage² | | | 0.0000 | | | | |
| | | | (0.36) | | | | |
| Meducation | | | | -0.0111* | | | |
| | | | | (-1.78) | | | |
| ln(PI)×Meducation | | | | -0.0001** | | | |
| | | | | (-2.07) | | | |
| Mtenure | | | | | -0.0102** | -0.0301 | |
| | | | | | (-2.08) | (-1.31) | |
| ln(PI)×Mtenure | | | | | -0.0005** | 0.0006 | |
| | | | | | (-2.10) | (0.29) | |
| Mtenure² | | | | | | 0.0023 | |
| | | | | | | (0.90) | |
| ln(PI)×Mtenure² | | | | | | -0.0000 | |
| | | | | | | (-0.10) | |
| MEtenure | | | | | | | 0.0036 |
| | | | | | | | (1.56) |
| ln(PI)×MEtenure | | | | | | | -0.0004* |
| | | | | | | | (-1.65) |
| Gshare | 0.0005 | 0.0003 | 0.0003 | 0.0005 | 0.0006 | 0.0008 | 0.0006 |
| | (0.34) | (0.19) | (0.22) | (0.34) | (0.40) | (0.49) | (0.40) |
| Cent | 0.1849*** | 0.1872*** | 0.1873*** | 0.1880*** | 0.1784*** | 0.1750*** | 0.1843*** |
| | (3.06) | (3.10) | (3.10) | (3.09) | (2.96) | (2.90) | (3.05) |

续表

Panel A：全样本

| 变量 | (1) OI | (2) OI | (3) OI | (4) OI | (5) OI | (6) OI | (7) OI |
|---|---|---|---|---|---|---|---|
| Ddsize | -0.1823** | -0.1773* | -0.1778* | -0.1805** | -0.1716* | -0.1715* | -0.1804** |
|  | (-2.00) | (-1.95) | (-1.95) | (-1.98) | (-1.88) | (-1.88) | (-1.98) |
| ROE | 0.1727*** | 0.1612*** | 0.1607*** | 0.1686*** | 0.1771*** | 0.1804*** | 0.1720*** |
|  | (4.30) | (3.99) | (3.97) | (4.17) | (4.43) | (4.50) | (4.30) |
| Debt | 0.0304 | 0.0287 | 0.0296 | 0.0301 | 0.0290 | 0.0284 | 0.0291 |
|  | (0.80) | (0.76) | (0.78) | (0.80) | (0.77) | (0.75) | (0.77) |
| Growth | -0.0004 | -0.0003 | -0.0003 | -0.0005 | -0.0003 | -0.0002 | -0.0002 |
|  | (-0.33) | (-0.28) | (-0.28) | (-0.40) | (-0.29) | (-0.20) | (-0.20) |
| ln(Size) | 0.0319*** | 0.0383*** | 0.0382*** | 0.0346*** | 0.0322*** | 0.0304*** | 0.0313*** |
|  | (4.12) | (4.57) | (4.55) | (4.12) | (4.18) | (3.90) | (4.06) |
| Property | 0.0053 | -0.0004 | -0.0005 | 0.0047 | 0.0032 | 0.0019 | 0.0034 |
|  | (0.23) | (-0.02) | (-0.02) | (0.21) | (0.14) | (0.08) | (0.15) |
| Constant | -0.4496** | -0.4250* | -1.005 | -0.7634*** | -0.4238** | -0.6574*** | -0.4504** |
|  | (-2.10) | (-1.94) | (-1.38) | (-3.62) | (-2.11) | (-3.03) | (-2.25) |
| Industry | 是 | 是 | 是 | 是 | 是 | 是 | 是 |
| Year | 是 | 是 | 是 | 是 | 是 | 是 | 是 |
| $R^2$ | 0.069 | 0.072 | 0.072 | 0.069 | 0.074 | 0.076 | 0.071 |
| F值 | 3.662 | 3.877 | 3.528 | 3.693 | 3.955 | 3.699 | 3.816 |
| 样本量 | 1781 | 1781 | 1781 | 1781 | 1781 | 1781 | 1781 |

Panel B：国有公司样本

| 变量 | (1) OI | (2) OI | (3) OI | (4) OI | (5) OI | (6) OI | (7) OI |
|---|---|---|---|---|---|---|---|
| ln(PI) | -0.0018** | -0.0459** | -0.0706** | -0.0147** | -0.0062** | -0.0045** | -0.0100** |
|  | (-2.07) | (-2.01) | (-2.50) | (-2.47) | (-2.47) | (-2.25) | (-2.45) |
| Mgender | 0.1205 |  |  |  |  |  |  |
|  | (0.34) |  |  |  |  |  |  |
| ln(PI)×Mgender | -0.0141 |  |  |  |  |  |  |
|  | (-0.48) |  |  |  |  |  |  |
| Mage |  | 0.0083 | -0.0068 |  |  |  |  |
|  |  | (0.76) | (-0.16) |  |  |  |  |
| ln(PI)×Mage |  | 0.0011** | -0.0037 |  |  |  |  |
|  |  | (2.23) | (-0.25) |  |  |  |  |

续表

Panel B：国有公司样本

| 变量 | (1) OI | (2) OI | (3) OI | (4) OI | (5) OI | (6) OI | (7) OI |
| --- | --- | --- | --- | --- | --- | --- | --- |
| $Mage^2$ | | | | -0.0000 (-0.06) | | | |
| $\ln(PI) \times Mage^2$ | | | | 0.0000 (0.77) | | | |
| Meducation | | | | 0.0659 (0.61) | | | |
| $\ln(PI) \times$ Meducation | | | | -0.0072 (-0.81) | | | |
| Mtenure | | | | | 0.0456 (1.39) | -0.0422 (-0.43) | |
| $\ln(PI) \times$ Mtenure | | | | | -0.0040 (-1.47) | 0.0023 (0.29) | |
| $Mtenure^2$ | | | | | | 0.0115 (0.95) | |
| $\ln(PI) \times Mtenure^2$ | | | | | | -0.0008 (-0.86) | |
| MEtenure | | | | | | | -0.0032 (-0.16) |
| $\ln(PI) \times$ MEtenure | | | | | | | 0.0003 (0.15) |
| Gshare | -0.0034 (-0.54) | -0.0035 (-0.57) | -0.0038 (-0.62) | -0.0033 (-0.53) | -0.0034 (-0.54) | -0.0031 (-0.51) | -0.0032 (-0.52) |
| Cent | 0.2269** (2.55) | 0.2346** (2.65) | 0.2360*** (2.67) | 0.2245** (2.52) | 0.2224** (2.50) | 0.2178** (2.44) | 0.2305*** (2.59) |
| Ddsize | -0.1530 (-1.41) | -0.1443 (-1.34) | -0.1427 (-1.33) | -0.1457 (-1.35) | -0.1390 (-1.28) | -0.1413 (-1.30) | -0.1488 (-1.37) |
| ROE | 0.1757*** (3.54) | 0.1570*** (3.15) | 0.1647*** (3.30) | 0.1709*** (3.42) | 0.1806*** (3.63) | 0.1877*** (3.74) | 0.1731*** (3.49) |
| Debt | 0.0570 (1.12) | 0.0658 (1.29) | 0.0676 (1.33) | 0.0541 (1.06) | 0.0561 (1.10) | 0.0561 (1.10) | 0.0541 (1.05) |
| Growth | -0.0003 (-0.14) | 0.0001 (0.06) | 0.0002 (0.10) | -0.0003 (-0.18) | -0.0003 (-0.16) | -0.0003 (-0.16) | -0.0003 (-0.14) |

续表

Panel B：国有公司样本

| 变量 | (1) OI | (2) OI | (3) OI | (4) OI | (5) OI | (6) OI | (7) OI |
|---|---|---|---|---|---|---|---|
| ln(Size) | 0.0327*** (3.07) | 0.0443*** (3.85) | 0.0457*** (3.96) | 0.0377*** (3.20) | 0.0338*** (3.18) | 0.0327*** (3.04) | 0.0331*** (3.10) |
| Constant | -0.7048* (-1.83) | -1.2919** (-2.21) | -0.5165 (-0.48) | -0.9369** (-2.23) | -0.6613** (-2.31) | -0.6507** (-2.05) | -0.6125*** (-2.59) |
| Industry | 是 | 是 | 是 | 是 | 是 | 是 | 是 |
| Year | 是 | 是 | 是 | 是 | 是 | 是 | 是 |
| $R^2$ | 0.063 | 0.072 | 0.078 | 0.064 | 0.065 | 0.067 | 0.061 |
| F值 | 2.507 | 2.905 | 2.848 | 2.567 | 2.616 | 2.401 | 2.459 |
| 样本量 | 1179 | 1179 | 1179 | 1179 | 1179 | 1179 | 1179 |

Panel C：非国有公司样本

| 变量 | (1) OI | (2) OI | (3) OI | (4) OI | (5) OI | (6) OI | (7) OI |
|---|---|---|---|---|---|---|---|
| ln(PI) | -0.0329* (-1.92) | -0.0236** (-2.43) | -0.0107** (-2.18) | -0.0191** (-2.47) | -0.0118** (-2.65) | -0.0099** (-2.36) | -0.0147*** (-3.56) |
| Mgender | -0.6553 (-1.21) | | | | | | |
| ln(PI)×Mgender | 0.0591 (1.36) | | | | | | |
| Mage | | -0.0096 (-0.68) | 0.0522 (1.10) | | | | |
| ln(PI)×Mage | | 0.0008 (0.69) | -0.0000 (-0.01) | | | | |
| $Mage^2$ | | | -0.0007 (-1.29) | | | | |
| ln(PI)×$Mage^2$ | | | 0.0000 (0.43) | | | | |
| Meducation | | | | -0.1144 (-0.76) | | | |
| ln(PI)×Meducation | | | | -0.0099* (-1.84) | | | |
| Mtenure | | | | | -0.0870** (-2.00) | -0.1157 (-0.74) | |

续表

| Panel C：非国有公司样本 | | | | | | | |
|---|---|---|---|---|---|---|---|
| 变量 | (1) | (2) | (3) | (4) | (5) | (6) | (7) |
| | OI | OI | OI | OI | OI | OI | OI |
| $\ln(PI) \times $ Mtenure | | | | | -0.0060* | 0.0052 | |
| | | | | | (-1.72) | (0.41) | |
| $Mtenure^2$ | | | | | | 0.0041 | |
| | | | | | | (0.23) | |
| $\ln(PI) \times Mtenure^2$ | | | | | | 0.0000 | |
| | | | | | | (0.00) | |
| MEtenure | | | | | | | 0.0377* |
| | | | | | | | (1.73) |
| $\ln(PI) \times $ MEtenure | | | | | | | -0.0029* |
| | | | | | | | (-1.67) |
| Gshare | 0.0011 | 0.0011 | 0.0015 | 0.0010 | 0.0013 | 0.0017 | 0.0010 |
| | (0.68) | (0.70) | (0.90) | (0.64) | (0.83) | (1.06) | (0.65) |
| Cent | 0.1646* | 0.1754** | 0.1762** | 0.1719** | 0.1574* | 0.1503* | 0.1766** |
| | (1.93) | (2.05) | (2.06) | (1.99) | (1.86) | (1.78) | (2.07) |
| Ddsize | -0.2426 | -0.2319 | -0.2132 | -0.2325 | -0.2007 | -0.1788 | -0.2451 |
| | (-1.30) | (-1.23) | (-1.13) | (-1.24) | (-1.08) | (-0.96) | (-1.30) |
| ROE | 0.1600** | 0.1699** | 0.1771** | 0.1673** | 0.1684** | 0.1762** | 0.1651** |
| | (2.20) | (2.32) | (2.41) | (2.29) | (2.34) | (2.45) | (2.28) |
| Debt | -0.0222 | -0.0269 | -0.0156 | -0.0259 | -0.0627 | -0.0733 | -0.0347 |
| | (-0.37) | (-0.44) | (-0.26) | (-0.43) | (-1.04) | (-1.21) | (-0.57) |
| Growth | -0.0007 | -0.0006 | -0.0004 | -0.0005 | -0.0010 | -0.0010 | -0.0006 |
| | (-0.42) | (-0.36) | (-0.26) | (-0.29) | (-0.66) | (-0.60) | (-0.39) |
| $\ln(Size)$ | 0.0238* | 0.0245 | 0.0223 | 0.0237 | 0.0304** | 0.0310** | 0.0264* |
| | (1.70) | (1.62) | (1.46) | (1.61) | (2.19) | (2.22) | (1.88) |
| Constant | -0.0830 | -0.1681 | -1.5258 | -0.3286 | -0.4606 | -0.2784 | -0.7628** |
| | (-0.15) | (-0.23) | (-1.25) | (-0.56) | (-1.25) | (-0.60) | (-2.44) |
| Industry | 是 | 是 | 是 | 是 | 是 | 是 | 是 |
| Year | 是 | 是 | 是 | 是 | 是 | 是 | 是 |
| $R^2$ | 0.114 | 0.108 | 0.113 | 0.109 | 0.134 | 0.144 | 0.115 |
| F值 | 2.814 | 2.633 | 2.439 | 2.662 | 3.384 | 3.209 | 2.839 |
| 样本量 | 602 | 602 | 602 | 602 | 602 | 602 | 602 |

注：(1) *表示10%的显著性水平，**表示5%的显著性水平，***表示1%的显著性水平。

(2) 括号内是 t 值。

(1) 管理者团队平均性别与晋升激励交叉项的系数不显著，结合第五章得出的不同性别的管理者对晋升激励的敏感性无显著差异的结论，说明晋升激励对投资过度的抑制作用不受管理者团队平均性别的影响。这与假设6-1不一致。其原因可能还是与现代女性管理者的思想观念及行为方式逐渐趋向男性特征有关。2007年《世界经理人》与北大光华管理学院共同发起的一项调查也发现，女性管理者并不像人们想象的那样追求稳定，她们也愿意面对挑战、敢于承担风险、勇于创新。相关研究也证实了这一点，管理者性别差异对投资过度（姜付秀等，2009）、投资规模（李焰等，2011）的影响不存在显著差异。而区分产权性质后，可以看到在国有公司和非国有公司中，管理者团队平均性别与晋升激励交叉项的系数也均不显著。这说明在考虑了产权性质之后，不同性别的管理者对晋升激励的敏感性以及晋升激励对投资过度的抑制作用均不受管理者团队平均性别的影响。

(2) 管理者团队平均年龄与晋升激励交叉项的系数显著为正以及与之相对应的晋升激励的系数显著为负，结合第五章得出的不同年龄管理者团队对晋升激励的敏感性呈倒"U"形关系的结论，说明当管理者团队平均年龄增长时，晋升激励对投资过度的抑制作用呈倒"U"形关系。这与假设6-2相一致。另外，从国有公司和非国有公司的比较看，在国有公司中，管理者团队平均年龄与晋升激励交叉项的系数显著为正以及与之相对应的晋升激励的系数显著为负。这说明在国有公司中随着年龄的增长，管理者晋升激励对投资过度的抑制作用呈显著倒"U"形关系。但在非国有公司中这种倒"U"形关系却不显著，这与假设6-16不一致，即从管理者团队平均年龄角度看，晋升激励对投资过度的抑制作用并不是在非国有公司更显著，而是在国有公司更显著。这可能与第五章得到的不同年龄的国有公司高管对晋升激励更为敏感部分有关。

(3) 管理者团队平均学历与晋升激励交叉项的系数以及与之相对应的晋升激励的系数均显著为负，结合第五章得出的管理者团队学历平均水平与晋升激励呈显著正相关的结论，说明学历越高的管理者团队对晋升激励的敏感性越大，进而使晋升激励对投资过度的抑制作用也越大。这与假设 6-3 相一致,也与汉布里克等(1996)、Wiersema 和 Bantel(1992)所发现的学历越高的管理者拥有越高的理性程度、学习与认知能力的结论相同。据此,我们更有理由相信,管理者学历越高,其学习和认知能力越强,对激励的感知和反应会更加敏感和理性,从而使晋升激励对投资过度的抑制作用更加显著。而从国有公司和非国有公司的比较看,管理者团队平均学历与晋升激励交叉项的系数在非国有公司比国有公司更显著为负,说明虽然学历越高的管理者团队对晋升激励的敏感性在国有公司比非国有公司高,但高学历在强化晋升激励对投资过度的抑制作用方面国有公司却不如非国有公司。这可能是因为,国有公司受政府的干预更大,因此,国有公司管理者要服从政府的多重目标,而不仅仅是追求盈利目标,从而就会在一定程度上削弱晋升激励对投资过度的抑制作用。

(4) 管理者团队平均既有任期与晋升激励交叉项的系数以及与之相对应的晋升激励的系数显著为负,结合第五章得出的既有任期越长的管理者团队对晋升激励的敏感性越大的结论,说明随着既有任期的增加,管理者对晋升激励的敏感性以及晋升激励对投资过度的抑制作用都会增强。这一结论与假设 6-4 并不一致,即随着管理者团队平均既有任期的增长,晋升激励对投资过度的抑制作用并未呈倒"U"形关系。这可能与我国上市公司管理者团队平均既有任期普遍较短有关,从统计数据可以看到,投资过度组和投资不足组的管理者平均既有任期只有 4 年左右。区分产权性质后,可以看到管理者团队平均既有任期与晋升激励交叉项的系数在非国有公司比国有公司更显著为负。这说明不同既有任期的管理者对晋升激励的敏感性以及既有任期在强化晋升激励对投资过度的抑制作用方面均在非国有公司更显著。这一方面可能与第五章提到的国有公司管理者更换频繁,任期较短,致使任期的影响不能凸显有关;另一方面国有公司管理者晋升并非市场化,往往由政府任免,考虑了许多非经济因素,致使晋升对投资过度的抑制作用较弱。

(5) 管理者团队平均预期任期与晋升激励交叉项的系数以及与之相对应的晋升激励的系数显著为负,结合第五章得出的预期任期越长的管理者团队对晋升激励的敏感性越大的结论，说明平均预期任期越小的管理者团队对晋升激励的敏感性以及晋升激励对投资过度的抑制作用都会相对越弱，这与假设6-5相一致。从国有公司和非国有公司的比较看，管理者团队平均预期任期与晋升激励交叉项的系数在非国有公司比国有公司更显著为负。这说明不同预期任期的管理者团队对晋升激励的敏感性以及预期任期在强化晋升激励对投资过度的抑制作用方面均在非国有公司更显著，这也与假设6-16相一致。

表6-3是投资不足组的回归分析。其中，Panel A 是全样本公司的回归分析；Panel B 是国有公司样本的回归分析；Panel C 是非国有公司样本的回归分析。由表6-3可以看到：

（1）管理者团队平均性别对晋升激励与投资不足的关系未产生显著影响，且分国有公司和非国有公司后，管理者团队平均性别也仍未产生显著影响，这与投资过度组的情况一致，其原因应该还是与之前提到的男女性别差异逐渐减小有关。

（2）管理者团队平均年龄与晋升激励交叉项的系数显著为正以及与之相对应的晋升激励的系数显著为正，说明随着年龄的增长，管理者晋升激励对投资不足的抑制作用是逐渐增强的，这与假设6-2并不一致。这似乎暗示，随着年龄的增长，管理者的工作能力与经验逐渐得到积累，对公司的控制力更强以及对晋升的追求更高，因此，越来越不会轻易放弃投资机会。从国有公司和非国有公司的比较看，上述现象在国有公司更为显著。

（3）在管理者团队平均学历方面，投资不足组与投资过度组的结论基本一致。

（4）在管理者团队平均既有任期和预期任期方面，投资不足组与投资过度组在全样本的结论保持一致，即既有任期（预期任期）越长，管理者对晋升激励的敏感性以及晋升激励对非效率投资的抑制作用都会越大。但分产权性质后发现，在投资不足组，上述抑制作用均是国有公司更加显著，这与投资过度组的情况相反。

## 第六章 管理者背景特征下晋升激励影响非效率投资的实证研究

表 6-3  管理者团队背景特征平均水平、晋升激励与投资不足

Panel A：全样本

| 变量 | (1) UI | (2) UI | (3) UI | (4) UI | (5) UI | (6) UI | (7) UI |
|---|---|---|---|---|---|---|---|
| ln(PI) | 0.0005** (2.19) | 0.0015** (2.34) | 0.0143*** (2.91) | 0.0003** (2.09) | 0.0010** (2.02) | 0.0009** (2.42) | 0.0001** (2.34) |
| Mgender | -0.0180 (-0.55) | | | | | | |
| ln(PI)×Mgender | 0.0004 (0.14) | | | | | | |
| Mage | | 0.0005 (0.52) | 0.0045 (0.37) | | | | |
| ln(PI)×Mage | | 0.0001** (2.37) | -0.0006 (-0.90) | | | | |
| Mage² | | | -0.0000 (-0.33) | | | | |
| ln(PI)×Mage² | | | 0.0000 (0.85) | | | | |
| Meducation | | | | 0.0027 (0.26) | | | |
| ln(PI)×Meducation | | | | 0.0002** (2.05) | | | |
| Mtenure | | | | | 0.0004* (1.70) | 0.0079 (0.75) | |
| ln(PI)×Mtenure | | | | | 0.0002*** (3.95) | -0.0007 (-0.75) | |
| Mtenure² | | | | | | -0.0009 (-0.73) | |
| ln(PI)×Mtenure² | | | | | | 0.0001 (0.98) | |
| MEtenure | | | | | | | -0.0005 (-0.46) |
| ln(PI)×MEtenure | | | | | | | 0.0001*** (2.69) |
| Gshare | 0.0007 (0.61) | 0.0007 (0.59) | 0.0007 (0.60) | 0.0007 (0.59) | 0.0008 (0.65) | 0.0008 (0.67) | 0.0007 (0.58) |

续表

Panel A：全样本

| 变量 | (1) UI | (2) UI | (3) UI | (4) UI | (5) UI | (6) UI | (7) UI |
|---|---|---|---|---|---|---|---|
| Cent | 0.0580 (1.49) | 0.0605 (1.55) | 0.0603 (1.54) | 0.0612 (1.58) | 0.0648 * (1.67) | 0.0661 * (1.70) | 0.0657 * (1.69) |
| Ddsize | 0.0218 (0.45) | 0.0212 (0.44) | 0.0212 (0.44) | 0.0209 (0.43) | 0.0189 (0.39) | 0.0192 (0.40) | 0.0228 (0.48) |
| ROE | 0.0480 ** (2.51) | 0.0506 ** (2.58) | 0.0509 *** (2.59) | 0.0488 ** (2.55) | 0.0495 *** (2.60) | 0.0496 *** (2.60) | 0.0511 *** (2.66) |
| Debt | 0.0691 *** (3.24) | 0.0696 *** (3.25) | 0.0686 *** (3.20) | 0.0694 *** (3.24) | 0.0711 *** (3.33) | 0.0706 *** (3.31) | 0.0693 *** (3.26) |
| Growth | 0.0023 * (1.78) | 0.0024 * (1.80) | 0.0023 * (1.75) | 0.0023 * (1.78) | 0.0024 * (1.83) | 0.0024 * (1.83) | 0.0025 * (1.87) |
| ln(Size) | −0.0121 ** (−2.28) | −0.0129 ** (−2.27) | −0.0127 ** (−2.24) | −0.0129 ** (−2.28) | −0.0127 ** (−2.40) | −0.0127 ** (−2.39) | −0.0123 ** (−2.33) |
| Property | 0.0011 (0.11) | 0.0012 (0.12) | 0.0014 (0.14) | 0.0010 (0.10) | 0.0006 (0.06) | 0.0005 (0.05) | 0.0008 (0.08) |
| Constant | 0.1668 (1.29) | 0.1410 (1.09) | 0.0544 (0.17) | 0.1585 (1.22) | 0.1547 (1.23) | 0.1381 (1.07) | 0.1488 (1.19) |
| Industry | 是 | 是 | 是 | 是 | 是 | 是 | 是 |
| Year | 是 | 是 | 是 | 是 | 是 | 是 | 是 |
| $R^2$ | 0.034 | 0.034 | 0.034 | 0.033 | 0.037 | 0.038 | 0.036 |
| F 值 | 1.671 | 1.658 | 1.520 | 1.652 | 1.849 | 1.703 | 1.798 |
| 样本量 | 1561 | 1561 | 1561 | 1561 | 1561 | 1561 | 1561 |

Panel B：国有公司样本

| 变量 | (1) UI | (2) UI | (3) UI | (4) UI | (5) UI | (6) UI | (7) UI |
|---|---|---|---|---|---|---|---|
| ln(PI) | 0.0055 ** (2.30) | 0.0161 *** (2.73) | 0.0064 ** (2.26) | 0.0016 ** (2.09) | 0.0074 ** (2.11) | 0.0033 ** (2.31) | 0.0009 ** (2.29) |
| Mgender | 0.1211 (0.48) | | | | | | |
| ln(PI)×Mgender | −0.0090 (−0.44) | | | | | | |
| Mage | | 0.0044 (0.80) | 0.0099 (0.60) | | | | |

续表

Panel B：国有公司样本

| 变量 | (1) UI | (2) UI | (3) UI | (4) UI | (5) UI | (6) UI | (7) UI |
|---|---|---|---|---|---|---|---|
| ln(PI)×Mage | | 0.0004* (1.84) | 0.0001 (0.19) | | | | |
| Mage$^2$ | | | −0.0000 (−0.22) | | | | |
| ln(PI)×Mage$^2$ | | | −0.0000 (−0.81) | | | | |
| Meducation | | | | 0.0045 (0.07) | | | |
| ln(PI)×Meducation | | | | −0.0002 (−0.05) | | | |
| Mtenure | | | | | 0.0311* (1.73) | 0.0047 (0.08) | |
| ln(PI)×Mtenure | | | | | 0.0024* (1.69) | −0.0002 (−0.04) | |
| Mtenure$^2$ | | | | | | 0.0032 (0.48) | |
| ln(PI)×Mtenure$^2$ | | | | | | −0.0003 (−0.51) | |
| MEtenure | | | | | | | −0.0176** (−2.11) |
| ln(PI)×MEtenure | | | | | | | 0.0014** (2.11) |
| Gshare | 0.0026 (0.40) | 0.0028 (0.43) | 0.0026 (0.41) | 0.0025 (0.39) | 0.0026 (0.41) | 0.0027 (0.41) | 0.0032 (0.50) |
| Cent | 0.0736 (1.42) | 0.0703 (1.36) | 0.0680 (1.31) | 0.0734 (1.42) | 0.0768 (1.49) | 0.0757 (1.46) | 0.0640 (1.24) |
| Ddsize | 0.0204 (0.32) | 0.0206 (0.32) | 0.0195 (0.30) | 0.0241 (0.37) | 0.0235 (0.36) | 0.0237 (0.37) | 0.0216 (0.34) |
| ROE | 0.1102*** (4.39) | 0.1103*** (4.30) | 0.1128*** (4.36) | 0.1105*** (4.40) | 0.1118*** (4.47) | 0.1107*** (4.40) | 0.1120*** (4.47) |
| Debt | 0.0956*** (3.26) | 0.0959*** (3.28) | 0.0975*** (3.31) | 0.0960*** (3.28) | 0.0965*** (3.30) | 0.0949*** (3.21) | 0.0979*** (3.35) |

续表

Panel B：国有公司样本

| 变量 | (1) UI | (2) UI | (3) UI | (4) UI | (5) UI | (6) UI | (7) UI |
|---|---|---|---|---|---|---|---|
| Growth | 0.0024 (1.43) | 0.0024 (1.45) | 0.0025 (1.46) | 0.0024 (1.42) | 0.0024 (1.40) | 0.0024 (1.42) | 0.0024 (1.44) |
| ln(Size) | -0.0157** (-2.35) | -0.0139* (-1.89) | -0.0146** (-1.97) | -0.0159** (-2.21) | -0.0151** (-2.28) | -0.0153** (-2.30) | -0.0150** (-2.26) |
| Constant | 0.1447 (0.55) | -0.0277 (-0.08) | -0.1854 (-0.38) | 0.2178 (0.78) | 0.1100 (0.66) | 0.1640 (0.82) | 0.1940 (1.29) |
| Industry | 是 | 是 | 是 | 是 | 是 | 是 | 是 |
| Year | 是 | 是 | 是 | 是 | 是 | 是 | 是 |
| $R^2$ | 0.071 | 0.072 | 0.074 | 0.071 | 0.076 | 0.077 | 0.079 |
| F值 | 2.664 | 2.691 | 2.439 | 2.638 | 2.861 | 2.533 | 2.957 |
| 样本量 | 1030 | 1030 | 1030 | 1030 | 1030 | 1030 | 1030 |

Panel C：非国有公司样本

| 变量 | (1) UI | (2) UI | (3) UI | (4) UI | (5) UI | (6) UI | (7) UI |
|---|---|---|---|---|---|---|---|
| ln(PI) | 0.0337* (1.83) | 0.0464** (2.30) | 0.1085** (2.08) | 0.0053** (2.22) | 0.0100** (2.04) | 0.0031** (2.22) | 0.0042*** (2.67) |
| Mgender | 0.5381* (1.94) | | | | | | |
| ln(PI)×Mgender | -0.0470 (-1.19) | | | | | | |
| Mage | | 0.0141 (1.50) | 0.0345 (1.07) | | | | |
| ln(PI)×Mage | | -0.0011 (-1.45) | -0.0044 (-0.16) | | | | |
| $Mage^2$ | | | -0.0003 (-0.91) | | | | |
| ln(PI)×$Mage^2$ | | | 0.0000 (0.83) | | | | |
| Meducation | | | | 0.0006 (0.01) | | | |
| ln(PI)×Meducation | | | | 0.0002** (2.02) | | | |

续表

Panel C：非国有公司样本

| 变量 | (1) UI | (2) UI | (3) UI | (4) UI | (5) UI | (6) UI | (7) UI |
|---|---|---|---|---|---|---|---|
| Mtenure | | | | | -0.0098 (-0.40) | 0.0663 (0.92) | |
| $\ln(PI) \times$ Mtenure | | | | | 0.0011 (0.57) | -0.0054 (-0.97) | |
| Mtenure$^2$ | | | | | | -0.0092 (-1.19) | |
| $\ln(PI) \times$ Mtenure$^2$ | | | | | | 0.0008 (1.29) | |
| MEtenure | | | | | | | 0.0015 (0.12) |
| $\ln(PI) \times$ MEtenure | | | | | | | -0.0002 (-0.24) |
| Gshare | 0.0008 (0.61) | 0.0008 (0.59) | 0.0008 (0.59) | 0.0008 (0.61) | 0.0010 (0.74) | 0.0009 (0.70) | 0.0008 (0.63) |
| Cent | -0.0001 (-0.00) | 0.0325 (0.51) | 0.0258 (0.41) | 0.0245 (0.39) | 0.0375 (0.59) | 0.0291 (0.46) | 0.0299 (0.47) |
| Ddsize | 0.0644 (0.70) | 0.0717 (0.76) | 0.0716 (0.76) | 0.0543 (0.57) | 0.0608 (0.65) | 0.0588 (0.63) | 0.0533 (0.57) |
| ROE | -0.0310 (-0.95) | -0.0271 (-0.81) | -0.0230 (-0.69) | -0.0314 (-0.95) | -0.0303 (-0.93) | -0.0308 (-0.94) | -0.0238 (-0.71) |
| Debt | 0.0543 (1.58) | 0.0392 (1.14) | 0.0400 (1.16) | 0.0405 (1.16) | 0.0433 (1.26) | 0.0435 (1.27) | 0.0411 (1.19) |
| Growth | 0.0020 (0.92) | 0.0024 (1.10) | 0.0022 (1.00) | 0.0025 (1.13) | 0.0027 (1.22) | 0.0026 (1.18) | 0.0028 (1.29) |
| $\ln(Size)$ | 0.0027 (0.26) | 0.0009 (0.08) | -0.0011 (-0.10) | 0.0010 (0.10) | 0.0012 (0.11) | 0.0014 (0.14) | 0.0012 (0.12) |
| Constant | -0.5461 (-1.64) | -0.7447 (-1.47) | -0.9838 (-1.15) | -0.0447 (-0.12) | -0.0287 (-0.12) | -0.1639 (-0.58) | -0.0616 (-0.29) |
| Industry | 是 | 是 | 是 | 是 | 是 | 是 | 是 |
| Year | 是 | 是 | 是 | 是 | 是 | 是 | 是 |
| $R^2$ | 0.053 | 0.033 | 0.050 | 0.025 | 0.036 | 0.043 | 0.032 |
| F 值 | 1.235 | 0.765 | 0.995 | 0.572 | 0.833 | 0.851 | 0.739 |
| 样本量 | 531 | 531 | 531 | 531 | 531 | 531 | 531 |

注：(1) *表示10%的显著性水平，**表示5%的显著性水平，***表示1%的显著性水平。

(2) 括号内是 t 值。

(二) 管理者团队背景特征异质性、晋升激励与非效率投资

表 6-4 是投资过度组的回归分析。其中，Panel A 是全样本公司的回归分析；Panel B 是国有公司样本的回归分析；Panel C 是非国有公司样本的回归分析。由此表可见：①管理者团队性别异质性与晋升激励交叉项的系数不显著，分国有公司和非国有公司后也均不显著，说明晋升激励对投资过度的抑制作用不受管理者团队性别异质性的影响，这与假设 6-6 和假设 6-16 均不一致。其原因可能还是与男女管理者的思想观念及行为方式差异逐渐变小有关。②管理者团队年龄异质性与晋升激励交叉项的系数不显著，结合第五章得出的管理者团队年龄异质性与晋升激励关系不显著的结论，说明晋升激励对投资过度的抑制作用不受管理者团队年龄异质性的影响，这与假设 6-7 不一致。而从国有公司和非国有公司的比较看，在两种产权性质的公司中管理者团队年龄异质性与晋升激励交叉项的系数也均不显著，说明晋升激励对过度投资的抑制作用在两种产权性质的公司中均不受管理者团队年龄异质性的影响，这与假设 6-16 不一致。这应该是管理者团队年龄异质性与晋升激励关系不显著所致。③管理者团队学历异质性与晋升激励交叉项的系数显著为正，以及与之相对应的晋升激励的系数均显著为负，结合第五章得出的学历异质性越大的管理者团队对晋升激励敏感性越低的结论，说明学历异质性越大的管理者团队对晋升激励的敏感性越小，进而使晋升激励对投资过度的抑制作用也越小，这与假设 6-8 不一致。这应该就是跟第五章所发现的学历异质性越大的管理者团队对晋升激励敏感性越低的现象有关。而从国有公司和非国有公司的比较看，上述现象在非国有公司更为显著，与假设 6-16 相一致。④管理者团队既有任期异质性与晋升激励交叉项的系数显著为正，结合第五章得出的既有任期异质性越大的管理者团队对晋升激励的敏感性越小的结论，说明随着既有任期异质性的增加，管理者团队对晋升激励的敏感性以及晋升激励对投资过度的抑制作用都会减弱。且从国有公司和非国有公司的比较看，上述现象在非国有公司更为显著，这些结论与假设 6-9 和假设 6-16 均相一致。⑤管理者团队预期任期异质性与晋升激励交叉项的系数显著为正，以及与

之相对应的晋升激励的系数显著为负,结合第五章得出的预期任期异质性越长的管理者团队对晋升激励的敏感性越小的结论,说明随着预期任期异质性的增加,管理者团队对晋升激励的敏感性以及晋升激励对投资过度的抑制作用都会减弱。且从国有公司和非国有公司的比较看,上述现象在非国有公司更为显著,这些结论与假设6-10和假设6-16均相一致。

表6-4　管理者团队背景特征异质性、晋升激励与投资过度

Panel A：全样本

| 变量 | (1) OI | (2) OI | (3) OI | (4) OI | (5) OI |
|---|---|---|---|---|---|
| ln(PI) | -0.0001** (-2.07) | -0.0012** (-2.48) | -0.0065* (-1.86) | -0.0014* (-1.79) | -0.0005** (-2.48) |
| Hgender | 0.0305 (0.55) | | | | |
| ln(PI)×Hgender | -0.0025 (-0.51) | | | | |
| Hage | | 0.1214 (0.66) | | | |
| ln(PI)×Hage | | -0.0121 (-0.71) | | | |
| Heducation | | | -0.0728 (-1.13) | | |
| ln(PI)×Heducation | | | 0.0108* (1.81) | | |
| Htenure | | | | 0.0259 (0.94) | |
| ln(PI)×Htenure | | | | 0.0032** (2.21) | |
| HEtenure | | | | | -0.0000 (-0.11) |

续表

Panel A：全样本

| 变量 | (1) OI | (2) OI | (3) OI | (4) OI | (5) OI |
|---|---|---|---|---|---|
| ln(PI) × HEtenure | | | | | 0.0001 ** |
| | | | | | (2.40) |
| Gshare | 0.0005 | 0.0005 | 0.0006 | 0.0005 | 0.0006 |
| | (0.31) | (0.34) | (0.40) | (0.31) | (0.36) |
| Cent | 0.1843 *** | 0.1892 *** | 0.1778 *** | 0.1803 *** | 0.1833 *** |
| | (3.05) | (3.12) | (2.94) | (2.98) | (3.03) |
| Ddsize | -0.1824 ** | -0.1775 * | -0.1771 * | -0.1846 ** | -0.1846 ** |
| | (-2.00) | (-1.94) | (-1.94) | (-2.02) | (-2.02) |
| ROE | 0.1737 *** | 0.1745 *** | 0.1757 *** | 0.1736 *** | 0.1721 *** |
| | (4.33) | (4.34) | (4.39) | (4.30) | (4.30) |
| Debt | 0.0302 | 0.0306 | 0.0333 | 0.0305 | 0.0310 |
| | (0.80) | (0.81) | (0.88) | (0.81) | (0.82) |
| Growth | -0.0004 | -0.0005 | -0.0004 | -0.0004 | -0.0004 |
| | (-0.31) | (-0.40) | (-0.31) | (-0.35) | (-0.36) |
| ln(Size) | 0.0317 *** | 0.0323 *** | 0.0307 *** | 0.0323 *** | 0.0319 *** |
| | (4.09) | (4.18) | (3.97) | (4.02) | (4.13) |
| Property | 0.0053 | 0.0056 | 0.0050 | 0.0057 | 0.0054 |
| | (0.23) | (0.24) | (0.22) | (0.25) | (0.24) |
| Constant | -0.7440 *** | -0.7740 *** | -0.3942 * | -0.4894 ** | -0.7441 *** |
| | (-3.66) | (-3.72) | (-1.92) | (-2.38) | (-3.66) |
| Industry | 是 | 是 | 是 | 是 | 是 |
| Year | 是 | 是 | 是 | 是 | 是 |
| $R^2$ | 0.069 | 0.069 | 0.072 | 0.070 | 0.069 |
| F 值 | 3.677 | 3.688 | 3.850 | 3.739 | 3.691 |
| 样本量 | 1781 | 1781 | 1781 | 1781 | 1781 |

续表

| Panel B：国有公司样本 | | | | | |
|---|---|---|---|---|---|
| 变量 | (1) | (2) | (3) | (4) | (5) |
| | OI | OI | OI | OI | OI |
| ln(PI) | -0.0004** | -0.0002** | -0.0080* | -0.0006** | -0.0005** |
| | (-2.25) | (-2.06) | (-1.88) | (-2.25) | (-2.37) |
| Hgender | 0.0725 | | | | |
| | (1.08) | | | | |
| ln(PI) × Hgender | -0.0038 | | | | |
| | (-0.63) | | | | |
| Hage | | 0.0100 | | | |
| | | (0.04) | | | |
| ln(PI) × Hage | | -0.0016 | | | |
| | | (-0.07) | | | |
| Heducation | | | -0.1022 | | |
| | | | (-1.37) | | |
| ln(PI) × Heducation | | | 0.0035* | | |
| | | | (1.86) | | |
| Htenure | | | | 0.0052 | |
| | | | | (0.16) | |
| ln(PI) × Htenure | | | | 0.0017 | |
| | | | | (0.53) | |
| HEtenure | | | | | -0.0001 |
| | | | | | (-0.50) |
| ln(PI) × HEtenure | | | | | 0.0001 |
| | | | | | (0.05) |
| Gshare | -0.0034 | -0.0034 | -0.0033 | -0.0032 | -0.0032 |
| | (-0.55) | (-0.55) | (-0.53) | (-0.51) | (-0.52) |
| Cent | 0.2348*** | 0.2383*** | 0.2330*** | 0.2330*** | 0.2371*** |
| | (2.64) | (2.66) | (2.62) | (2.61) | (2.66) |

续表

Panel B：国有公司样本

| 变量 | (1) OI | (2) OI | (3) OI | (4) OI | (5) OI |
| --- | --- | --- | --- | --- | --- |
| Ddsize | -0.1559 | -0.1532 | -0.1451 | -0.1561 | -0.1566 |
|  | (-1.44) | (-1.41) | (-1.34) | (-1.44) | (-1.44) |
| ROE | 0.1632*** | 0.1583*** | 0.1610*** | 0.1561*** | 0.1584*** |
|  | (3.29) | (3.16) | (3.26) | (3.13) | (3.20) |
| Debt | 0.0519 | 0.0507 | 0.0596 | 0.0501 | 0.0530 |
|  | (1.01) | (0.99) | (1.16) | (0.98) | (1.03) |
| Growth | 0.0002 | 0.0001 | 0.0002 | 0.0001 | 0.0000 |
|  | (0.11) | (0.05) | (0.12) | (0.06) | (0.02) |
| ln(Size) | 0.0279*** | 0.0287*** | 0.0275*** | 0.0300*** | 0.0284*** |
|  | (2.73) | (2.80) | (2.69) | (2.81) | (2.78) |
| Constant | -0.6271*** | -0.6296*** | -0.5467** | -0.6822*** | -0.6209*** |
|  | (-2.65) | (-2.59) | (-2.27) | (-2.83) | (-2.62) |
| Industry | 是 | 是 | 是 | 是 | 是 |
| Year | 是 | 是 | 是 | 是 | 是 |
| $R^2$ | 0.060 | 0.058 | 0.063 | 0.059 | 0.059 |
| F值 | 2.403 | 2.327 | 2.544 | 2.354 | 2.369 |
| 样本量 | 1179 | 1179 | 1179 | 1179 | 1179 |

Panel C：非国有公司样本

| 变量 | (1) OI | (2) OI | (3) OI | (4) OI | (5) OI |
| --- | --- | --- | --- | --- | --- |
| ln(PI) | -0.0410*** | -0.0269** | -0.0339*** | -0.0410** | -0.0129* |
|  | (-2.88) | (-2.02) | (-2.90) | (-2.22) | (-1.75) |
| Hgender | 0.7229 |  |  |  |  |
|  | (0.40) |  |  |  |  |
| ln(PI)×Hgender | -0.0619 |  |  |  |  |
|  | (-0.55) |  |  |  |  |

续表

| 变量 | (1) OI | (2) OI | (3) OI | (4) OI | (5) OI |
|---|---|---|---|---|---|
| Panel C：非国有公司样本 | | | | | |
| Hage | | 1.1015 (0.56) | | | |
| $\ln(PI) \times$ Hage | | -0.0801 (-0.50) | | | |
| Heducation | | | -0.9248 (-1.22) | | |
| $\ln(PI) \times$ Heducation | | | 0.0820** (2.33) | | |
| Htenure | | | | 0.5808* (1.74) | |
| $\ln(PI) \times$ Htenure | | | | 0.0453* (1.68) | |
| HEtenure | | | | | -0.0021 (-0.73) |
| $\ln(PI) \times$ HEtenure | | | | | 0.0002* (1.74) |
| Gshare | 0.0009 (0.59) | 0.0010 (0.62) | 0.0009 (0.56) | 0.0010 (0.62) | 0.0010 (0.63) |
| Cent | 0.1709** (2.02) | 0.1782** (2.08) | 0.1667* (1.94) | 0.1862** (2.18) | 0.1709** (1.99) |
| Ddsize | -0.2119 (-1.14) | -0.2309 (-1.23) | -0.2177 (-1.16) | -0.2414 (-1.29) | -0.2278 (-1.21) |
| ROE | 0.1698** (2.35) | 0.1654** (2.27) | 0.1749** (2.41) | 0.1684** (2.32) | 0.1682** (2.31) |
| Debt | -0.0239 (-0.40) | -0.0259 (-0.43) | -0.0209 (-0.35) | -0.0328 (-0.55) | -0.0240 (-0.40) |
| Growth | -0.0009 (-0.56) | -0.0007 (-0.47) | -0.0007 (-0.44) | -0.0008 (-0.52) | -0.0007 (-0.44) |

续表

Panel C：非国有公司样本

| 变量 | (1) OI | (2) OI | (3) OI | (4) OI | (5) OI |
|---|---|---|---|---|---|
| ln(Size) | 0.0243* (1.75) | 0.0246* (1.76) | 0.0189 (1.31) | 0.0201 (1.37) | 0.0248* (1.77) |
| Constant | -0.9322*** (-2.91) | -0.8127* (-1.89) | -0.0570 (-0.09) | -0.8464** (-2.41) | -0.6182** (-2.02) |
| Industry | 是 | 是 | 是 | 是 | 是 |
| Year | 是 | 是 | 是 | 是 | 是 |
| $R^2$ | 0.127 | 0.108 | 0.115 | 0.116 | 0.108 |
| F值 | 3.171 | 2.650 | 2.828 | 2.851 | 2.640 |
| 样本量 | 602 | 602 | 602 | 602 | 602 |

注：(1) *表示10%的显著性水平，**表示5%的显著性水平，***表示1%的显著性水平。

(2) 括号内是t值。

从上述结论可以看到，整体而言，我国上市公司管理者团队背景特征的异质性并未带来信息决策方面的好处，这与西方较多研究结论不太一样。这一现象可能与中西方社会文化背景不同有关。西方文化强调个人主义，而我国则强调集体主义思想，注重集体的和谐以及人与人关系的适度。如影响我国几千年的儒家中庸思想是："喜怒哀乐之未发，谓之中；发而皆中节，谓之和。中也者，天下之大本也；和也者，天下之达道也。致中和，天地位焉，万物育焉。"显然，上述两种不同文化会影响管理者的态度、价值观和信念。集体主义文化价值观关注组织成员之间的关系，强调成员之间的相似性，易用明显的界限区分异己成员，从而使异质化的管理者团队很难形成统一的认识和凝聚力，降低管理者团队间的沟通和合作。最终导致了对晋升激励等激励机制的不同反应，降低了晋升激励的激励效果。

表6-5是投资不足组的回归分析。其中，Panel A 是全样本公司的回归分析；Panel B 是国有公司样本的回归分析；Panel C 是非国有

公司样本的回归分析。从整体看,投资不足组的回归结果与投资过度组的结果基本一致,这里不再赘述。

表6-5 管理者团队背景特征异质性、晋升激励与投资不足

| Panel A:全样本 | | | | | |
|---|---|---|---|---|---|
| 变量 | (1) | (2) | (3) | (4) | (5) |
| | UI | UI | UI | UI | UI |
| $\ln(PI)$ | 0.0001** | 0.0021* | 0.0024** | 0.0004** | 0.0002** |
| | (2.11) | (1.66) | (2.38) | (2.48) | (2.39) |
| Hgender | 0.0128 | | | | |
| | (0.52) | | | | |
| $\ln(PI) \times$ Hgender | -0.0008 | | | | |
| | (-0.36) | | | | |
| Hage | | -0.2358 | | | |
| | | (-1.47) | | | |
| $\ln(PI) \times$ Hage | | 0.0135 | | | |
| | | (0.66) | | | |
| Heducation | | | 0.0384 | | |
| | | | (1.17) | | |
| $\ln(PI) \times$ Heducation | | | -0.0044* | | |
| | | | (-1.80) | | |
| Htenure | | | | 0.0012 | |
| | | | | (0.10) | |
| $\ln(PI) \times$ Htenure | | | | -0.0009*** | |
| | | | | (-2.75) | |
| HEtenure | | | | | -0.0003** |
| | | | | | (-2.49) |
| $\ln(PI) \times$ HEtenure | | | | | -0.0000** |
| | | | | | (-2.06) |
| Gshare | 0.0007 | 0.0007 | 0.0007 | 0.0008 | 0.0007 |
| | (0.60) | (0.57) | (0.55) | (0.64) | (0.61) |
| Cent | 0.0599 | 0.0593 | 0.0582 | 0.0596 | 0.0592 |
| | (1.55) | (1.53) | (1.50) | (1.54) | (1.53) |

续表

Panel A：全样本

| 变量 | (1) UI | (2) UI | (3) UI | (4) UI | (5) UI |
| --- | --- | --- | --- | --- | --- |
| Ddsize | 0.0220 (0.46) | 0.0263 (0.55) | 0.0189 (0.39) | 0.0194 (0.40) | 0.0227 (0.47) |
| ROE | 0.0487** (2.55) | 0.0493*** (2.60) | 0.0484** (2.54) | 0.0474** (2.48) | 0.0497*** (2.62) |
| Debt | 0.0690*** (3.24) | 0.0683*** (3.21) | 0.0675*** (3.17) | 0.0684*** (3.21) | 0.0686*** (3.23) |
| Growth | 0.0023* (1.78) | 0.0024* (1.80) | 0.0024* (1.86) | 0.0024* (1.79) | 0.0021 (1.63) |
| ln(Size) | -0.0122** (-2.30) | -0.0128** (-2.41) | -0.0118** (-2.22) | -0.0113* (-2.09) | -0.0120** (-2.28) |
| Property | 0.0011 (0.10) | 0.0001 (0.01) | 0.0014 (0.14) | 0.0001 (0.01) | 0.0002 (0.02) |
| Constant | 0.1489 (1.18) | 0.2092* (1.71) | 0.1228 (0.97) | 0.1308 (1.03) | 0.1505 (1.20) |
| Industry | 是 | 是 | 是 | 是 | 是 |
| Year | 是 | 是 | 是 | 是 | 是 |
| $R^2$ | 0.034 | 0.041 | 0.036 | 0.035 | 0.041 |
| F 值 | 1.658 | 2.020 | 1.778 | 1.721 | 2.033 |
| 样本量 | 1561 | 1561 | 1561 | 1561 | 1561 |

Panel B：国有公司样本

| 变量 | (1) UI | (2) UI | (3) UI | (4) UI | (5) UI |
| --- | --- | --- | --- | --- | --- |
| ln(PI) | 0.0127*** (2.69) | 0.0018** (2.22) | 0.0027** (2.25) | 0.0049*** (2.96) | 0.0024*** (2.78) |
| Hgender | -0.5972 (-0.90) | | | | |
| ln(PI)×Hgender | 0.0491 (0.91) | | | | |

续表

Panel B：国有公司样本

| 变量 | (1) UI | (2) UI | (3) UI | (4) UI | (5) UI |
|---|---|---|---|---|---|
| Hage | | 0.0211 | | | |
| | | (0.03) | | | |
| ln(PI) × Hage | | -0.0043 | | | |
| | | (-0.08) | | | |
| Heducation | | | -0.0078 | | |
| | | | (-0.04) | | |
| ln(PI) × Heducation | | | -0.0004** | | |
| | | | (-2.02) | | |
| Htenure | | | | -0.0581 | |
| | | | | (-0.66) | |
| ln(PI) × Htenure | | | | -0.0044 | |
| | | | | (-0.62) | |
| HEtenure | | | | | 0.0007 |
| | | | | | (0.74) |
| ln(PI) × HEtenure | | | | | -0.0001* |
| | | | | | (-1.83) |
| Gshare | 0.0040 | 0.0025 | 0.0025 | 0.0026 | 0.0031 |
| | (0.62) | (0.39) | (0.39) | (0.40) | (0.47) |
| Cent | 0.0770 | 0.0732 | 0.0740 | 0.0723 | 0.0738 |
| | (1.51) | (1.42) | (1.43) | (1.40) | (1.43) |
| Ddsize | 0.0223 | 0.0249 | 0.0234 | 0.0262 | 0.0237 |
| | (0.35) | (0.39) | (0.36) | (0.41) | (0.37) |
| ROE | 0.1136*** | 0.1096*** | 0.1103*** | 0.1097*** | 0.1110*** |
| | (4.56) | (4.35) | (4.39) | (4.36) | (4.43) |
| Debt | 0.0889*** | 0.0961*** | 0.0957*** | 0.0954*** | 0.0967*** |
| | (3.04) | (3.28) | (3.25) | (3.26) | (3.31) |
| Growth | 0.0025 | 0.0024 | 0.0024 | 0.0024 | 0.0021 |
| | (1.47) | (1.39) | (1.42) | (1.45) | (1.27) |

续表

Panel B：国有公司样本

| 变量 | (1) UI | (2) UI | (3) UI | (4) UI | (5) UI |
|---|---|---|---|---|---|
| ln(Size) | -0.0150** | -0.0157** | -0.0154** | -0.0153** | -0.0159** |
|  | (-2.27) | (-2.36) | (-2.27) | (-2.25) | (-2.39) |
| Constant | 0.3343** | 0.2259 | 0.2489 | 0.2520 | 0.2533* |
|  | (2.17) | (1.28) | (1.22) | (1.54) | (1.73) |
| Industry | 是 | 是 | 是 | 是 | 是 |
| Year | 是 | 是 | 是 | 是 | 是 |
| $R^2$ | 0.086 | 0.071 | 0.071 | 0.072 | 0.074 |
| F值 | 3.243 | 2.648 | 2.638 | 2.675 | 2.762 |
| 样本量 | 1030 | 1030 | 1030 | 1030 | 1030 |

Panel C：非国有公司样本

| 变量 | (1) UI | (2) UI | (3) UI | (4) UI | (5) UI |
|---|---|---|---|---|---|
| ln(PI) | 0.0023* | 0.0015** | 0.0043** | 0.0017*** | 0.0001** |
|  | (1.76) | (2.39) | (2.18) | (2.94) | (2.08) |
| Hgender | 0.0923* |  |  |  |  |
|  | (1.95) |  |  |  |  |
| ln(PI)×Hgender | -0.0078 |  |  |  |  |
|  | (-0.75) |  |  |  |  |
| Hage |  | -0.2713* |  |  |  |
|  |  | (-1.65) |  |  |  |
| ln(PI)×Hage |  | 0.0105 |  |  |  |
|  |  | (0.76) |  |  |  |
| Heducation |  |  | 0.0743 |  |  |
|  |  |  | (1.01) |  |  |
| ln(PI)×Heducation |  |  | -0.0071*** |  |  |
|  |  |  | (-3.15) |  |  |
| Htenure |  |  |  | 0.0099 |  |
|  |  |  |  | (0.39) |  |

续表

| Panel C：非国有公司样本 | | | | | |
|---|---|---|---|---|---|
| 变量 | (1) | (2) | (3) | (4) | (5) |
| | UI | UI | UI | UI | UI |
| ln(PI) × Htenure | | | | -0.0023** | |
| | | | | (-2.19) | |
| HEtenure | | | | | -0.0007*** |
| | | | | | (-2.96) |
| ln(PI) × HEtenure | | | | | -0.0011*** |
| | | | | | (-2.99) |
| Gshare | 0.0007 | 0.0006 | 0.0007 | 0.0009 | 0.0008 |
| | (0.55) | (0.49) | (0.54) | (0.65) | (0.61) |
| Cent | 0.0217 | 0.0183 | 0.0204 | 0.0133 | 0.0069 |
| | (0.34) | (0.29) | (0.32) | (0.21) | (0.11) |
| Ddsize | 0.0386 | 0.0457 | 0.0338 | 0.0403 | 0.0276 |
| | (0.42) | (0.50) | (0.36) | (0.44) | (0.30) |
| ROE | -0.0329 | -0.0281 | -0.0364 | -0.0348 | -0.0363 |
| | (-1.00) | (-0.85) | (-1.10) | (-1.05) | (-1.12) |
| Debt | 0.0395 | 0.0443 | 0.0421 | 0.0413 | 0.0423 |
| | (1.16) | (1.29) | (1.22) | (1.20) | (1.25) |
| Growth | 0.0022 | 0.0026 | 0.0025 | 0.0022 | 0.0026 |
| | (0.98) | (1.16) | (1.13) | (0.99) | (1.19) |
| ln(Size) | 0.0001 | -0.0017 | 0.0006 | 0.0015 | -0.0006 |
| | (0.01) | (-0.17) | (0.06) | (0.15) | (-0.06) |
| Constant | -0.1082 | -0.0034 | -0.1355 | -0.1161 | -0.0511 |
| | (-0.50) | (-0.02) | (-0.61) | (-0.54) | (-0.24) |
| Industry | 是 | 是 | 是 | 是 | 是 |
| Year | 是 | 是 | 是 | 是 | 是 |
| $R^2$ | 0.038 | 0.035 | 0.028 | 0.029 | 0.058 |
| F 值 | 0.863 | 0.807 | 0.633 | 0.660 | 1.363 |
| 样本量 | 531 | 531 | 531 | 531 | 531 |

注：(1) * 表示10%的显著性水平，** 表示5%的显著性水平，*** 表示1%的显著性水平。

(2) 括号内是 t 值。

### (三) 管理者团队背景特征"垂直对"、晋升激励与非效率投资

表6-6是投资过度组的回归分析。其中，Panel A是全样本公司的回归分析；Panel B是国有公司样本的回归分析；Panel C是非国有公司样本的回归分析。由此表可见：①在性别和年龄方面，管理者团队的"垂直对"特征与晋升激励交叉项的系数不显著，分国有公司和非国有公司后也均不显著，说明晋升激励对过度投资的抑制作用不受管理者团队性别和年龄"垂直对"特征的影响，这与假设6-11、假设6-12和假设6-16均不一致。其原因可能与管理者团队性别和年龄"垂直对"特征与晋升激励关系不显著有关。②在学历、既有任期和预期任期方面，管理者团队的"垂直对"特征与晋升激励交叉项的系数均显著为正，结合第五章得出的管理者团队学历、既有任期、预期任期"垂直对"与晋升激励均显著为负的结论，说明管理者团队学历、既有任期、预期任期"垂直对"越大，管理者团队对晋升激励的敏感性越小，从而使晋升激励对过度投资的抑制也越小，这与假设6-13、假设6-14和假设6-15均相一致。从国有公司和非国有公司的比较看，上述现象在非国有公司更为显著，这些结论与假设6-16相一致。

**表6-6　管理者团队背景特征"垂直对"、晋升激励与投资过度**

Panel A：全样本

| 变量 | (1) OI | (2) OI | (3) OI | (4) OI | (5) OI |
| --- | --- | --- | --- | --- | --- |
| ln(PI) | -0.0027** (-2.38) | -0.0104** (-2.43) | -0.0092** (-2.12) | -0.0072** (-2.09) | -0.0065*** (-2.87) |
| Vgender | 0.0020 (0.01) | | | | |
| ln(PI) × Vgender | 0.0012 (0.05) | | | | |
| Vage | | -0.0172 (-1.58) | | | |

续表

| Panel A：全样本 | | | | | |
|---|---|---|---|---|---|
| 变量 | (1) OI | (2) OI | (3) OI | (4) OI | (5) OI |
| ln(PI)×Vage |  | 0.0015 (0.68) |  |  |  |
| Veducation |  |  | -0.1031 (-0.95) |  |  |
| ln(PI)×Veducation |  |  | 0.0098** (2.09) |  |  |
| Vtenure |  |  |  | -0.0216 (-1.27) |  |
| ln(PI)×Vtenure |  |  |  | 0.0018** (2.25) |  |
| VEtenure |  |  |  |  | -0.0069 (-0.79) |
| ln(PI)×VEtenure |  |  |  |  | 0.0006*** (2.80) |
| Gshare | 0.0005 (0.34) | 0.0003 (0.17) | 0.0004 (0.26) | 0.0005 (0.30) | 0.0004 (0.27) |
| Cent | 0.1851*** (3.07) | 0.1931*** (3.20) | 0.1814*** (3.01) | 0.1866*** (3.09) | 0.1893*** (3.13) |
| Ddsize | -0.1824** (-1.99) | -0.1743* (-1.91) | -0.1874** (-2.05) | -0.1829** (-2.00) | -0.1800** (-1.97) |
| ROE | 0.1773*** (4.40) | 0.1767*** (4.40) | 0.1757*** (4.36) | 0.1769*** (4.38) | 0.1767*** (4.39) |
| Debt | 0.0316 (0.83) | 0.0295 (0.78) | 0.0340 (0.90) | 0.0272 (0.72) | 0.0278 (0.73) |
| Growth | -0.0004 (-0.36) | -0.0005 (-0.42) | -0.0006 (-0.46) | -0.0005 (-0.40) | -0.0005 (-0.43) |
| ln(Size) | 0.0328*** (4.04) | 0.0325*** (3.99) | 0.0345*** (4.22) | 0.0332*** (3.96) | 0.0324*** (3.97) |

续表

Panel A：全样本

| 变量 | (1) OI | (2) OI | (3) OI | (4) OI | (5) OI |
|---|---|---|---|---|---|
| Property | 0.0058 (0.26) | 0.0049 (0.22) | 0.0065 (0.28) | 0.0057 (0.25) | 0.0058 (0.26) |
| Constant | -0.4590** (-2.24) | -0.3694* (-1.74) | -0.4219** (-1.98) | -0.4078* (-1.94) | -0.6900*** (-3.24) |
| Industry | 是 | 是 | 是 | 是 | 是 |
| Year | 是 | 是 | 是 | 是 | 是 |
| $R^2$ | 0.069 | 0.072 | 0.071 | 0.070 | 0.069 |
| F 值 | 3.669 | 3.845 | 3.797 | 3.746 | 3.694 |
| 样本量 | 1781 | 1781 | 1781 | 1781 | 1781 |

Panel B：国有公司样本

| 变量 | (1) OI | (2) OI | (3) OI | (4) OI | (5) OI |
|---|---|---|---|---|---|
| ln(PI) | -0.0001** (-2.09) | -0.0013*** (-2.81) | -0.0026** (-2.34) | -0.0003** (-2.22) | -0.0008** (-2.33) |
| Vgender | 0.0429 (0.62) | | | | |
| ln(PI) × Vgender | -0.0017 (-0.28) | | | | |
| Vage | | 0.0040 (1.60) | | | |
| ln(PI) × Vage | | -0.0004 (-0.70) | | | |
| Veducation | | | -0.0014 (-0.06) | | |
| ln(PI) × Veducation | | | 0.0034 (1.50) | | |
| Vtenure | | | | 0.0007 (0.21) | |

续表

| Panel B：国有公司样本 | | | | | |
|---|---|---|---|---|---|
| 变量 | (1) | (2) | (3) | (4) | (5) |
| | OI | OI | OI | OI | OI |
| ln(PI) × Vtenure | | | | 0.0000 | |
| | | | | (-0.12) | |
| VEtenure | | | | | 0.0021 |
| | | | | | (1.14) |
| ln(PI) × VEtenure | | | | | -0.0002 |
| | | | | | (-1.32) |
| Gshare | -0.0036 | -0.0039 | -0.0041 | -0.0035 | -0.0038 |
| | (-0.57) | (-0.62) | (-0.65) | (-0.56) | (-0.61) |
| Cent | 0.2341*** | 0.2421*** | 0.2290** | 0.2379*** | 0.2360*** |
| | (2.62) | (2.73) | (2.56) | (2.67) | (2.66) |
| Ddsize | -0.1616 | -0.1498 | -0.1609 | -0.1540 | -0.1580 |
| | (-1.48) | (-1.38) | (-1.49) | (-1.42) | (-1.46) |
| ROE | 0.1607*** | 0.1631*** | 0.1496*** | 0.1597*** | 0.1625*** |
| | (3.24) | (3.30) | (3.02) | (3.19) | (3.28) |
| Debt | 0.0534 | 0.0530 | 0.0527 | 0.0508 | 0.0559 |
| | (1.04) | (1.04) | (1.03) | (0.99) | (1.09) |
| Growth | 0.0001 | 0.0003 | 0.0000 | 0.0001 | 0.0003 |
| | (0.07) | (0.17) | (0.02) | (0.05) | (0.17) |
| ln(Size) | 0.0285*** | 0.0300*** | 0.0287*** | 0.0284*** | 0.0286*** |
| | (2.78) | (2.91) | (2.78) | (2.71) | (2.80) |
| Constant | -0.6282*** | -0.5204** | -0.6088** | -0.6217** | -0.4798* |
| | (-2.66) | (-2.08) | (-2.53) | (-2.58) | (-1.95) |
| Industry | 是 | 是 | 是 | 是 | 是 |
| Year | 是 | 是 | 是 | 是 | 是 |
| $R^2$ | 0.059 | 0.063 | 0.066 | 0.058 | 0.061 |
| F值 | 2.357 | 2.518 | 2.640 | 2.330 | 2.436 |
| 样本量 | 1179 | 1179 | 1179 | 1179 | 1179 |

续表

Panel C：非国有公司样本

| 变量 | (1) OI | (2) OI | (3) OI | (4) OI | (5) OI |
| --- | --- | --- | --- | --- | --- |
| ln(PI) | -0.0282** (-2.26) | -0.0027** (-2.23) | -0.0056** (-2.35) | -0.0015** (-2.12) | -0.0054** (-2.39) |
| Vgender | 0.8553 (0.70) | | | | |
| ln(PI)×Vgender | -0.0732 (-0.78) | | | | |
| Vage | | -0.0364 (-1.29) | | | |
| ln(PI)×Vage | | 0.0031 (1.35) | | | |
| Veducation | | | -0.3194 (-1.54) | | |
| ln(PI)×Veducation | | | 0.0241** (2.46) | | |
| Vtenure | | | | -0.0524* (-1.70) | |
| ln(PI)×Vtenure | | | | 0.0042* (1.73) | |
| VEtenure | | | | | -0.0289* (-1.86) |
| ln(PI)×VEtenure | | | | | 0.0023* (1.87) |
| Gshare | 0.0010 (0.63) | 0.0006 (0.36) | 0.0009 (0.56) | 0.0008 (0.49) | 0.0006 (0.36) |
| Cent | 0.1768** (2.08) | 0.1869** (2.20) | 0.1547* (1.80) | 0.1836** (2.15) | 0.1857** (2.18) |
| Ddsize | -0.2263 (-1.21) | -0.1954 (-1.05) | -0.2161 (-1.15) | -0.2187 (-1.16) | -0.2228 (-1.19) |

续表

Panel C：非国有公司样本

| 变量 | (1) OI | (2) OI | (3) OI | (4) OI | (5) OI |
| --- | --- | --- | --- | --- | --- |
| ROE | 0.1666** | 0.1676** | 0.1608** | 0.1752** | 0.1770** |
|  | (2.29) | (2.32) | (2.20) | (2.41) | (2.43) |
| Debt | -0.0297 | -0.0340 | -0.0194 | -0.0345 | -0.0429 |
|  | (-0.50) | (-0.57) | (-0.33) | (-0.57) | (-0.71) |
| Growth | -0.0007 | -0.0009 | -0.0007 | -0.0008 | -0.0011 |
|  | (-0.44) | (-0.57) | (-0.45) | (-0.51) | (-0.71) |
| ln(Size) | 0.0255* | 0.0187 | 0.0228 | 0.0269* | 0.0220 |
|  | (1.83) | (1.32) | (1.62) | (1.68) | (1.55) |
| Constant | -0.9324*** | -0.3201 | -0.3915 | -0.4814 | -0.4276 |
|  | (-2.82) | (-0.97) | (-1.17) | (-1.43) | (-1.20) |
| Industry | 是 | 是 | 是 | 是 | 是 |
| Year | 是 | 是 | 是 | 是 | 是 |
| $R^2$ | 0.116 | 0.122 | 0.115 | 0.115 | 0.116 |
| F值 | 2.854 | 3.016 | 2.819 | 2.825 | 2.858 |
| 样本量 | 602 | 602 | 602 | 602 | 602 |

注：(1) *表示10%的显著性水平，**表示5%的显著性水平，***表示1%的显著性水平。

(2) 括号内是t值。

从上述结论可以看到，整体而言，我国上市公司管理者团队的"垂直对"差异给公司带来了负向影响。究其原因，本书认为，这可能与我国的另一个文化背景有关，即"关系取向"的文化背景。"关系"在中国存在已久，对中国社会的影响根深蒂固，它已经成为中国社会心理的"精髓"。这种"关系取向"反映出我国人民在交际或处理问题时更多的是从人与人的关系着眼，而非从社会或个人本位出发。另外，由于社会高权力距离和人治的现象也在中国长期存在，因此，如何与关键人物处理好关系就显得十分重要。在这样的文化背景下，团队成员出于自身的考虑，往往会最大限度地防止被领导孤立和绝缘，一方面，不敢或者不愿意发表与领导者相左的意见，而是尽量在多个方面与领导保持一致；另一方面，与领导背景或经验相似的成员更易接近领导，并与其形成稳定的关系。因此，当管理者团队的"垂直对"差异较大时，团队内部的关系建立将相对更难，从而形成不同的声音和看法，影响团队对晋升激励等激励机制的反应，降低其激励效果。

表6-7是投资不足组的回归分析。其中，Panel A 是全样本公司的回归分析；Panel B 是国有公司样本的回归分析；Panel C 是非国有公司样本的回归分析。从整体上看，投资不足组的回归结果与投资过度组的结果基本一致，这里不再赘述。

表6-7　管理者团队背景特征"垂直对"、晋升激励与投资不足

Panel A：全样本

| 变量 | (1) UI | (2) UI | (3) UI | (4) UI | (5) UI |
|---|---|---|---|---|---|
| ln(PI) | 0.0056 *** (2.61) | 0.0014 *** (3.39) | 0.0051 * (1.78) | 0.0024 * (1.71) | 0.0030 * (1.85) |
| Vgender | -0.2514 (-1.61) | | | | |
| ln(PI) × Vgender | 0.0207 (0.65) | | | | |
| Vage | | 0.0014 (0.30) | | | |
| ln(PI) × Vage | | -0.0001 (-0.25) | | | |
| Veducation | | | -0.0697 (-1.29) | | |
| ln(PI) × Veducation | | | -0.0053 ** (-2.22) | | |
| Vtenure | | | | -0.0021 (-0.27) | |

续表

| Panel A：全样本 | | | | | |
|---|---|---|---|---|---|
| 变量 | (1) | (2) | (3) | (4) | (5) |
| | UI | UI | UI | UI | UI |
| ln(PI)×Vtenure | | | | -0.0001** | |
| | | | | (-2.24) | |
| VEtenure | | | | | -0.0013 |
| | | | | | (-0.38) |
| ln(PI)×VEtenure | | | | | -0.0001*** |
| | | | | | (-3.46) |
| Gshare | 0.0007 | 0.0007 | 0.0007 | 0.0008 | 0.0007 |
| | (0.62) | (0.62) | (0.59) | (0.63) | (0.60) |
| Cent | 0.0575 | 0.0595 | 0.0581 | 0.0574 | 0.0597 |
| | (1.49) | (1.53) | (1.50) | (1.45) | (1.54) |
| Ddsize | 0.0194 | 0.0222 | 0.0234 | 0.0231 | 0.0207 |
| | (0.40) | (0.46) | (0.48) | (0.48) | (0.43) |
| ROE | 0.0513*** | 0.0509*** | 0.0512*** | 0.0509*** | 0.0517*** |
| | (2.65) | (2.62) | (2.64) | (2.61) | (2.66) |
| Debt | 0.0666*** | 0.0669*** | 0.0658*** | 0.0661*** | 0.0683*** |
| | (3.10) | (3.10) | (3.05) | (3.07) | (3.16) |
| Growth | 0.0024* | 0.0023* | 0.0023* | 0.0023* | 0.0023* |
| | (1.80) | (1.79) | (1.74) | (1.79) | (1.72) |
| ln(Size) | -0.0109** | -0.0110** | -0.0113** | -0.0107* | -0.0114** |
| | (-1.99) | (-2.01) | (-2.06) | (-1.90) | (-2.08) |
| Property | 0.0029 | 0.0011 | 0.0012 | 0.0011 | 0.0021 |
| | (0.28) | (0.11) | (0.11) | (0.11) | (0.21) |
| Constant | 0.2033* | 0.1519 | 0.2109* | 0.1621 | 0.1677 |
| | (1.65) | (1.22) | (1.68) | (1.28) | (1.30) |
| Industry | 是 | 是 | 是 | 是 | 是 |
| Year | 是 | 是 | 是 | 是 | 是 |
| $R^2$ | 0.037 | 0.034 | 0.036 | 0.034 | 0.035 |
| F值 | 1.843 | 1.689 | 1.793 | 1.677 | 1.708 |
| 样本量 | 1561 | 1561 | 1561 | 1561 | 1561 |

续表

Panel B：国有公司样本

| 变量 | (1) UI | (2) UI | (3) UI | (4) UI | (5) UI |
| --- | --- | --- | --- | --- | --- |
| ln(PI) | 0.0063* (1.72) | 0.0057* (1.79) | 0.0013** (2.30) | 0.0025*** (2.63) | 0.0067* (1.78) |
| Vgender | -0.3418* (-1.88) | | | | |
| ln(PI)×Vgender | 0.0262 (0.78) | | | | |
| Vage | | -0.0060 (-0.93) | | | |
| ln(PI)×Vage | | 0.0006 (1.07) | | | |
| Veducation | | | 0.0078 (0.12) | | |
| ln(PI)×Veducation | | | -0.0017 (-1.31) | | |
| Vtenure | | | | -0.0007 (-0.07) | |
| ln(PI)×Vtenure | | | | 0.0000 (0.03) | |
| VEtenure | | | | | -0.0060 (-1.34) |
| ln(PI)×VEtenure | | | | | 0.0005 (1.51) |
| Gshare | 0.0029 (0.45) | 0.0030 (0.47) | 0.0022 (0.35) | 0.0025 (0.39) | 0.0030 (0.47) |
| Cent | 0.0797 (1.55) | 0.0699 (1.36) | 0.0791 (1.53) | 0.0700 (1.32) | 0.0721 (1.41) |
| Ddsize | 0.0188 (0.29) | 0.0159 (0.25) | 0.0434 (0.66) | 0.0241 (0.37) | 0.0213 (0.33) |

续表

Panel B：国有公司样本

| 变量 | (1) UI | (2) UI | (3) UI | (4) UI | (5) UI |
| --- | --- | --- | --- | --- | --- |
| ROE | 0.1114*** | 0.1115*** | 0.1087*** | 0.1099*** | 0.1144*** |
|  | (4.46) | (4.45) | (4.34) | (4.37) | (4.56) |
| Debt | 0.0914*** | 0.0972*** | 0.0938*** | 0.0958*** | 0.0999*** |
|  | (3.12) | (3.33) | (3.21) | (3.26) | (3.42) |
| Growth | 0.0023 | 0.0023 | 0.0022 | 0.0024 | 0.0023 |
|  | (1.37) | (1.38) | (1.31) | (1.44) | (1.34) |
| ln(Size) | −0.0159** | −0.0141** | −0.0172** | −0.0150** | −0.0157** |
|  | (−2.40) | (−2.09) | (−2.56) | (−2.20) | (−2.37) |
| Constant | 0.3076** | 0.2529 | 0.2512 | 0.2167 | 0.2749* |
|  | (2.07) | (1.64) | (1.62) | (1.38) | (1.77) |
| Industry | 是 | 是 | 是 | 是 | 是 |
| Year | 是 | 是 | 是 | 是 | 是 |
| $R^2$ | 0.079 | 0.075 | 0.076 | 0.071 | 0.078 |
| F值 | 2.965 | 2.827 | 2.845 | 2.645 | 2.922 |
| 样本量 | 1030 | 1030 | 1030 | 1030 | 1030 |

Panel C：非国有公司样本

| 变量 | (1) UI | (2) UI | (3) UI | (4) UI | (5) UI |
| --- | --- | --- | --- | --- | --- |
| ln(PI) | 0.0037** | 0.0020** | 0.0134* | 0.0051*** | 0.0023** |
|  | (2.47) | (2.29) | (1.80) | (2.71) | (2.31) |
| Vgender | 0.1425 |  |  |  |  |
|  | (0.41) |  |  |  |  |
| ln(PI)×Vgender | −0.0060 |  |  |  |  |
|  | (−0.22) |  |  |  |  |
| Vage |  | 0.0057 |  |  |  |
|  |  | (0.75) |  |  |  |
| ln(PI)×Vage |  | −0.0005 |  |  |  |
|  |  | (−0.82) |  |  |  |

续表

Panel C：非国有公司样本

| 变量 | (1) UI | (2) UI | (3) UI | (4) UI | (5) UI |
| --- | --- | --- | --- | --- | --- |
| Veducation | | | -0.1932* (-1.91) | | |
| ln(PI) × Veducation | | | -0.0166** (-2.05) | | |
| Vtenure | | | | -0.0020 (-0.14) | |
| ln(PI) × Vtenure | | | | -0.0001** (-2.10) | |
| VEtenure | | | | | 0.0033 (0.49) |
| ln(PI) × VEtenure | | | | | -0.0003*** (-3.56) |
| Gshare | 0.0010 (0.78) | 0.0008 (0.60) | 0.0008 (0.58) | 0.0009 (0.64) | 0.0009 (0.64) |
| Cent | 0.0230 (0.36) | 0.0269 (0.42) | 0.0153 (0.24) | 0.0201 (0.31) | 0.0253 (0.40) |
| Ddsize | 0.0576 (0.62) | 0.0501 (0.53) | 0.0185 (0.20) | 0.0531 (0.57) | 0.0535 (0.57) |
| ROE | -0.0415 (-1.27) | -0.0288 (-0.88) | -0.0362 (-1.12) | -0.0335 (-1.01) | -0.0313 (-0.96) |
| Debt | 0.0371 (1.09) | 0.0358 (1.03) | 0.0297 (0.86) | 0.0383 (1.10) | 0.0367 (1.05) |
| Growth | 0.0027 (1.23) | 0.0026 (1.17) | 0.0031 (1.42) | 0.0025 (1.12) | 0.0026 (1.19) |
| ln(Size) | -0.0017 (-0.17) | 0.0023 (0.22) | 0.0032 (0.31) | 0.0025 (0.24) | 0.0027 (0.25) |
| Constant | -0.0065 (-0.03) | -0.1207 (-0.55) | 0.0284 (0.13) | -0.0674 (-0.30) | -0.1248 (-0.56) |

续表

Panel C：非国有公司样本

| 变量 | (1) | (2) | (3) | (4) | (5) |
| --- | --- | --- | --- | --- | --- |
| | UI | UI | UI | UI | UI |
| Industry | 是 | 是 | 是 | 是 | 是 |
| Year | 是 | 是 | 是 | 是 | 是 |
| $R^2$ | 0.046 | 0.028 | 0.046 | 0.025 | 0.027 |
| F 值 | 1.078 | 0.645 | 1.071 | 0.577 | 0.620 |
| 样本量 | 531 | 531 | 531 | 531 | 531 |

注：(1) * 表示 10% 的显著性水平，** 表示 5% 的显著性水平，*** 表示 1% 的显著性水平。

(2) 括号内是 t 值。

## 四　稳健性检验

本章的稳健性检验延续前面各章节的思路进行研究，主要包括：①参考 Kato 和 Long（2011）的做法，选用前三位高管的平均薪酬与其余高管的平均薪酬之差的自然对数来重新衡量晋升激励强度。②由于理查森模型计算的过度投资会受到公司整体投资水平的影响，可能出现系统性偏差，因此，本书借鉴比德尔等的思想，将投资过度按大小分成四组，然后取最大的三组作为投资过度组，重新对模型（4.2）进行了回归。对投资不足组也进行了类似的处理，取最小的三组作为投资不足组。③群聚调整。考虑到前文分析中的样本期较短和每年观测值较多，可能出现低估标准误差，从而高估显著性水平，因此，本书借鉴彼得森的做法，对标准误差进行了群聚调整。④考虑到受管制行业与其他行业可能存在差异性，因此，本书剔除了电力、煤气、供水等管制性行业。上述四方面的稳健性测试结果均与前文的回归结果基本一致，说明本书的结论是较为稳健的。

# 第七章 研究结论与研究展望

## 第一节 研究结论

本书在现有国内外相关研究成果的基础上,运用委托—代理理论、高层梯队理论和心理契约理论,采用定性分析与定量分析相结合、规范分析与实证分析相结合的研究方法,从管理者团队背景特征的角度,对晋升激励如何影响非效率投资、不同背景特征的管理者团队对晋升激励的敏感性以及管理者团队背景特征下晋升激励对企业非效率投资的影响等问题进行了全面、深入的研究,并得出了一些观点和结论。

### 一 关于晋升激励的衡量问题

目前,学术界衡量晋升激励的方法主要有晋升前后的对比分析、晋升前后的薪酬差距、晋升前后的长短期收益差距、晋升预期等。这些衡量方法在数据可获得性、衡量准确性、适用范围等方面都存在较大的差异,这使其中的一些方法的使用受到了一定的限制。从我国资本市场的特殊性和数据的可获得性来看,并与其他衡量方法相比,选用晋升前后的薪酬差距来对晋升激励进行衡量,将是一种切实可行的方法,且能符合本书的研究目的,满足本书的研究需要。

### 二 关于非效率投资的衡量问题

在对 FHP 模型、沃格特模型、理查森模型、比德尔等模型、基于

DEA 的衡量模型、张功富和宋献中模型、蒂特曼等模型等颇具代表性的衡量方法进行梳理的基础上，本书选择了理查森（2006）模型和比德尔等模型作为参考模型来开展研究。

### 三　关于晋升激励对非效率投资的影响问题

以 2009—2013 年沪深两市 A 股类上市公司的数据为研究样本，对晋升激励如何影响非效率投资进行了理论分析和实证检验。结果发现，晋升激励能够有效抑制管理者的非效率投资。具体而言，从全样本公司看，晋升激励强度与投资过度呈显著负相关，与投资不足呈显著正相关，说明晋升激励越大，投资过度和投资不足程度越小。从国有公司和非国有公司的对比看，在两类产权性质的公司里，晋升激励强度与投资过度均呈显著负相关，与投资不足均呈显著正相关，而且上述关系均是在非国有公司更加显著。这说明晋升激励在两类产权性质的公司里均起到了抑制管理者非效率投资的作用，而且这种作用对非国有公司更有效。

### 四　关于不同背景特征管理者团队对晋升激励的敏感性问题

以 2009—2013 年沪深两市 A 股类上市公司为研究样本，选取性别、年龄、学历、既有任期和预期任期 5 个背景特征，从管理者团队背景特征的平均水平、异质性和"垂直对"三个方面，对管理者团队背景特征与晋升激励的关系进行了系统考察。结果发现：

（1）在管理者团队背景特征的平均水平方面，从全样本看，管理者团队性别平均水平与晋升激励呈不显著负相关，管理者团队年龄平均水平与晋升激励呈倒"U"形关系，管理者团队学历平均水平、平均既有任期、预期任期与晋升激励均呈显著正相关。从国有公司和非国有公司的比较看，管理者团队性别平均水平与晋升激励的相关性在国有公司和非国有公司中均不显著，管理者团队年龄平均水平与晋升激励只在国有公司呈显著倒"U"形关系，管理者团队学历、预期任期的平均水平与晋升激励的正相关性方面国有公司中比非国有公司更显著，管理者团队在既有任期平均水平与晋升激励的正相关性方面非国有公司比国有公司更显著。

（2）在管理者团队背景特征的异质性方面，从全样本看，管理者团队性别、年龄异质性与晋升激励的相关性不显著，管理者团队学历、既有任期和预期任期的异质性均与晋升激励呈显著负相关。从国有公司和非国有公司的比较看，管理者团队性别、年龄异质性与晋升激励的相关性在两类公司中均不显著，管理者团队学历、既有任期和预期任期异质性与晋升激励的负相关性均是国有公司更显著。

（3）在管理者团队背景特征的"垂直对"方面，从全样本看，管理者团队性别、年龄"垂直对"与晋升激励的相关性不显著，管理者团队学历、既有任期和预期任期"垂直对"与晋升激励均呈显著负相关。区分产权性质后可以看到，在国有公司和非国有公司中，管理者团队性别、年龄"垂直对"与晋升激励的相关性均不显著，管理者团队学历、既有任期和预期任期"垂直对"与晋升激励的负相关性则均是国有公司更显著。

## 五 关于不同背景特征管理者团队影响晋升激励与非效率投资关系问题

以 2009—2013 年沪深两市 A 股类上市公司为研究样本，选取性别、年龄、学历、既有任期和预期任期 5 个背景特征，从管理者团队背景特征的平均水平、异质性和"垂直对"三个方面，对管理者团队背景特征如何影响晋升激励与非效率投资的关系进行了系统考察。研究结果表明：

（1）在管理者团队背景特征的平均水平方面，管理者团队平均性别未对晋升激励与非效率投资关系产生影响；管理者团队平均年龄的增长，使管理者晋升激励对投资过度的抑制作用呈倒"U"形关系，而对投资不足的抑制作用是逐渐增强，而且均是国有公司更加显著；学历越高的管理者团队对晋升激励的敏感性越大，进而使晋升激励对非效率投资的抑制作用也越大，而且上述关系是非国有公司更显著；既有任期（预期任期）越长的管理者对晋升激励的敏感性越大，进而使晋升激励对非效率投资的抑制作用越强。分产权性质后，上述抑制作用对投资过度是非国有公司更显著，而对投资不足则是国有公司更显著。

（2）在管理者团队背景特征的异质性方面，管理者团队性别、年龄异质性未对晋升激励与非效率投资的相关性产生影响；学历异质性越大的管理者团队对晋升激励的敏感性越小，进而使晋升激励对非效率投资的抑制作用越小，而且上述现象在非国有公司中更为显著；既有任期异质性越大的管理者团队对晋升激励的敏感性越小，从而使晋升激励对非效率投资的抑制作用更弱，而且上述现象在非国有公司中更为显著；预期任期异质性越大的管理者团队对晋升激励的敏感性越小，从而使晋升激励对非效率投资的抑制作用更弱，而且上述现象在非国有公司中更为显著。

（3）在管理者团队背景特征的"垂直对"方面，在性别和年龄方面，晋升激励对非效率投资的抑制作用不受管理者团队性别和年龄"垂直对"特征的影响；在学历、既有任期和预期任期方面，管理者团队学历、既有任期、预期任期"垂直对"越大，管理者团队对晋升激励的敏感性越小，从而使晋升激励对非效率投资的抑制也越小，而且上述现象均是在非国有公司中更为显著。

## 第二节 政策意义

本书的研究结论对我国企业完善激励机制以及加强人力资源管理等均有一定的政策意义。

### 一 进一步重视晋升激励等隐性激励在我国的使用

晋升激励是一种重要的激励机制，对提升企业投资效率发挥了积极的作用，因此，我国企业在制定激励机制时，除应设计合理的薪酬激励、股权激励等显性激励外，还应设计合理的隐性激励（晋升激励）来与之配合，以提高激励效果。组织中随着职位的上升，相应的利益也会增多，包括更高的薪酬、更强的成就感、更高的声誉、更多的控制权等，因此，晋升不仅给管理者带来了各种货币利益，更带来了非货币利益。马斯洛的需要层次理论指出，一旦管理者的货币性需求获得了一定的满足，他们对货币性激励的敏感性就会降低，进而开始关注其他类型的收益，如非货币性收益。可见，晋升激励比单纯的货币激励、股权激励更能满足管理者各方面的利益欲望。另外，晋升激励采用锦标赛制度。即只有业绩最佳的管理者，才可以从激烈的晋升考核中胜出。因此，管理者为了获得晋升，将更加注重自身的相对业绩。为了使自己获得晋升竞争优势，他们改善业绩的动力将更加强烈。本书的研究结论也发现，晋升激励能够很好地抑制管理者的非效率投资。因此，我国企业在设计激励机制时，如果能够给予晋升激励足够的重视，将能够有效地提升激励机制的效率与效果。

## 二 从管理者背景特征和产权性质角度完善管理者激励与约束机制

本书对晋升激励的考察表明，管理者晋升激励能够发挥其激励作用，有效地缓解管理者代理问题，降低管理者非效率投资。因此，有必要进一步完善晋升激励机制，如设计合理的激励强度、采用更为合理的考核评价体系等，以便更充分地发挥其激励作用。但是，对于两类不同产权性质的公司，晋升激励的设计和实施应该有所区别。从本书的研究结果可以看到，尽管晋升激励在两类产权性质的公司里均能对非效率投资产生抑制作用，但这种抑制作用在非国有公司中更有效。这是因为，政府对国有企业进行了薪酬管制，从而使企业无法根据市场需求确定合理的薪酬差距，进而使晋升机制的激励效应受到了较大的抑制。因此，国有公司应该适当增加晋升激励强度，从而使晋升激励更好地发挥激励作用。

此外，由于不同背景特征管理者团队对晋升激励的敏感性不同。因此，晋升激励的设计与实施还应充分考虑团队的背景特征，根据团队背景特征的具体情况来设计合理的晋升激励。如对于一个普遍年龄较大的管理者团队，由于晋升的可能性较小，他们对晋升的敏感性也较小，因此，应适当减弱晋升激励而施以其他的激励方式可能会效果更好。相比之下，一个年轻的管理者团队可能更需要晋升的激励作用。同理，对一个预期任期较短的管理者团队也应该适当降低晋升激励强度，而改用其他的激励方式，这样，激励效果可能更好。

### 三　加强管理者团队建设

在复杂多变的市场环境下，有效的管理者团队是企业成功的关键。我国当前处于经济转型期，管理者团队的构建成为影响我国企业转型成败的重要因素之一。因此，进一步加强我国企业管理者团队建设就十分重要。

本书研究表明，不同背景特征的管理者团队会对晋升激励产生不同的敏感性，从而使晋升激励对非效率投资的抑制作用也有所差异。因此，管理者团队的构建应该对管理者的背景特征给予足够的关注。如适当提升管理者团队整体学历水平，注重对管理者工作经验的考察等，这些措施能够使管理者团队对晋升激励的敏感性更强，从而做出更有效的投资决策。

当然，根据本书有关管理者团队背景特征异质性与"垂直对"特征的研究结论，我们也看到，管理者团队异质性和"垂直对"特征过大均带来了负面影响，如沟通障碍、低凝聚力等，从而使晋升激励的作用减弱。这就说明信息决策理论所强调的优势效用很难在中国这样一个重视集体主义和关系取向的社会文化环境中发挥作用，而从社会认同理论的角度来解释我国管理者团队背景特征对其行为的影响则可能更为贴切。

因此，我国上市公司管理者团队的构建不能一味地借鉴国外经验，而应该充分考虑我国的社会文化背景，不应使管理者团队的异质性以及"垂直对"过大。我国企业有必要根据企业所处发展阶段、所处行业特征、外部竞争环境以及所处文化背景等有针对性地构建管理者团队，并根据外部环境的变化而动态地调整管理者团队的构成，以加强管理者团队和外部环境之间的匹配。

## 第三节　研究展望

本书从管理者团队背景特征视角,对晋升激励如何影响非效率投资进行了一些尝试性研究,取得了一定的理论成果,但是,由于受时间以及笔者认识水平的限制,有关本书的研究主题还有许多值得今后做进一步研究的地方。概括地说,主要有以下几个方面:

(1) 晋升激励的衡量方面,由于管理者的晋升为其带来的不仅有各种货币性收益,同时还带来了非货币性收益,如更大的控制权、更好的工作环境、更强的成就感等。因此,要想更加准确地衡量晋升激励的大小就必须同时充分考虑晋升带来的货币和非货币性收益。本书用薪酬差距来衡量晋升激励强度显然只能较好地反映晋升带来的货币性收益。尽管现有研究也多采用此方法(Kale et al., 2009;Kato and Long, 2011;Kini and Williams, 2012;廖理等,2009),但如何对晋升带来的非货币性收益加以考虑和衡量仍是后续研究需要突破的地方。

(2) 管理者团队背景特征的衡量方面,本书只考察了性别、年龄、学历、既有任期和预期任期5个方面的特征。尽管已经涵盖了管理者团队背景特征的主要方面,但是还不够全面。如本书没有对管理者的专业背景、工作经历、海外背景、宗教信仰等方面进行考量。尽管这是受数据难以获得的限制,但如何更加全面地对管理者的背景特征进行考量将是后续研究需要努力去完善的地方。另外,随着高层梯队理论研究深度的逐步扩展,管理者的异质性开始直接考察高管的心理特征,如个性、认知、价值观等。因此,这也将是未来研究的一个方向。

(3) 背景特征的结构特征方面还需更深入的研究。例如,在"垂直对"特征方面,本书仅仅考察了其他管理者与董事长的"垂直对"特征,而实际上"垂直对"特征的层级有很多,选择不同的层级进行研究和比较分析也有重要的意义。另外,本书在考察"垂直对"特征时,只考察了绝对差异,而并未考虑"方向"。换句话说,究竟是董事长的特征高于其他管理者的平均值，还是其他管理者的平均值高于董事长的特征，本书并未涉及。"垂直对"的"方向"是否会影响TMT 的行为，如何影响等问题同样值得进一步探讨。

（4）投资决策方面，现有研究对投资决策的考察多停留在单一投资层面（如单独考察固定资产投资、无形资产投资和长期股权投资等）或对投资类别不加区分［如本书采用理查森模型来衡量非效率投资，就是将各类别投资作为一个整体来考察］。然而，不同类别的投资在风险和收益方面都存在显著差异。对投资类别不予区别来展开研究，即隐含地假定了不同背景特征的管理者对各类别投资的偏好是一致的，这显然与现实不一致。因此，要想从根源上厘清管理者背景特征对企业投资行为的影响，将投资按类别进行细分将是一种可行的办法。进一步地，由于不同背景特征的管理者对不同类别的投资可能存在不同的偏好，因此，在资源有限的情况下，不同类别的投资之间是否会存在挤占效应，这种挤占效应又会带来何种经济后果，同样值得进一步研究。

# 参考文献

[1] Adams, R. B., Ferreira, D., "Women in the Boardroom and Their Impact on Governance and Performance", *Journal of Financial Economics*, Vol. 94, No. 02, 2009.

[2] Aggarwal, R. K., Samwick, A. A., "Empire – Builders and Shirkers: Investment, Firm Performance, and Managerial Incentives", *Journal of Corporate Finance*, Vol. 12, No. 03, 2006.

[3] Ahn, S., Denis, D. J., Denis, D. K., "Leverage and Investment in Diversified Firms", *Journal of Financial Economics*, Vol. 79, No. 02, 2006.

[4] Akerlof, G. A., "The Market for 'Lemons': Quality Uncertainty and the Market Mechanism", *Quarterly Journal of Economics*, Vol. 84, No. 03, 1970.

[5] Allen, M. P., "Managerial Power and Tenure in the Large Corporation", *Social Forces*, Vol. 60, No. 02, 1981.

[6] Amason, A. C., "Distinguishing the Effects of Functional and Dysfunctional Conflict on Strategic Decision Making: Resolving a Paradox for Top Management Teams", *Academy of Management Journal*, Vol. 39, No. 01, 1996.

[7] Amason, A. C., Shrader, R. C., Tompson, G. H., "Newness and Novelty: Relating Top Management Team Composition to New Venture Performance", *Journal of Business Venturing*, Vol. 21, No. 01, 2006.

[8] Ancona, D. G., Caldwell, D. F., "Bridging the Boundary: External Activity and Performance in Organizational Teams", *Administrative Sci-*

ence *Quarterly*, Vol. 37, No. 04, 1992.

[9] Antia, M., Pantzalis, C., Park, J. C., "CEO Decision Horizon and Firm Performance: An Empirical Investigation", *Journal of Corporate Finance*, Vol. 16, No. 03, 2010.

[10] Backes – Gellner, U., Pull, K., "Tournament Compensation Systems, Employee Heterogeneity, and Firm Performance", *Human Resource Management*, Vol. 52, No. 03, 2013.

[11] Backes – Gellner, U., Veen, S., "Positive Effects of Ageing and Age Diversity in Innovative Companies – Large – Scale Empirical Evidence on Company Productivity", *Human Resource Management Journal*, Vol. 23, No. 03, 2013.

[12] Baker, G. P., Jensen, M. C., Murphy, K. J., "Compensation and Incentives: Practice vs. Theory", *The Journal of Finance*, Vol. 43, No. 03, 1988.

[13] Bamber, L. S., Jiang, J., Wang, I. Y., "What's My Style? The Influence of Top Managers on Voluntary Corporate Financial Disclosure", *The Accounting Review*, Vol. 85, No. 04, 2010.

[14] Banerjee, A. V., "A Simple Model of Herd Behavior", *The Quarterly Journal of Economics*, Vol. 107, No. 03, 1992.

[15] Bantel, K. A., Jackson, S. E., "Top management and innovations in banking: Does the composition of the top team make a difference?", *Strategic Management Journal*, Vol. 10, No. S1, 1989.

[16] Barber, B. M., Odean, T., "Boys will be Boys: Gender, Overconfidence, and Common Stock Investment", *Quarterly Journal of Economics*, Vol. 116, No. 01, 2001.

[17] Barker III, V. L., Mueller, G. C., "CEO Characteristics and Firm R&D Spending", *Management Science*, Vol. 48, No. 06, 2002.

[18] Benmelech, E., Frydman, C., "Military CEOs", *Journal of Financial Economics*, Vol. 117, No. 01, 2015.

[19] Berger, P. G., Ofek, E., "Diversification's Effect on Firm Val-

ue", *Journal of Financial Economics*, Vol. 37, No. 01, 1995.

[20] Bede, A., Means, G., *The Modem Corporation and Private Property*, New Nork: The Macmillan Company, 1932.

[21] Bernhardt, D., "Strategic Promotion and Compensation", *The Review of Economic Studies*, Vol. 62, No. 02, 1995.

[22] Bertrand, M., Mehta, P., Mullainathan, S., "Ferreting out Tunneling: An Application to Indian Business Groups", *The Quarterly Journal of Economics*, Vol. 117, No. 01, 2002.

[23] Bertrand, M., Schoar, A., "Managing With Style: The Effect of Managers on Firm Policies", *The Quarterly Journal of Economics*, Vol. 118, No. 04, 2003.

[24] Biddle, G. C., Hilary, G., Verdi, R. S., "How does Financial Reporting Quality Relate to Investment Efficiency?", *Journal of Accounting and Economics*, Vol. 48, No. 02 – 03, 2009.

[25] Blanchard, O. J., Lopez – de – Silanes, F., Shleifer, A., "What do Firms do with Cash Windfalls?", *Journal of Financial Economics*, Vol. 36, No. 03, 1994.

[26] Boden, R. J., Nucci, A. R., "On the Survival Prospects of Men's and Women's New Business Ventures", *Journal of Business Venturing*, Vol. 15, No. 04, 2000.

[27] Boeker, W., "Strategic Change: The Influence of Managerial Characteristics and Organizational Growth", *Academy of Management Journal*, Vol. 40, No. 01, 1997.

[28] Boone, C., Van Olffen, W., Van Witteloostuijn, A., De Brabander, B., "The Genesis of Top Management Team Diversity: Selective Turnover among Top Management Teams in Dutch Newspaper Publishing, 1970 – 1994", *Academy of Management Journal*, Vol. 47, No. 05, 2004.

[29] Byrnes, J. P., Miller, D. C., Schafer, W. D., "Gender Differences in Risk Taking: A Meta – Analysis", *Psychological Bulletin*, Vol. 125,

No. 03, 1999.

[30] Camelo‐Ordaz, C., Hernandez‐Lara, A. B., Valle‐Cabrera, R., "The Relationship between Top Management Teams and Innovative Capacity in Companies", *Journal of Management Development*, Vol. 24, No. 08, 2005.

[31] Campbell, D., "Nonfinancial Performance Measures and Promotion‐Based Incentives", *Journal of Accounting Research*, Vol. 46, No. 02, 2008.

[32] Campbell, K., Minguez‐Vera, A., "Gender Diversity in the Boardroom and Firm Financial Performance", *Journal of Business Ethics*, Vol. 83, No. 03, 2008.

[33] Carpenter, M. A., "The Implications of Strategy and Social Context for the Relationship Between Top Management Team Heterogeneity and firm Performance", *Strategic Management Journal*, Vol. 23, No. 03, 2002.

[34] Carpenter, M. A., Geletkanycz, M. A., Sanders, W. G., "Upper Echelons Research Revisited: Antecedents, Elements, and Consequences of Top Management Team Composition", *Journal of Management*, Vol. 30, No. 06, 2004.

[35] Cazier, R. A., "Measuring R&D Curtailment among Short‐Horizon CEOs", *Journal of Corporate Finance*, Vol. 17, No. 03, 2011.

[36] Certo, S. T., Lester, R. H., Dalton, C. M., Dalton, D. R., "Top management teams, strategy and financial performance: A meta‐analytic examination", *Journal of Management Studies*, Vol. 43, No. 04, 2006.

[37] Chen, F., Hope, O.‐K., Li, Q., Wang, X., "Financial Reporting Quality and Investment Efficiency of Private Firms in Emerging Markets", *The Accounting Review*, Vol. 86, No. 04, 2011.

[38] Chen, H.‐L., "CEO Tenure and R&D Investment: The Moderating Effect of Board Capital", *The Journal of Applied Behavioral Sci-

ence, Vol. 49, No. 04, 2013.

[39] Cheung, Y. -L., Rau, P. R., Stouraitis, A., "Tunneling, Propping, and Expropriation: Evidence from Connected Party Transactions in Hong Kong", *Journal of Financial Economics*, Vol. 82, No. 02, 2006.

[40] Choi, N., Sias, R. W., "Institutional Industry Herding", *Journal of Financial Economics*, Vol. 94, No. 03, 2009.

[41] Cichello, M. S., Fee, C. E., Hadlock, C. J., Sonti, R., "Promotions, Turnover, and Performance Evaluation: Evidence from the Careers of Division Managers", *The Accounting Review*, Vol. 84, No. 04, 2009.

[42] Claessens, S., Djankov, S., Fan, J. P. H., Lang, L. H. P., "Disentangling the Incentive and Entrenchment Effects of Large Shareholdings", *The Journal of Finance*, Vol. 57, No. 06, 2002.

[43] Costa, J. E. R. I., "Managerial Task Assignment and Promotions", *Econometrica*, Vol. 56, No. 02, 1988.

[44] Cox, T., *Cultural Diversity in Organizations: Theory, Research and Practice*, Berrett-Koehler Publishers, 1994.

[45] Crocker, J., Major, B., "Social Stigma and Self-Esteem: The Self-Protective Properties of Stigma", *Psychological Review*, Vol. 96, No. 04, 1989.

[46] Daboub, A. J., Rasheed, A. M., Priem, R. L., Gray, D., "Top Management Team Characteristics and Corporate Illegal Activity", *Academy of Management Review*, Vol. 20, No. 01, 1995.

[47] De Jong, A., De Ruyter, K., Wetzels, M., "Antecedents and Consequences of Group Potency: A Study of Self-Managing Service Teams", *Management Science*, Vol. 51, No. 11, 2005.

[48] Dechow, P. M., Sloan, R. G., "Executive Incentives and the Horizon Problem: An Empirical Investigation", *Journal of Accounting and Economics*, Vol. 14, No. 01, 1991.

[49] Delfgaauw, J., Dur, R., Sol, J., Verbeke, W., "Tournament Incentives in the Field: Gender Differences in the Workplace", *Journal of Labor Economics*, Vol. 31, No. 02, 2013.

[50] Dufwenberg, M., Muren, A., "Gender Composition in Teams", *Journal of Economic Behavior & Organization*, Vol. 61, No. 01, 2006.

[51] Dwyer, S., Richard, O. C., Chadwick, K., "Gender Diversity in Management and Firm Performance: The Influence of Growth Orientation and Organizational Culture", *Journal of Business Research*, Vol. 56, No. 12, 2003.

[52] Dyck, A., Zingales, L., "Private Benefits of Control: An International Comparison", *The Journal of Finance*, Vol. 59, No. 02, 2004.

[53] Dyreng, S. D., Hanlon, M., Maydew, E. L., "The Effects of Executives on Corporate Tax Avoidance", *The Accounting Review*, Vol. 85, No. 04, 2010.

[54] Ederhof, M., "Incentive Compensation and Promotion – Based Incentives of Mid – Level Managers: Evidence From a Multinational Corporation", *The Accounting Review*, Vol. 86, No. 01, 2011.

[55] Eisenhardt, K. M., Schoonhoven, C. B., "Organizational Growth: Linking Founding Team, Strategy, Environment, and Growth Among U. S. Semiconductor Ventures, 1978 – 1988", *Administrative Science Quarterly*, Vol. 35, No. 03, 1990.

[56] Epitropaki, O., Martin, R., "The Impact of Relational Demography on the Quality of Leader – Member Exchanges and Employees' Work Attitudes and Well – Being", *Journal of Occupational and Organizational Psychology*, Vol. 72, No. 02, 1999.

[57] Faccio, M., M. – T. Marchica, R. Mura, "CEO gender, Corporate Risk – taking, and the Efficiency of Capital Allocation", *Journal of Corporate Finance*, Vol. 35, No. 03, 2016.

[58] Fairburn, J. A., Malcomson, J. M., "Performance, Promotion, and

the Peter Principle", *The Review of Economic Studies*, Vol. 68, No. 01, 2001.

[59] Fama, E. F., "Agency Problems and the Theory of the Firm", *Journal of Political Economy*, Vol. 88, No. 02, 1980.

[60] Farrell, K. A., Hersch, P. L., "Additions to Corporate Boards: The Effect of Gender", *Journal of Corporate Finance*, Vol. 11, No. 01, 2005.

[61] Felton, J., Gibson, B., Sanbonmatsu, D. M., "Preference for Risk in Investing as A Function of Trait Optimism and Gender", *The Journal of Behavioral Finance*, Vol. 04, No. 01, 2003.

[62] Finkelstein, S., Hambrick, D. C., *Strategic Leadership: Top Executives and Their Effects on Organizations*, St. Paul: West Educational Publishing, 1996.

[63] Francis, B., Hasan, I., Park, J. C., Wu, Q., "Gender differences in financial reporting decision making: Evidence from accounting conservatism", *Contemporary Accounting Research*, Vol. 32, No. 03, 2015.

[64] Fraser, S., Greene, F. J., "The Effects of Experience on Entrepreneurial Optimism and Uncertainty", *Economica*, Vol. 73, No. 290, 2006.

[65] Frear, K. A., Cao, Y., Zhao, W., "CEO background and the adoption of Western-style human resource practices in China", *The International Journal of Human Resource Management*, Vol. 23, No. 19, 2012.

[66] Gibbons, R., Murphy, K. J., "Optimal Incentive Contracts in the Presence of Career Concerns: Theory and Evidence", *The Journal of Political Economy*, Vol. 100, No. 03, 1992.

[67] Goergen, M., Renneboog, L., "Investment Policy, Internal Financing and Ownership Concentration in the UK", *Journal of Corporate Finance*, Vol. 07, No. 03, 2001.

[68] Gold, A., Hunton, J. E., Gomaa, M. I., "The Impact of Client and Auditor Gender on Auditors' Judgments", *Accounting Horizons*, Vol. 23, No. 01, 2009.

[69] Graham, J. R., Harvey, C. R., Puri, M., "Managerial Attitudes and Corporate Actions", *Journal of Financial Economics*, Vol. 109, No. 01, 2013.

[70] Green, S. G., Anderson, S. E., Shivers, S. L., "Demographic and Organizational Influences on Leader – Member Exchange and Related Work Attitudes", *Organizational Behavior and Human Decision Processes*, Vol. 66, No. 02, 1996.

[71] Greening, D. W., Johnson, R. A., "Managing Industrial and Environmental Crises: The Role of Heterogeneous Top Management Teams", *Business and Society*, Vol. 36, No. 04, 1997.

[72] Grossman, S. J., Hart, O. D., "An Analysis of the Principal – Agent Problem", *Econometrica*, Vol. 51, No. 01, 1983.

[73] Gul, F. A., Srinidhi, B., Ng, A. C., "Does Board Gender Diversity Improve the Informativeness of Stock Prices?", *Journal of Accounting and Economics*, Vol. 51, No. 03, 2011.

[74] Gul, F. A., Wu, D., Yang, Z., "Do Individual Auditors Affect Audit Quality? Evidence from Archival Data", *The Accounting Review*, Vol. 88, No. 06, 2013.

[75] Hackbarth, D., "Managerial Traits and Capital Structure Decisions", *Journal of Financial and Quantitative Analysis*, Vol. 43, No. 04, 2008.

[76] Halko, M. -L., Kaustia, M., Alanko, E., "The Gender Effect in Risky Asset Holdings", *Journal of Economic Behavior & Organization*, Vol. 83, No. 01, 2012.

[77] Hambrick, D. C., Cho, T. S., Chen, M. -J., "The Influence of Top Management Team Heterogeneity on Firms' Competitive Moves", *Administrative Science Quarterly*, Vol. 41, No. 04, 1996.

[78] Hambrick, D. C., Fukutomi, G. D. S., "The Seasons of a CEO's Tenure", *Academy of Management Review*, Vol. 16, No. 04, 1991.

[79] Hambrick, D. C., Mason, P. A., "Upper echelons: the organization as a reflection of its top managers", *Academy of Management Review*, Vol. 09, No. 02, 1984.

[80] Hardies, K., Breesch, D., Branson, J., "Gender Differences in Overconfidence and Risk Taking: Do Self - Selection and Socialization Matter?", *Economics Letters*, Vol. 118, No. 03, 2013.

[81] Heaton, J. B., "Managerial Optimism and Corporate Finance", *Financial Management*, Vol. 31, No. 02, 2002.

[82] Heinkel, R., Zechner, J., "The Role of Debt and Perferred Stock as a Solution to Adverse Investment Incentives", *Journal of Financial and Quantitative Analysis*, Vol. 25, No. 01, 1990.

[83] Henderson, A. D., Miller, D., Hambrick, D. C., "How quickly do CEOs become obsolete? industry dynamism, CEO tenure, and company performance", *Strategic Management Journal*, Vol. 27, No. 05, 2006.

[84] Herbertz, C., Sliwka, D., "When Higher Prizes Lead to Lower Efforts—The Impact of Favoritism in Tournaments", *Economics Letters*, Vol. 120, No. 02, 2013.

[85] Hölmstrom, B., "Moral Hazard and Observability", *The Bell Journal of Economics*, Vol. 10, No. 01, 1979.

[86] Holmstrom, B., I Costa, J. R., "Managerial Incentives and Capital Management", *The Quarterly Journal of Economics*, Vol. 101, No. 04, 1986.

[87] Holmstrom, B., Weiss, L., "Managerial Incentives, Investment and Aggregate Implications: Scale Effects", *The Review of Economic Studies*, Vol. 52, No. 03, 1985.

[88] Huang, H. - W., Rose - Green, E., Lee, C. - C., "CEO Age and Financial Reporting Quality", *Accounting Horizons*, Vol. 26,

No. 04, 2012.

[89] Huang, J., Kisgen, D. J., "Gender and Corporate Finance: Are Male Executives Overconfident Relative to Female Executives?", *Journal of Financial Economics*, Vol. 108, No. 03, 2013.

[90] Huybrechts, J., Voordeckers, W., Lybaert, N., "Entrepreneurial Risk Taking of Private Family Firms the Influence of a Nonfamily CEO and the Moderating Effect of CEO Tenure", *Family Business Review*, Vol. 26, No. 02, 2013.

[91] Ivanova-Stenzel, R., Kübler, D., "Gender Differences in Team Work and Team Competition", *Journal of Economic Psychology*, Vol. 32, No. 05, 2011.

[92] Jaw, Y.-L., Lin, W.-T., "Corporate Elite Characteristics and Firm's Internationalization: CEO-Level and TMT-Level Roles", *The International Journal of Human Resource Management*, Vol. 20, No. 01, 2009.

[93] Jehn, K. A., "A Qualitative Analysis of Conflict Types and Dimensions in Organizational Groups", *Administrative Science Quarterly*, Vol. 42, No. 03, 1997.

[94] Jensen, M. C., "Agency Costs of Free Cash Flow, Corporate Finance, and Takeovers", *The American Economic Review*, Vol. 76, No. 02, 1986.

[95] Jensen, M. C., Meckling, W. H., "Theory of the Firm: Managerial Behavior, Agency Costs and Ownership Structure", *Journal of Financial Economics*, Vol. 03, No. 04, 1976.

[96] Jensen, M. C., Murphy, K. J., "Performance Pay and Top-Management Incentives", *The Journal of Political Economy*, Vol. 98, No. 02, 1990.

[97] Jenter, D., Lewellen, K., "CEO preferences and acquisitions", *The Journal of Finance*, Vol. 70, No. 6, 2015.

[98] Johnson, S., Porta, R. L., Lopez-de-Silanes, F., Shleifer, A.,

"Tunneling", The *American Economic Review*, Vol. 90, No. 02, 2000.

[99] Jurkus, A. F., Park, J. C., Woodard, L. S., "Women in Top Management and Agency Costs", *Journal of Business Research*, Vol. 64, No. 02, 2011.

[100] Kale, J. R., Reis, E., Venkateswaran, A., "Rank – Order Tournaments and Incentive Alignment: The Effect on Firm Performance", *The Journal of Finance*, Vol. 64, No. 03, 2009.

[101] Kang, S. H., Kumar, P., Lee, H., "Agency and Corporate Investment: The Role of Executive Compensation and Corporate Governance", *The Journal of Business*, Vol. 79, No. 03, 2006.

[102] Kato, T., Long, C., "Tournaments and Managerial Incentives in China's Listed Firms: New Evidence", *China Economic Review*, Vol. 22, No. 01, 2011.

[103] Katz, R., "The Effects of Group Longevity on Project Communication and Performance", *Administrative Science Quarterly*, Vol. 27, No. 01, 1982.

[104] Kimberly, J. R., Evanisko, M. J., "Organizational innovation: the influence of individual, organizational, and contextual factors on hospital adoption of technological and administrative innovations", *Academy of Management Journal*, Vol. 24, No. 04, 1981.

[105] Kini, O., Williams, R., "Tournament Incentives, Firm Risk, and Corporate Policies", *Journal of Financial Economics*, Vol. 103, No. 02, 2012.

[106] Kor, Y. Y., "Experience – Based Top Management Team Competence and Sustained Growth", *Organization Science*, Vol. 14, No. 06, 2003.

[107] Lamont, O. A., Polk, C., "Does Diversification Destroy Value? Evidence from the Industry Shocks", *Journal of Financial Economics*, Vol. 63, No. 01, 2002.

[108] Lang, L., Ofek, E., Stulz, R., "Leverage, Investment, and Firm Growth", *Journal of Financial Economics*, Vol. 40, No. 01, 1996.

[109] Lazear, E. P., "The Peter Principle: A Theory of Decline", *Journal of Political Economy*, Vol. 112, No. S1, 2004.

[110] Lazear, E. P., Rosen, S., "Rank – Order Tournaments as Optimum Labor Contracts", *The Journal of Political Economy*, Vol. 89, No. 05, 1981.

[111] Lee, H. U., Park, J. H., "Top Team Diversity, Internationalization and the Mediating Effect of International Alliances", *British Journal of Management*, Vol. 17, No. 03, 2006.

[112] Lev, B., Sougiannis, T., "The Capitalization, Amortization, and Value – Relevance of R&D", *Journal of Accounting and Economics*, Vol. 21, No. 01, 1996.

[113] Li, F., "Earnings Quality Based on Corporate Investment Decisions", *Journal of Accounting Research*, Vol. 49, No. 03, 2011.

[114] Li, K. – F., Liao, Y. – P., "Directors' and Officers' Liability Insurance and Investment Efficiency: Evidence from Taiwan", *Pacific – Basin Finance Journal*, Vol. 29, No. 2014.

[115] Lin, Y. – H., Hu, S. – Y., Chen, M. – S., "Managerial Optimism and Corporate Investment: Some Empirical Evidence from Taiwan", *Pacific – Basin Finance Journal*, Vol. 13, No. 05, 2005.

[116] Loi, R., Ngo, H. – Y., "Work Outcomes of Relational Demography in Chinese Vertical Dyads", *The International Journal of Human Resource Management*, Vol. 20, No. 08, 2009.

[117] Lundstrum, L. L., "Corporate Investment Myopia: A Horserace of the Theories", *Journal of Corporate Finance*, Vol. 08, No. 04, 2002.

[118] Luo, X., Kanuri, V. K., Andrews, M., "How does CEO Tenure Matter? The Mediating Role of Firm – Employee and Firm – Custom-

er Relationships", *Strategic Management Journal*, Vol. 35, No. 04, 2014.

[119] MacLeod, W. B., Malcomson, J. M., "Reputation and Hierarchy in Dynamic Models of Employment", *Journal of Political Economy*, Vol. 96, No. 04, 1988.

[120] Malcomson, J. M., "Work Incentives, Hierarchy, and Internal Labor Markets", *The Journal of Political Economy*, Vol. 92, No. 03, 1984.

[121] Malmendier, U., Tate, G., "CEO Overconfidence and Corporate Investment", *The Journal of Finance*, Vol. 60, No. 06, 2005.

[122] Manner, M. H., "The Impact of CEO Characteristics on Corporate Social Performance", *Journal of Business Ethics*, Vol. 93, No. 01, 2010.

[123] McClelland, P. L., Barker III, V. L., Oh, W.-Y., "CEO Career Horizon and Tenure: Future Performance Implications under Different Contingencies", *Journal of Business Research*, Vol. 65, No. 09, 2012.

[124] Medoff, J. L., Abraham, K. G., "Experience, Performance, and Earnings", *The Quarterly Journal of Economics*, Vol. 95, No. 04, 1980.

[125] Mello, A. S., Ruckes, M. E., "Team Composition", *The Journal of Business*, Vol. 79, No. 03, 2006.

[126] Milgrom, P., Oster, S., "Job Discrimination, Market Forces, and the Invisibility Hypothesis", *The Quarterly Journal of Economics*, Vol. 102, No. 03, 1987.

[127] Milgrom, P., Roberts, J., "An Economic Approach to Influence Activities in Organizations", *American Journal of Sociology*, Vol. 94, No. 01, 1988.

[128] Milgrom, P., Roberts, J., *Economics, Organization and Management*, Prentice-Hall International, 1992.

[129] Miller, D., Shamsie, J., "Learning Across the Life Cycle: Experimentation and Performance among the Hollywood Studio Heads", *Strategic Management Journal*, Vol. 22, No. 08, 2001.

[130] Mobbs, S., Raheja, C. G., "Internal Managerial Promotions: Insider Incentives and CEO Succession", *Journal of Corporate Finance*, Vol. 18, No. 05, 2012.

[131] Myers, S. C., "Determinants of Corporate Borrowing", *Journal of Financial Economics*, Vol. 05, No. 02, 1977.

[132] Myers, S. C., "The Capital Structure Puzzle", *The Journal of Finance*, Vol. 39, No. 03, 1984.

[133] Myers, S. C., Majluf, N. S., "Corporate Financing and Investment Decisions When Firms Have Information that Investors do not Have", *Journal of Financial Economics*, Vol. 13, No. 02, 1984.

[134] Naranjo-Gil, D., Hartmann, F., Maas, V. S., "Top Management Team Heterogeneity, Strategic Change and Oporational Performance", *British Journal of Management*, Vol. 19, No. 03, 2008.

[135] Narayanan, M. P., "Managerial Incentives for Short-Term Results", *The Journal of Finance*, Vol. 40, No. 05, 1985.

[136] Narayanan, M. P., "Debt Versus Equity under Asymmetric Information", *Journal of Financial and Quantitative Analysis*, Vol. 23, No. 01, 1988.

[137] Nelson, J., "Corporate Governance Practices, CEO Characteristics and Firm Performance", *Journal of Corporate Finance*, Vol. 11, No. 01-02, 2005.

[138] Nielsen, B. B., Nielsen, S., "Top Management Team Nationality Diversity and Firm Performance: A multilevel study", *Strategic Management Journal*, Vol. 34, No. 03, 2013.

[139] Opler, T., Pinkowitz, L., Stulz, R., Williamson, R., "The Determinants and Implications of Corporate Cash Holdings", *Journal of Financial Economics*, Vol. 52, No. 01, 1999.

[140] Palia, D., "The Endogeneity of Managerial Compensation in Firm Valuation: A Solution", *Review of Financial Studies*, Vol. 14, No. 03, 2001.

[141] Palvia, A., Vähämaa, E., Vähämaa, S., "Are female CEOs and chairwomen more conservative and risk averse? Evidence from the banking industry during the financial crisis", *Journal of Business Ethics*, Vol. 131, No. 03, 2014.

[142] Parrino, R., Weisbach, M. S., "Measuring Investment Distortions Arising from Stockholder – Bondholder Conflicts", *Journal of Financial Economics*, Vol. 53, No. 01, 1999.

[143] Petersen, M. A., "Estimating Standard Errors in Finance Panel Data Sets: Comparing Approaches", *Review of Financial Studies*, Vol. 22, No. 01, 2009.

[144] Powell, M., Ansic, D., "Gender Differences in Risk Behaviour in Financial Decision – Making: An Experimental Analysis", *Journal of Economic Psychology*, Vol. 18, No. 06, 1997.

[145] Prendergast, C., "The Role of Promotion in Inducing Specific Human Capital Acquisition", *The Quarterly Journal of Economics*, Vol. 108, No. 02, 1993.

[146] Prendergast, C., Stole, L., "Impetuous Youngsters and Jaded Old – Timers: Acquiring a Reputation for Learning", *Journal of Political Economy*, Vol. 104, No. 06, 1996.

[147] Rajan, R., Servaes, H., Zingales, L., "The Cost of Diversity: The Diversification Discount and Inefficient Investment", *The Journal of Finance*, Vol. 55, No. 01, 2000.

[148] Rankin, M., "Structure and Level of Remuneration Across the Top Executive Team", *Australian Accounting Review*, Vol. 20, No. 03, 2010.

[149] Richard, O. C., Shelor, R. M., "Linking Top Management Team Age Heterogeneity to Firm Performance: Juxtaposing Two Mid –

Range Theories", *International Journal of Human Resource Management*, Vol. 13, No. 06, 2002.

[150] Richardson, S., "Over-Investment of Free Cash Flow", *Review of Accounting Studies*, Vol. 11, No. 02-03, 2006.

[151] Robb, A. M., Watson, J., "Gender Differences in Firm Performance: Evidence from New Ventures in the United States", *Journal of Business Venturing*, Vol. 27, No. 05, 2012.

[152] Robinson, S. L., "Trust and Breach of the Psychological Contract", *Administrative Science Quarterly*, Vol. 41, No. 04, 1996.

[153] Ross, S. A., "The Economic Theory of Agency: The Principal's Problem", The *American Economic Review*, Vol. 63, No. 02, 1973.

[154] Ryan, H. E. Jr., Wiggins III, R. A., "The Interactions between R&D Investment Decisions and Compensation Policy", *Financial Management*, Vol. 31, No. 01, 2002.

[155] Sambharya, R. B., "Foreign Experience of Top Management Teams and International Diversification Strategies of US Multinational Corporations", *Strategic Management Journal*, Vol. 17, No. 09, 1996.

[156] Serfling, M. A., "CEO Age and the Riskiness of Corporate Policies", *Journal of Corporate Finance*, No. 25, 2014, p. 251.

[157] Scharfstein, D. S., Stein, J. C., "Herd Behavior and Investment", *The American Economic Review*, Vol. 80, No. 03, 1990.

[158] Scharfstein, D. S., Stein, J. C., "The Dark Side of Internal Capital Markets: Divisional Rent-Seeking and Inefficient Investment", *The Journal of Finance*, Vol. 55, No. 06, 2000.

[159] Scoones, D., Bernhardt, D., "Promotion, Turnover, and Discretionary Human Capital Acquisition", *Journal of Labor Economics*, Vol. 16, No. 01, 1998.

[160] Shin, H.-H., Kim, Y. H., "Agency Costs and Efficiency of Business Capital Investment: Evidence from Quarterly Capital Ex-

penditures", *Journal of Corporate Finance*, Vol. 08, No. 02, 2002.

[161] Shin, H.-H., Stulz, R. M., "Are Internal Capital Markets Efficient?", *The Quarterly Journal of Economics*, Vol. 113, No. 02, 1998.

[162] Shleifer, A., Vishny, R. W., "Management Entrenchment: The Case of Manager-Specific Investments", *Journal of Financial Economics*, Vol. 25, No. 01, 1989.

[163] Shore, L. M., Cleveland, J. N., Goldberg, C. B., "Work Attitudes and Decisions as a Function of Manager Age and Employee Age", *Journal of Applied Psychology*, Vol. 88, No. 03, 2003.

[164] Simons, T., Pelled, L. H., Smith, K. A., "Making Use of Difference: Diversity, Debate, and Decision Comprehensiveness in Top Management Teams", *Academy of Management Journal*, Vol. 42, No. 06, 1999.

[165] Slovic, P., "Risk-Taking in Children: Age and Sex Differences", *Child Development*, Vol. 37, No. 01, 1966.

[166] Smith, K. G., Smith, K. A., Olian, J. D., Sims, H. P. Jr., O'Bannon, D. P., Scully, J. A., "Top Management Team Demography and Process: The Role of Social Integration and Communication", *Administrative Science Quarterly*, Vol. 39, No. 03, 1994.

[167] Srinidhi, B., Gul, F. A., Tsui, J., "Female Directors and Earnings Quality", *Contemporary Accounting Research*, Vol. 28, No. 05, 2011.

[168] Stein, J. C., "Agency, Information and Corporate Investment", *Handbook of the Economics of Finance*, Vol. 01, No. 2003.

[169] Stulz, R., "Managerial Discretion and Optimal Financing Policies", *Journal of Financial Economics*, Vol. 26, No. 01, 1990.

[170] Taylor, R. N., "Age and Experience as Determinants of Managerial Information Processing and Decision Making Performance", *Acade-

my of Management Journal*, Vol. 18, No. 01, 1975.

[171] Tihanyi, L., Ellstrand, A. E., Daily, C. M., Dalton, D. R., "Composition of the top management team and firm international diversification", *Journal of Management*, Vol. 26, No. 06, 2000.

[172] Titman, S., Wei, K.-C., Xie, F., "Capital Investments and Stock Returns", *Journal of Financial and Quantitative Analysis*, Vol. 39, No. 04, 2004.

[173] Tsui, A. S., O'reilly III, C. A., "Beyond Simple Demographic Effects: The Importance of Relational Demography in Superior-Subordinate Dyads", *Academy of Management Journal*, Vol. 32, No. 02, 1989.

[174] Tsui, A. S., Porter, L. W., Egan, T. D., "When Both Similarities and Dissimilarities Matter: Extending the Concept of Relational Demography", *Human Relations*, Vol. 55, No. 08, 2002.

[175] Vogt, S. C., "The Cash Flow/Investment Relationship: Evidence from U. S. Manufacturing Firms", *Financial Management*, Vol. 23, No. 02, 1994.

[176] Waldman, M., "Job Assignments, Signalling, and Efficiency", *The Rand Journal of Economics*, Vol. 15, No. 02, 1984.

[177] Waldman, M., "Exante Versus Expost Optimal Promotion Rules: The Case of Internal Promotion", *Economic Inquiry*, Vol. 41, No. 01, 2003.

[178] Watson, J., McNaughton, M., "Gender Differences in Risk Aversion and Expected Retirement Benefits", *Financial Analysts Journal*, Vol. 63, No. 04, 2007.

[179] Werbel, J. D., Henriques, P. L., "Different Views of Trust and Relational Leadership: Supervisor and Subordinate Perspectives", *Journal of Managerial Psychology*, Vol. 24, No. 08, 2009.

[180] Whited, T. M., "Debt, Liquidity Constraints, and Corporate Investment: Evidence from Panel Data", *The Journal of Finance*,

Vol. 47, No. 04, 1992.

[181] Wiersema, M. F., Bantel, K. A., "Top managment team demography and corporate strategic change", *Academy of Management Journal*, Vol. 35, No. 01, 1992.

[182] Wiersema, M. F., Bird, A., "Organizational Demography in Japanese Firms: Group Heterogeneity, Individual Dissimilarity, and Top Management Team Turnover", *Academy of Management Journal*, Vol. 36, No. 05, 1993.

[183] Wong, S. M., Opper, S., Hu, R., "Shareholding Structure, Depoliticization and Firm Performance: Lessons From China's Listed Firms", *Economics of Transition*, Vol. 12, No. 01, 2004.

[184] Wooldridge, J. M., *Econometric Analysis of Cross Section and Panel Data*, The MIT Press, 2002.

[185] Wooldridge, J. M., *Introductory Econometric: A Modern Approach*, Fourth Edition, South-Western, 2009.

[186] Xueming, L., Kanuri, V. K., Andrews, M., "Long CEO Tenure can Hurt Performance", *Harvard Business Review*, Vol. 91, No. 03, 2013.

[187] Yang, Q., Zimmerman, M., Jiang, C., "An empirical study of the impact of CEO characteristics on new firms' time to IPO", *Journal of Small Business Management*, Vol. 49, No. 02, 2011.

[188] Yim, S., "The Acquisitiveness of Youth: CEO Age and Acquisition Behavior", *Journal of Financial Economics*, Vol. 108, No. 01, 2013.

[189] Zabojnik, J., "Promotion Tournaments in Market Equilibrium", *Economic Theory*, Vol. 51, No. 01, 2012.

[190] Zenger, T. R., Lawrence, B. S., "Organizational Demography: The Differential Effects of Age and Tenure Distributions on Technical Communication", *Academy of Management Journal*, Vol. 32, No. 02, 1989.

[191] Zhang, Y., Li, H., Hitt, M. A., Cui, G., "R&D Intensity and International Joint Venture Performance in an Emerging Market: Moderating Effects of Market Focus and Ownership Structure", *Journal of International Business Studies*, Vol. 38, No. 06, 2007.

[192] 安灵、刘星、白艺昕：《股权制衡、终极所有权性质与上市企业非效率投资》，《管理工程学报》2008年第22卷第2期。

[193] 陈传明、孙俊华：《企业家人口背景特征与多元化战略选择——基于中国上市公司面板数据的实证研究》，《管理世界》2008年第5期。

[194] 陈冬华、陈信元、万华林：《国有企业中的薪酬管制与在职消费》，《经济研究》2005年第2期。

[195] 陈守明、范嘉斯、余光胜：《企业家人口背景特征与企业社会绩效的相关性研究》，《统计与决策》2012年第6期。

[196] 陈守明、简涛：《企业家人口背景特征与"走出去"进入模式选择——基于中国制造业上市公司的实证研究》，《管理评论》2010年第22卷第10期。

[197] 陈守明、简涛、王朝霞：《CEO任期与R&D强度：年龄和教育层次的影响》，《科学学与科学技术管理》2011年第32卷第6期。

[198] 陈潭、刘兴云：《锦标赛体制、晋升博弈与地方剧场政治》，《公共管理学报》2011年第8卷第2期。

[199] 陈信元、陈冬华、万华林、梁上坤：《地区差异、薪酬管制与高管腐败》，《管理世界》2009年第11期。

[200] 陈信元、靳庆鲁、肖土盛、张国昌：《行业竞争、管理层投资决策与公司增长/清算期权价值》，《经济学》（季刊）2013年第13卷第1期。

[201] 陈璇、李仕明、祝小宁：《团队异质性与高层更换：我国上市IT公司的实证研究》，《管理评论》2005年第17卷第8期。

[202] 程新生、谭有超、刘建梅：《非财务信息、外部融资与投资效率——基于外部制度约束的研究》，《管理世界》2012年第

7期。

[203] 窦炜、刘星：《所有权集中下的企业控制权配置与非效率投资行为研究——兼论大股东的监督抑或合谋》，《中国软科学》2009年第9期。

[204] 方军雄：《企业投资决策趋同：羊群效应抑或"潮涌现象"？》，《财经研究》2012年第38卷第11期。

[205] 冯亚明、尚海燕：《兼并重组企业管理团队异质性与隐性知识关系研究》，《科技管理研究》2012年第11期。

[206] 顾亮、刘振杰：《我国上市公司高管背景特征与公司治理违规行为研究》，《科学学与科学技术管理》2013年第34卷第2期。

[207] 韩静、陈志红、杨晓星：《高管团队背景特征视角下的会计稳健性与投资效率关系研究》，《会计研究》2014年第12期。

[208] 郝颖、刘星：《基于控制权私利的投资效率与挤占效应研究》，《科研管理》2010年第31卷第3期。

[209] 郝颖、刘星、林朝南：《我国上市公司高管人员过度自信与投资决策的实证研究》，《中国管理科学》2005年第13卷第5期。

[210] 何韧、王维诚、王军：《管理者背景与企业绩效：基于中国经验的实证研究》，《财贸研究》2010年第1期。

[211] 何威风：《高管团队垂直对特征与企业盈余管理行为研究》，《南开管理评论》2015年第18卷第1期。

[212] 何威风、刘启亮：《我国上市公司高管背景特征与财务重述行为研究》，《管理世界》2010年第7期。

[213] 何威风、熊回、玄文琪：《晋升激励与盈余管理行为研究》，《中国软科学》2013年第10期。

[214] 何霞、苏晓华：《高管团队背景特征、高管激励与企业R&D投入——来自A股上市高新技术企业的数据分析》，《科技管理研究》2012年第6期。

[215] 何贤杰、孙淑伟、朱红军、牛建军：《证券背景独立董事、信

息优势与券商持股》,《管理世界》2014 年第 3 期。

[216] 何瑛、张大伟:《管理者特质、负债融资与企业价值》,《会计研究》2015 年第 8 期。

[217] 胡荣:《社会经济地位与网络资源》,《社会学研究》2003 年第 5 期。

[218] 黄继承、盛明泉:《高管背景特征具有信息含量吗?》,《管理世界》2013 年第 9 期。

[219] 黄乾富、沈红波:《债务来源、债务期限结构与现金流的过度投资——基于中国制造业上市公司的实证证据》,《金融研究》2009 年第 9 期。

[220] 黄越、杨乃定、张宸璐:《高层管理团队异质性对企业绩效的影响研究——以股权集中度为调节变量》,《管理评论》2011 年第 23 卷第 11 期。

[221] 简建辉、余忠福、何平林:《经理人激励与公司过度投资——来自中国 A 股的经验证据》,《经济管理》2011 年第 33 卷第 4 期。

[222] 江伟:《董事长个人特征、过度自信与资本结构》,《经济管理》2011 年第 33 卷第 2 期。

[223] 姜付秀、黄继承:《CEO 财务经历与资本结构决策》,《会计研究》2013 年第 5 期。

[224] 姜付秀、伊志宏、苏飞、黄磊:《管理者背景特征与企业过度投资行为》,《管理世界》2009 年第 1 期。

[225] 姜付秀、朱冰、唐凝:《CEO 和 CFO 任期交错是否可以降低盈余管理?》,《管理世界》2013 年第 1 期。

[226] 姜付秀、黄继承:《CEO 财务经历与资本结构决策》,《会计研究》2013 年第 5 期。

[227] 解维敏:《财政分权、晋升竞争与企业研发投入》,《财政研究》2012 年第 6 期。

[228] 况学文、陈俊:《董事会性别多元化、管理者权力与审计需求》,《南开管理评论》2011 年第 14 卷第 6 期。

[229] 雷辉、刘鹏:《中小企业高管团队特征对技术创新的影响——基于所有权性质视角》,《中南财经政法大学学报》2013年第4期。

[230] 李培功、肖珉:《CEO任期与企业资本投资》,《金融研究》2012年第2期。

[231] 李青原:《会计信息质量与公司资本配置效率——来自我国上市公司的经验证据》,《南开管理评论》2009年第12卷第2期。

[232] 李万福、林斌、宋璐:《内部控制在公司投资中的角色:效率促进还是抑制?》,《管理世界》2011年第2期。

[233] 李鲜苗、罗瑾琏、霍伟伟:《基于Cross-Temporal Meta-Analysis方法的性别特征与领导风格及跨文化比较研究》,《科学学与科学技术管理》2012年第33卷第5期。

[234] 李小荣、刘行:《CEOvsCFO:性别与股价崩盘风险》,《世界经济》2012年第12期。

[235] 李小燕、陶军:《高管薪酬变化与并购代理动机的实证分析——基于国有与民营上市公司治理结构的比较研究》,《中国软科学》2011年第5期。

[236] 李延喜、陈克兢、刘伶、张敏:《外部治理环境、行业管制与过度投资》,《管理科学》2013年第26卷第1期。

[237] 李焰、秦义虎、张肖飞:《企业产权、管理者背景特征与投资效率》,《管理世界》2011年第1期。

[238] 李增泉:《激励机制与企业绩效——一项基于上市公司的实证研究》,《会计研究》2000年第1期。

[239] 梁若冰:《财政分权下的晋升激励、部门利益与土地违法》,《经济学》(季刊)2009年第9卷第1期。

[240] 廖冠民、张广婷:《盈余管理与国有公司高管晋升效率》,《中国工业经济》2012年第4期。

[241] 廖理、廖冠民、沈红波:《经营风险、晋升激励与公司绩效》,《中国工业经济》2009年第8期。

[242] 林江、孙辉、黄亮雄：《财政分权、晋升激励和地方政府义务教育供给》，《财贸经济》2011年第1期。

[243] 刘斌、刘星、李世新、何顺文：《CEO薪酬与企业业绩互动效应的实证检验》，《会计研究》2003年第3期。

[244] 刘康兵：《融资约束、营运资本与公司投资：来自中国的证据》，《复旦学报》（社会科学版）2012年第2期。

[245] 刘瑞明：《晋升激励、产权同构与地方保护：一个基于政治控制权收益的解释》，《南方经济》2007年第6期。

[246] 刘瑞明、白永秀：《晋升激励与经济发展》，《南方经济》2010年第1期。

[247] 刘星、窦炜：《基于控制权私有收益的企业非效率投资行为研究》，《中国管理科学》2009年第17卷第5期。

[248] 刘永丽：《管理者团队中垂直对特征影响会计稳健性的实证研究》，《南开管理评论》2014年第17卷第2期。

[249] 刘运国、刘雯：《我国上市公司的高管任期与R&D支出》，《管理世界》2007年第1期。

[250] 刘运国、钟婷婷、廖歆欣：《董事长特征与R&D支出——基于终极控制人与地区分布的比较研究》，《当代会计评论》2013年第4卷第1期。

[251] 刘亚伟、张兆国：《股权制衡、董事长任期与投资挤占研究》，《南开管理评论》2016年第19卷第1期。

[252] 吕长江、张海平：《股权激励计划对公司投资行为的影响》，《管理世界》2011年第11期。

[253] 孟令国：《职位晋升的隐性激励效应》，《广东社会科学》2008年第1期。

[254] 孟晓华、张振波、张曾：《大学校长之背景特征与大学绩效分析——基于高阶理论的视角》，《高等教育研究》2012年第33卷第1期。

[255] 潘敏、金岩：《信息不对称、股权制度安排与上市企业过度投资》，《金融研究》2003年第1期。

[256] 潘玉香、杨悦、魏亚平：《文化创意企业管理者特征与投资决策关系的研究》，《中国软科学》2015 年第 3 期。

[257] 钱先航、曹廷求、李维安：《晋升压力、官员任期与城市商业银行的贷款行为》，《经济研究》2011 年第 12 期。

[258] 卿石松：《职位晋升中的性别歧视》，《管理世界》2011 年第 11 期。

[259] 任兵、魏立群、周思贤：《高层管理团队多样性与组织创新：外部社会网络与内部决策模式的作用》，《管理学报》2011 年第 8 卷第 11 期。

[260] 任颋、王峥：《女性参与高管团队对企业绩效的影响：基于中国民营企业的实证研究》，《南开管理评论》2010 年第 13 卷第 5 期。

[261] 申慧慧、于鹏、吴联生：《国有股权、环境不确定性与投资效率》，《经济研究》2012 年第 7 期。

[262] 沈维涛、幸晓雨：《CEO 早期生活经历与企业投资行为——基于 CEO 早期经历三年困难时期的研究》，《经济管理》2014 年第 12 期。

[263] 宋德舜：《国有控股、经营者晋升和公司绩效》，《南开经济研究》2006 年第 3 期。

[264] 孙俊华、陈传明：《人口背景特征与企业家社会资本的形成》，《经济管理》2011 年第 33 卷第 9 期。

[265] 孙谦、石松：《管理者个人偏好对企业资本结构的影响》，《当代经济科学》2015 年第 5 期。

[266] 覃家琦：《战略委员会与上市公司过度投资行为》，《金融研究》2010 年第 6 期。

[267] 谭松涛、王亚平：《股民过度交易了么？——基于中国某证券营业厅数据的研究》，《经济研究》2006 年第 10 期。

[268] 唐毅、郭欢：《非上市中小企业融资约束问题研究——基于修正的 FHP 模型的分析》，《经济问题》2012 年第 2 期。

[269] 陶然、苏福兵、陆曦、朱昱铭：《经济增长能够带来晋升

吗？——对晋升锦标竞赛理论的逻辑挑战与省级实证重估》，《管理世界》2010 年第 12 期。

[270] 万鹏、曲晓辉：《董事长个人特征、代理成本与营收计划的自愿披露——来自沪深上市公司的经验证据》，《会计研究》2012 年第 7 期。

[271] 王坚强、阳建军：《基于 DEA 模型的企业投资效率评价》，《科研管理》2010 年第 31 卷第 4 期。

[272] 王霞、薛跃、于学强：《CFO 的背景特征与会计信息质量——基于中国财务重述公司的经验证据》，《财经研究》2011 年第 37 卷第 9 期。

[273] 王霞、张敏、于富生：《管理者过度自信与企业投资行为异化——来自我国证券市场的经验证据》，《南开管理评论》2008 年第 11 卷第 2 期。

[274] 王贤彬、徐现祥、周靖祥：《晋升激励与投资周期——来自中国省级官员的证据》，《中国工业经济》2010 年第 12 期。

[275] 王叙果、张广婷、沈红波：《财政分权、晋升激励与预算软约束——地方政府过度负债的一个分析框架》，《财政研究》2012 年第 3 期。

[276] 王雪莉、马琳、王艳丽：《高管团队职能背景对企业绩效的影响：以中国信息技术行业上市公司为例》，《南开管理评论》2013 年第 16 卷第 4 期。

[277] 魏刚：《高级管理层激励与上市公司经营绩效》，《经济研究》2000 年第 3 期。

[278] 魏刚、肖泽忠、N. Travlos、邹宏：《独立董事背景与公司经营绩效》，《经济研究》2007 年第 3 期。

[279] 魏立群、王智慧：《我国上市公司高管特征与企业绩效的实证研究》，《南开管理评论》2002 年第 4 期。

[280] 文芳：《上市公司高管团队特征与 R&D 投资研究》，《山西财经大学学报》2008 年第 30 卷第 8 期。

[281] 文芳、胡玉明：《中国上市公司高管个人特征与 R&D 投资》，

《管理评论》2009 年第 21 卷第 11 期。

[282] 吴进红：《内部晋升激励乘数的经济学分析》，《南京社会科学》2007 年第 3 期。

[283] 吴伟荣、郑宝红：《签字注册会计师任期、媒体监督与审计质量研究》，《中国软科学》2015 年第 3 期。

[284] 夏冠军：《投资者情绪、经理激励契约与企业投资》，《投资研究》2012 年第 31 卷第 3 期。

[285] 夏冠军、于研：《高管薪酬契约对公司投资行为的影响——基于证券市场非有效视角的分析》，《财经研究》2012 年第 38 卷第 6 期。

[286] 辛清泉、林斌、王彦超：《政府控制、经理薪酬与资本投资》，《经济研究》2007 年第 8 期。

[287] 辛清泉、谭伟强：《市场化改革、企业业绩与国有企业经理薪酬》，《经济研究》2009 年第 11 期。

[288] 徐细雄：《晋升与薪酬的治理效应：产权性质的影响》，《经济科学》2012 年第 2 期。

[289] 徐现祥、王贤彬：《晋升激励与经济增长：来自中国省级官员的证据》，《世界经济》2010 年第 2 期。

[290] 颜士梅、颜士之、张曼：《企业人力资源开发中性别歧视的表现形式——基于内容分析的访谈研究》，《管理世界》2008 年第 11 期。

[291] 杨浩、陈暄、汪寒：《创业型企业高管团队教育背景与企业绩效关系研究》，《科研管理》2015 年第 S1 期。

[292] 杨君、倪星：《晋升预期、政治责任感与地方官员政策承诺可信度——基于副省级城市 2001—2009 年政府年度工作报告的分析》，《中国行政管理》2013 年第 5 期。

[293] 杨林：《创业型企业高管团队垂直对差异与创业战略导向：产业环境和企业所有制的调节效应》，《南开管理评论》2014 年第 17 卷第 1 期。

[294] 杨林、杨倩：《高管团队结构差异性与企业并购关系实证研

究》，《科研管理》2012 年第 33 卷第 11 期。

[295] 杨瑞龙、王元、聂辉华：《"准官员"的晋升机制：来自中国央企的证据》，《管理世界》2013 年第 3 期。

[296] 叶剑明：《CEO、CFO 背景特征相似性与企业盈余管理行为》，《财会通讯》2014 年第 9 期。

[297] 曾萍、邬绮虹：《女性高管参与对企业技术创新的影响——基于创业板企业的实证研究》，《科学学研究》2012 年第 30 卷第 5 期。

[298] 詹雷、王瑶瑶：《管理层激励、过度投资与企业价值》，《南开管理评论》2013 年第 16 卷第 3 期。

[299] 张纯、吕伟：《信息披露、信息中介与企业过度投资》，《会计研究》2009 年第 1 期。

[300] 张敦力、陈茜：《我国上市公司管理者背景特征与并购决策行为研究》，《会计论坛》2012 年第 1 期。

[301] 张功富、宋献中：《我国上市公司投资：过度还是不足？——基于沪深工业类上市公司非效率投资的实证度量》，《会计研究》2009 年第 5 期。

[302] 张会丽、陆正飞：《现金分布、公司治理与过度投资——基于我国上市公司及其子公司的现金持有状况的考察》，《管理世界》2012 年第 3 期。

[303] 张建君、李宏伟：《私营企业的企业家背景、多元化战略与企业业绩》，《南开管理评论》2007 年第 10 卷第 5 期。

[304] 张俊瑞、赵进文、张建：《高级管理层激励与上市公司经营绩效相关性的实证分析》，《会计研究》2003 年第 9 期。

[305] 张莉、王贤彬、徐现祥：《财政激励、晋升激励与地方官员的土地出让行为》，《中国工业经济》2011 年第 4 期。

[306] 张丽平、杨兴全：《管理者权力、管理层激励与过度投资》，《软科学》2012 年第 26 卷第 10 期。

[307] 张龙、刘洪：《高管团队中垂直对人口特征差异对高管离职的影响》，《管理世界》2009 年第 4 期。

[308] 张平：《高层管理团队异质性与企业绩效关系研究》，《管理评论》2006 年第 18 卷第 5 期。

[309] 张娆：《高管境外背景是否有助于企业对外直接投资》，《宏观经济研究》2015 年第 6 期。

[310] 张秀娟：《论职务晋升的激励作用与公正原则》，《南开管理评论》2003 年第 2 期。

[311] 张兆国、刘永丽、谈多娇：《管理者背景特征与会计稳健性——来自中国上市公司的经验证据》，《会计研究》2011 年第 7 期。

[312] 张正勇、吉利：《企业家人口背景特征与社会责任信息披露——来自中国上市公司社会责任报告的经验证据》，《中国人口·资源与环境》2013 年第 23 卷第 4 期。

[313] 张宗益、郑志丹：《融资约束与代理成本对上市公司非效率投资的影响——基于双边随机边界模型的实证度量》，《管理工程学报》2012 年第 26 卷第 2 期。

[314] 赵领娣、张磊：《财政分权、晋升激励与地方政府的人力资本投资》，《中央财经大学学报》2013 年第 7 期。

[315] 郑立东、程小可、姚立杰：《独立董事背景特征与企业投资效率——"帮助之手"抑或"抑制之手"？》，《经济与管理研究》2013 年第 8 期。

[316] 郑志刚、李东旭、许荣、林仁韬、赵锡军：《国企高管的政治晋升与形象工程——基于 N 省 A 公司的案例研究》，《管理世界》2012 年第 10 期。

[317] 周仁俊、杨战兵、李礼：《管理层激励与企业经营业绩的相关性——国有与非国有控股上市公司的比较》，《会计研究》2010 年第 12 期。

[318] 周业安、程栩、郭杰：《高管背景特征与资本结构动态调整——国际比较与中国经验》，《经济理论与经济管理》2012 年第 11 期。

[319] 周泽将、胡琴、修宗峰：《女性董事与经营多元化》，《管理评

论》2015 年第 4 期。

[320] 朱晋伟、彭瑾瑾、刘靖：《高层管理团队特征对企业技术创新投入影响的研究——激励的调节效应》，《科学决策》2014 年第 8 期。

# 后　　记

  本书是在我的博士学位论文基础上，经过系统修改、整理而成的。感谢湖北省社会科学基金一般项目（2015039）的资助，使本书得以面世。

  在华中科技大学攻读博士学位期间，得到了老师们的悉心指导和帮助，在此深表谢意。感谢导师张兆国教授！他以厚重的人格、博大的胸怀教育我如何做人、做事，他慎思明辨、诲人不倦的学术精神以及宽广渊博的学识深深地影响了我，如黑暗处一盏明灯照亮了我前行的路。

  感谢中南民族大学管理学院的领导和同事对本书的大力支持！感谢管理学院副院长翟华云教授和会计系主任刘华老师对我的关心与指导！感谢中南民族大学会计系各位老师对我的帮助！

  诚挚感谢我的家人，你们既是我的幸福之源，也是我奋斗的坚实后盾！本书即将问世之时正值儿子刘小溪出生，愿他健康快乐！

  感谢一路上一直默默支持和帮助我的朋友们！

  学术研究之路漫漫，吾将上下而求索。

刘亚伟  
2016 年于武汉